普通高等学校教材

大学体育与健康学程

主　编　邓　玉

副主编　柴业宏　杨志民

　　　　胡华北　谢　地

合肥工业大学出版社

图书在版编目(CIP)数据

大学体育与健康学程/邓玉主编. —合肥:合肥工业大学出版社,2013.8
(2015.8 重印)
ISBN 978 - 7 - 5650 - 1478 - 9

Ⅰ.①大… Ⅱ.①邓… Ⅲ.①体育—高等学校—教材②健康教育—高等学校—教材 Ⅳ.①G807.4

中国版本图书馆 CIP 数据核字(2013)第 198942 号

大学体育与健康学程

主编 邓 玉   责任编辑 陆向军

出 版	合肥工业大学出版社	版 次	2013 年 8 月第 1 版
地 址	合肥市屯溪路 193 号	印 次	2015 年 8 月第 3 次印刷
邮 编	230009	开 本	710 毫米×1000 毫米 1/16
电 话	综合编辑部:0551 - 62903028	印 张	21.5
	市场营销部:0551 - 62903198	字 数	421 千字
网 址	www.hfutpress.com.cn	印 刷	合肥星光印务有限责任公司
E-mail	hfutpress@163.com	发 行	全国新华书店

ISBN 978 - 7 - 5650 - 1478 - 9   定价:33.00 元
如果有影响阅读的印装质量问题,请与出版社市场营销部联系调换。

前　言

　　《中共中央国务院关于深化教育改革全面推进素质教育的决定》明确指出："健康体魄是青少年为祖国和人民服务的基本前提，是中华民族旺盛生命力的体现。学校教育要树立健康第一的指导思想，切实加强体育工作。"体育教材是实现学校体育目的与任务的重要载体。加强课程教材等基本建设，编写符合当代教育改革形势需要的大学体育教材，是深化大学体育改革的一项重要任务。根据教育部《全国普通高等学校体育课程教学指导纲要》（2002）和当前高等学校体育教育的实际需要和发展趋势，我们组织编写了这本《大学体育与健康学程》。

　　"要实现两个百年的中国梦，青少年一代的体质是必须要过的一关"。本书以"素质教育、健康第一"的思想为指导，站在学习者的角度，从当代高校体育教学和校园体育的实际出发，以当代大学生应知、应会、应用为基本原则，注重大学生终身体育意识与能力的培养，力求理论结合实践，侧重运动原理、体育文化、锻炼原则与方法以及健康理论知识等内容的学习和体验，拓宽学习领域和学习者的视野，不断完善学习者体育运动的知识结构和行为方式，实践知识性与实用性的统一，尽量做到符合学习者的认知规律和实际需要。本书继承和发扬现行教材编写的优点，在坚持思路上有创新、内容上有改进、体例上有突破、整体上有特色的同时，突出针对性、知识性、趣味性、可读性及实用性，力求图文并茂、版式活泼、通俗易懂、简明易行，成为大学生体育学习和锻炼的良师益友。

　　本书内容的选择体现了思想性与文化性的结合、科学性与实用性的结合、知识性与健康性的结合、选择性与时效性的结合，融入了运动、健康的新理念以及当代大学体育教学和课程改革的新成果。根据大学生对体育需求的多样性特征，项目导学部分既选编了易于学校普及开展的、大学生普遍喜爱的体育项目，又增加了有利于大学生素质拓展的、具有挑战性的新兴体育项目，同时，也整合了符合全民健身运动发展趋势的时尚类项目等。本书坚持以提高学生体育实践能力为主，注重理论与基础知识、基本技术的衔接并学以致用，强化培养终身体育意识，突出学校体育学习者主体化、个性化、民主化的发展方向。

合肥工业大学体育部全体教师以多年的一线教学和校园体育文化实践的直接或间接经历、经验，直接或间接地参与了本书的编写。在本书的编写过程中，我们参考了一些专家和学者们的意见、建议和研究成果，在此，向他们表示衷心的感谢！

由于编写人员能力和水平的局限性，本书难免会有疏漏和不妥之处，恳请读者批评指正。

《大学体育与健康学程》编写组
2013 年 8 月

目　录

理 论 知 识 篇

理论知识篇

第一章 体育与生活

生命在于运动。

——伏尔泰

人的健全，不但靠饮食，尤靠运动。

——蔡元培

第一节 体育概述

一、体育的概念

"体育"（Education Physique<法>）一词最早是在 1760 年法国的报刊上使用，用以描述儿童的身体教育问题。其后来又以"身体的教育"的名称出现在法国教育家卢梭所著的《爱弥儿》一书中，该书于 1762 年正式出版。使用"体育"一词来描述对爱弥尔进行身体的养护、培养和训练等身体教育过程，由于书中强烈地批判了当时的教会教育，在世界引起很大反响，"体育"一词从此在世界各国流传开来。从这里我们可以清楚地看到，"体育"一词的最初产生是起源于"教育"一词，它最早的含意是指教育体系中的一个专门领域。18 世纪末，德国的 J·C·F 顾兹姆斯把原来的一些身体活动综合为一个完整的体系——教育体操。1818 年，英国教育家托马斯·阿德诺第一次把体育运动列为他自己创建的橄榄球学校的教学课程，把原来学校中开展的各种身体活动作

为教育内容，建立起"以身体活动为主要手段的教育"这一体育的新概念，对发展学校体育起了决定性的作用。在相当长的时期内，"体操"和"体育"两词并存混用。直到 20 世纪初，才逐渐在世界范围内统称为"体育"，并将其列为全面教育的三根支柱（德育、智育、体育）之一。到 19 世纪，世界上教育发达的国家普遍使用"体育"一词，现在国际上普遍用"Physical Education"泛指"体育"。

在我国，直到 19 世纪中叶，德国体操和瑞典体操传入我国后，才设置了"体操科"。"体育"一词进入我国，是在 1898 年"戊戌变法"前后，由留日学生口头带回的。1902 年，《杭州白话报》上连载了日本西川政宪著的《国民体育学》译文。次年，上海《政艺通报》上刊登了《无锡体育会简章》。"体操"和"体育"两个名词经过一段合用的时期，直到 1923 年颁布的《中小学体育课程纲要草案》中，正式将"体操课"改为"体育课"，从此"体育"这一名词才被广泛使用。

20 世纪 50 年代，伴随着世界各国经济文化、科学技术的迅猛发展和人民生活水平的日益提高，体育也得到了很大的发展，体育逐渐深入到社会各个角落，成为了人们日常生活不可缺少的组成部分。体育的内容、形式以及它的影响已远远超过原来作为学校体育的范畴。

1995 年 10 月 1 日颁布施行的《中华人民共和国体育法》中规定："体育主要由学校体育、竞技体育和社会体育三部分组成。"这也成为我国划分体育种类的重要依据。

学校体育是指以学生为对象，通过身体活动，增强学生体质，促进学生全面发展，传授体育知识、技术、技能，培养道德、意志品质，增强体育意识、兴趣、能力的有目的、有计划的教育过程。

竞技体育是指最大程度地挖掘和发挥人体在体力、技艺、心理、智力等方面的潜力，提高运动技术水平，创造优异的运动成绩为目的的训练和竞赛活动。

社会体育是指以城乡居民为主要参加对象，以丰富文化生活、提高社会适应能力、保持与增进健康为目的，以家庭、单位和社区为活动空间，以各种身体活动为内容而展开的组织灵活、形式多样的体育活动。

学校体育、竞技体育、社会体育三者之间是既有区别又有联系的整体，统称为体育或体育运动（Physical Education and Sports）。

当今世界上有许多专家、学者对体育进行过定义，《教育科学辞典》《不列颠百科全书》《体育大辞典》中也都对体育进行过定义。立足于现代体育现实，可对"体育"这一概念作如下定义：体育是以身体活动为媒介，以谋求个体身心健康、全面发展为直接目的，并以培养完善的社会公民为终极目标的综合性的社会活动。它是社会文化教育的组成部分，受一定社会政治和经济的制约，也服务于一定的社会政治和经济。

二、体育的发展

随着人类社会发展进程而萌发的体育，同样也随着社会进步而发展、完善，目前，一般将体育的发展划分为萌芽时期的体育、形成独立形态的体育和渐成科学体系的体育三个阶段。

（一）萌芽时期的体育

原始社会是人类社会的初级阶段，也是体育的萌芽时期。原始人的生活条件恶劣，思维不发达，生产工具简陋，他们主要靠身体活动来获得食物，维持生存。严格地说，这些身体活动还不能被称之为体育活动，只能称为生活和劳动。原始社会的生产力十分低下，许多社会活动之间没有明确的界限。原始社会的教育内容主要是一些生产技能的传授，而这些生产技能多是体力劳动，因此，原始社会的体育既是教育的主要内容，也是教育的重要手段，很难将教育和体育截然分开。体育在这一时期的主要特征是平等性、非独立性和直接功利性。因此，萌芽时期的体育更接近于一种生活技能教育。

（二）形成独立形态的体育

原始社会的瓦解是随着私有制的出现而开始的。奴隶社会的产生带来了一个重大变化——产生了学校，这为一部分人脱离生产劳动而专门从事教育和体育活动提供了可能。自从教育形成独立形态之后，体育始终是教育的重要内容，但这时的体育已不再是萌芽时期那种简单的为生存而进行的生活技能教育了。如在西周时期，奴隶主为培养统治人才，实施礼、乐、射、御、书、数"六艺"教育，其中，射、御即是以体育为主的教育内容。在古希腊，无论是斯巴达教育体系，还是雅典教育体系，体育都是这些教育体系中基本的内容。此时，体育发展与军事、医学、艺术、宗教、娱乐等活动的发展有着密切关系，体育正是在与这些活动相互影响、相互作用的过程中才形成自身体系的独立形态。

（三）渐成科学体系的体育

近代社会随着资本主义产业革命的开始，机器大工业生产代替了手工作业，促进了生产力的发展和飞跃，体育也正是在这一经济基础上，逐渐形成自身的科学体系。欧洲文艺复兴运动的代表之一英国的哲学家、教育家洛克明确提出把教育分为体育、德育和智育三个部分，并强调"健全的精神寓于健全的身体"，主张学校开设体育课程。19世纪，由于西欧资本主义发展的不平衡和民族主义倾向，各国之间接连发生战争，由于身体训练在军事中的重要性，各国对体育都给予了高度重视，相继产生了德国体操、瑞典体操、英国户外运动与竞技运动，并产生了一些体操家和一些理论著作。如被称为"德国体操之父"的顾茨姆斯撰写了《青年人的体操》；被称为"社会体操之父"的杨氏撰写了《德国体操》；瑞典的体操家林德福尔摩斯撰写了《体操的一般原理》。这些实践和理论随后陆续传到欧、亚、美各洲。至此，逐渐形成了科学体系的体育。

三、现代体育的发展趋势

现代体育的兴起是文明社会的标志之一，它渗透到社会各个阶层与领域。现代体育的发展大致可表现为社会化、国际化、科学化、商品化和终身化等特征。现代体育已成为现代国际社会上的重要活动，无论其政治制度、宗教信仰、民族特点如何，各国无不重视体育运动的开展。

（一）体育的社会化

体育的社会化包括两个方面：一个是体育面向全社会；二是全社会都兴办体育。现代体育的社会功能不仅是增强体质，而且已成为改善生活方式，提高生活质量不可缺少的部分，成为人们生活的重要内容。同时，体育也是一种事业，这一趋势在发达国家已日趋明显，我国也开始走上社会办体育之路。

体育的社会化主要表现在三个方面：竞技体育的社会化、大众体育的社会化和学校体育的社会化。竞技体育的社会化主要形式是俱乐部，例如个人或大公司举办某个项目的俱乐部，某个产业系统兴办体育协会等，这一趋势在我国已开始出现；大众体育的社会化，指的是人们普遍参加体育锻炼，进行体育投资，如体育消费已成为不少家庭开支的一个重要项目；学校体育的社会化在于学校场地设施向社会开放，学校也可以利用社会上的体育场馆设施来锻炼或训练，这在发达国家比较普遍，而在我国才开始推行。

（二）体育的国际化

体育的国际化表现在以下三个方面：

1. 国际体育组织的产生和发展已成为现代体育国际化的重要标志。例如，1896年第一届奥运会之前，只有3个体育运动项目有国际组织。现在，世界性体育组织有国际奥委会和至少47个单项国际体育协会，还有各洲的体育组织（如亚奥理事会等）。

2. 在奥林匹克运动的推动下，竞技体育的规模正在日益扩大。世界上除夏季和冬季奥林匹克运动会外，各大洲地区性综合性运动会，单项国际组织的世锦赛、世界杯赛以及一些其他形式的国际比赛，每年达上千次。

3. 现代体育的国际化还表现在学校体育、群众性体育及军队体育之间的相互交流活动的发展。例如，我国武术逐渐为世界人民所采用，体育人才在国与国之间的交流也成为一个趋势。所有这些，既是体育国际化的表现，也将促进体育国际化的进一步发展。

（三）体育的科学化

科学化是体育现代化的重要标志。体育现代化的内容十分广泛，表现在体育管理的科学化、体育锻炼的科学化、体育训练的科学化、体育教学的科学化等各个方面。体育科学化在体育运动训练中表现最为充分，选拔苗子、制订训练方案、进行技术诊断、作出成绩预测、实行医务监督等都离不开科学手段；电子计算机、激光、遥测空间技术等在体育运动训练和比赛中的运用，都是体育科学化的体现。随着现代科技的发展，体育科学化的水平将会进一步提高。

（四）体育的商业化

商业化也是现代体育发展的趋势之一。体育的商业化主要表现在企业对体育的商业性投入、运动员的有偿转让、体育场所设施的有偿使用、体育广告的迅速发展、有偿转让转播权、门票及体育旅游收入等方面。

（五）体育的终身化

在体育社会化、大众化的背景中，体育将会"无处不在"，还将"无时不有"。家庭体育、学校体育、社会体育各自分离的状况将会不断得到弥补，形成家庭体育、学校体育、社会体育相连贯的新体系，使体育在人的一生中连续不断地进行，此即终身体育。其中，学校体育是终身体育的关键环节。

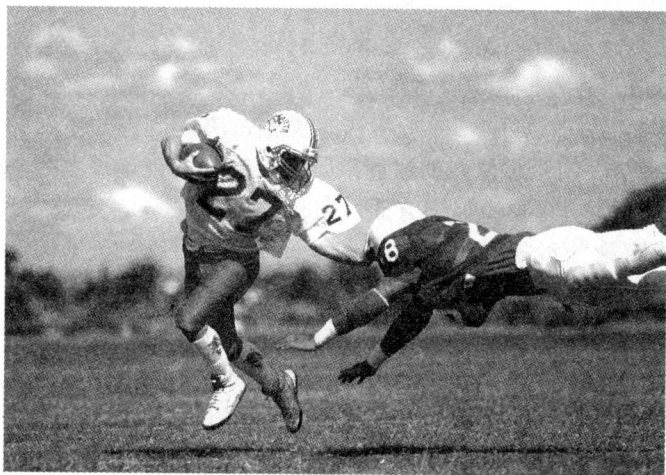

读一读

生命在于运动的 8 大理由

理由一：运动可改善心肺功能；

理由二：运动可增强肌肉和骨骼的功能；

理由三：运动可改善血压水平；

理由四：运动可提高机体的免疫力；

理由五：运动可使你的体态更健美；

理由六：运动可健脑；

理由七：运动可消除疲劳；

理由八：运动可促进心理健康。

第二节 体育与人的发展

体育作为一种社会文化现象，之所以能伴随着人类文明史而生生不息，绵延至今，并对当今社会产生多方位的影响，皆因其在不同时期均具有满足人和社会发展需要的实际效用，这种效用影响着人类的发展。体育因人而存在，体育对人的发展到底有什么作用？我们应该怎样看待体育与人的关系？

一、影响人的发展的基本要素

人的发展包括身体和心理两方面的发展，是以一定的遗传素质为前提，以一定的心理发展为基础，并在一定的社会生活条件和教育影响下发展起来的。影响人的身心发展的基本要素有遗传、社会生活条件、教育和人本身的活动。

（一）遗传是人身心发展的必要物质前提

"种瓜得瓜，种豆得豆"是人们在长期的社会实践中普遍知晓的遗传现象，直到 20 世纪 40 年代，科学家才探清这一奥秘，决定遗传的主要物质是脱氧核糖核酸，即 DNA。应当承认人的遗传素质是有差异的，这种差异不仅表现在身体形态方面，也表现在神经类型方面。但遗传素质并不是决定人发展的唯一因素。"遗传决定论"者只看到遗传这一方面因素，而忽视了影响人发展的其他因素，我们只能说遗传素质为日后的成才提供了一个物质前提。

（二）社会生活条件对人的身心发展起决定性的影响

先天的遗传素质能否得到适时发展，以及向什么方向发展，这不是遗传本身所决定，而是由社会生活条件来决定的。每个人都生活在一定的社会关系中，必然要和周围的人发生各种交往，不同的社会制度，不同的政治、经济基础以及周围人的生活方式、习惯等，必将对他产生潜移默化的影响。同卵双生子，一般来说在遗传上具有较多的相同点，但如果放在不同的生活条件中，可能发展成为两个完全不同的生理特征和心理特征的个体。所以，社会生活条件决定着人的发展方向、发展水平和个体间的差异。

但环境决定论者片面地强调生活环境对人的发展的重要性，二因素论者把遗传和环境作为人的发展的主要因素。这两种观点都没有看到：人受环境的影响不是被动的、消极的，人是通过参加实践活动对环境做出反映，是按照他们已有的知识、经验，以及在这种知识经验基础上产生的需要和兴趣来对环境做出反映。"出淤泥而不染"就是对环境决定论的一种有力反证。

（三）教育对人的身心发展具有重要作用

随着人类社会的发展，自然科学和社会科学不断积累，已发展到一定水平。教育可以用最短的时间、最快的速度、最有效的方式，把世代积累起来的知识经验传给下一代，使下一代从一开始就接近或达到上一代的水平，从而推动社会的进步。教育特别是学校教育，是根据一定的社会需要，按照一定的目的，选择适当的内容，有计划、有目的、系统地向学生进行各种科学文化知识教育，进行思想品德教育的专门活动。教育给人以全面、系统、深刻的影响，对人的身心发展起着重要作用。

二、体育与人的发展关系

（一）体育促进人的健康发展

1. 促进大脑清醒、思维敏捷

大脑虽然只占人体总重量的2%，但它的需氧量却达到人体总需氧量的20%。脑力劳动的主要特点是呼吸表浅，血液循环慢，新陈代谢低下。如果长时间用脑，就会感到头昏脑胀，这是大脑供血不足和缺氧所致，这时很有必要改善大脑的供血不足和缺氧状况，保持大脑的工作能力。体育锻炼这种积极性的休息方式可以显著保持与提升大脑的工作能力。这在运动生理上被称为"同时负诱导现象"，即大脑是由很多中枢构成的，如果某一中枢兴奋，就会使其他的中枢受到抑制，从而获得休息。

另外，随着年龄的增长，脑细胞会逐渐衰亡，大脑功能逐渐下降，致使大脑变得迟钝。研究表明，长期从事体育运动的人可以减缓脑细胞的衰老过程。

2. 促进血液循环，提高心脏功能

人体所需的氧气和养料都是通过血液运送到全身，而血液的运输是以心脏为动力，通过心脏的连续搏动而进行的。经常从事体育运动的人比一般人的心脏要大，北京运动医学研究结果见表1-1所列。

表1-1 经常运动和不运动者的心脏大小比较

心脏大小	少年运动员	一般少年
横径（cm）	12.16	11.56
宽径（cm）	9.64	9.04
纵径（cm）	13.29	12.57

由上表可以看到，经常从事体育运动的人的心脏要大于一般人的心脏，主要表现在：心肌增厚，心容量变大，收缩有力，每搏输出量增多，心率降低。因此，心肌的休息时间增多，心脏的负担大大减轻，心脏工作出现功能节省化的现象。

3. 改善呼吸系统功能

不经常从事体育运动的人，在剧烈运动时，常常会感到气喘、胸闷、胸痛、呼吸困难等，这主要是由于通过呼吸系统摄入的氧量不能满足体内的需氧量。

经常从事体育运动，能使呼吸肌发达，参加工作的肺泡数量增加，肺泡的弹性增强，因而能加深呼吸深度，使肺活量加大，使单位时间摄入的氧量增多，满足机体运动时的生理需要，提高呼吸系统功能。

4. 促进骨骼肌肉的生长发育

体育运动能增进骨骼的生长发育。骨包括骨松质和骨密质，运动能使骨松质排列有序，使骨密质增厚，提高骨的抗弯、抗压、抗折能力。优秀运动员股骨的纵向压力能达到 450 千克，而一般人的股骨纵向压力只能达到 300 千克。另外，体育锻炼能促进肌纤维变粗，使肌肉收缩有力。

5. 促进人的心理健康

体育对于人心理方面的影响主要有五个方面：（1）体育有助于正确认识自我，看清自己的优缺点，从而不断修正自己的认识和行为，正确对待成功与失败；（2）体育有助于消除消极情绪，体育锻炼是一种情绪的宣泄，不良情绪在宣泄中会得到消除；（3）体育能培养人的意志品质，长期的体育活动有助于培养人不畏艰苦、不怕困难、果断机智、勇敢顽强的意志品质，促进良好个性的形成；（4）体育有利于建立良好的人际关系，人际关系是心理健康的标志，个人离开了与其他人的交往，在现实社会中将很难生存；（5）体育有助于培养团队意识。现实生活中许多工作需要与人合作，顾全大局才能顺利开展工作，因而，团队意识十分重要。

美国心理学家德里斯考发现有紧张烦躁情绪的人，只要散步 15 分钟，紧张情绪就会松弛下来。适量运动能很好地减缓学生在考试期间的忧虑情绪。

6. 提高人体对外界环境的适应能力

体育运动能提供许多人体处于非正常状态下的身体姿势，如倒立、悬垂、滚翻等，提高人体的适应能力，使人善于对付各种复杂多变的环境。同时，体育运动经常在严寒、酷暑、高山、高空、水下等条件下活动，还能提高有机体对外界环境的适应能力。

7. 增强机体的免疫能力

经常运动可增加白血球的数量，并使其活性增强，增强机体免疫能力，提高有机体对疾病的抵抗能力。

总之，体育已渗透到人们生活的各个方面。在经济方面，体育产业是一些世界大国的支柱产业；在政治方面，体育激发了爱国热情，树立民族形象；在生物学方面，体育是人类的本能，是生命力的象征；在医学方面，体育是保持身心健康、调节心理、预防疾病、进行康复最有效的手段；在教育方面，体育有利于人的全面发展。由此可见，体育对人的发展和社会的进步有着重要的意义。

（二）体育要适应人的发展规律

科学运动能促进人体的发展，不遵守科学性，盲目蛮干，不仅不能增强体质，而且还容易造成身体损伤。因此，从事体育运动必须要适应人的身心发展规律。

1. 体育要适应人的身心发展的统一性规律

人的发展包括生理和心理两个方面的发展。人的生理发展包括有机体的正常生长发育和体质的增强；人的心理发展包括感觉、知觉、注意、记忆、思维、想象、情感、意志和个性等方面的发展。人是身心发展的有机统一体，离开了生理的发展，特别是大脑的生理发展，就不可能有人的心理发展；同时，人的心理发展也必然影响生理的健康发展。

2. 体育要适应人的身心发展的顺序性、阶段性规律

人的身心发展是一个有顺序、连续不断的发展过程。在生理方面，如骨骼肌肉的发展，先发展大骨骼、大肌肉群，随后才发展小骨骼、小肌肉群，神经系统的发展是先快后慢等；在心理方面，总是由具体思维发展到抽象思维，从机械记忆发展到意义记忆等。人的身心发展的这一顺序不可逆转，也不能跳跃。此外，人的身心发展又具有阶段性，一定年龄阶段的人具有某些共同的生理、心理发展特征，不同年龄阶段的人具有不同的身心发展特点。

3. 体育要适应人的身心发展的不均衡性和个体差异性规律

在人的身心发展过程中，由于遗传、环境、教育和自身主观能动性的不同，他们的身心发展存在着不均衡性和个体差异性。由于身心发展的不均衡性，应在某一素质发展的敏感期内发展该项素质，从而使该项身体素质得到明显提高。由于个体身心发展存在着差异，即使采用同一运动量，也有人感到运动量大了，有人感到运动量小了。因此，应重视个体差异现象，使运动负荷能够在不同个体的生理适宜范围内。

知识窗

　　在美国，统计资料显示，1965 年的全国医疗花费占国民总产值的 6%，1990 年则提升至 10% 的比例。以 20 世纪 90 年代初期为例，他们每年的总医疗花费是 7 500 亿美元，相当于每人每年要有 3 000 美元的医疗费用支出。这个数字和 1980 年的情形比较，显示增加率为 203%！而让美国政府卫生健康机构大感不平的是，所有疾病当中有 75% 的比例是因为那些可以适当控制的危险因素。如腰背痛，据资料显示，每年所带来的减产损耗约达 10 亿美元。又按去年《时代周刊》的报导指出，美国每年约有 150 万人罹患心脏病，每年接受心脏冠状动脉搭桥手术者约有 33 万人之多，而这类手术一次需 3 万～4 万美元。

　　另外，还有大约 19 万人在一年中作血管整形手术，这种手术每次约花费 7 500 美元。总计每年美国在冠心病方面的手术费用达 110 亿美元！

　　2011 年，中国卫生总费用达 24 345.91 亿元人民币，同期人均卫生总费用为 1 806.95 元人民币，卫生总费用占国内生产总值的比重为 5.1%。按可比价格计算，1978～2011 年，中国卫生总费用年平均增长速度为 11.32%。一项针对医疗保险公司的最新研究表明，中国员工在 2012 年的医疗费用增幅将为 10%，仅次于印度的 13%。

第三节　生活方式、健康与生命质量

一、生活方式与健康

　　众所周知，大多数成年人的健康问题是与环境、生活方式密切相关的。生活方式是指人们长期受一定文化、民族、经济、社会、风俗、家庭等影响而形成的一系列生活习惯、生活制度和生活意识。人类在漫长的发展过程中，虽然很早就认识到生活方式与健康有关，但由于人们一直认为危害人类生命的各种传染病是人类死亡的主要原因，因而忽视了生活方式对健康的影响。在过去的一个世纪里，不良生活方式导致的慢性非传染性疾病取代传染疾病成为"头号杀手"，例如，1976 年美国死亡人数中，50% 与不良生活方式有关。现代人类所患疾病中，有 45% 与生活方式有关，而死亡的因素中，有 60% 与生活方式有关。据世界卫生组织的资料证实，人类的健康寿命问题 40% 在于遗传和生存的环境条件，其中 15% 为遗传因素，10% 为社会因素，8% 为医疗条件，7% 为生活环境和地理气候条件，而 60% 需要靠自己努力，去"建设"良好健康的生活方式。可见，养成良好的生活方式对于健康至关重要。

二、现代生活方式病的主要表现

生活方式病是指由于人们衣、食、住、行、娱等日常生活中的不良行为，以及社会、经济、精神、文化各方面不良因素导致躯体或心理的疾病。对于生活方式病，真正的危害不是来自疾病本身，而是来自日常生活中对危害健康的因素认识不足，不懂得生活方式与疾病的关系，脑子里还没有"健康生活方式"的概念。这才是生活方式病对人类真正的威胁所在。

现代人生活方式的改变，给人们的健康带来了一些不良的影响，产生了一些新的不文明、有害健康的行为和新的致病因素，导致了疾病谱的变化，产生一些新的疾病，或称"现代文明病"，主要表现在如下几个方面：

1. 由于心理、情绪紧张，刺激增加，饮食营养结构不合理，环境污染，吸烟饮酒的人增多等多方面的因素，导致脑血管病、心血管病、恶性肿瘤、意外伤亡等多因多果性疾病发病率增高，严重威胁着人民的健康和生命。

2. 由于现代生活节奏加快，时空观念、竞争观念增强，独生子女及离退休职工增多，生活中紧张刺激增加，心理因素和情绪反应，已成为一个重要的致病因子，引起了一些心理情绪反应性疾病，如临考紧张综合征、情绪性腹泻等。

3. 由于现代居住条件和居住环境的改变，出现了都市疲劳征、高楼住宅综合征等。

4. 由于缺乏美容化妆的卫生知识，化妆品所致的接触性皮炎、染发剂过敏性皮炎、戴耳环引起的感染等发病率在女青年中明显增加。

5. 现代穿着、妆饰引起的高跟鞋病，隐形眼镜角膜炎，太阳眼镜病等在男女青年中较常见。

6. 饮食营养平衡失调，成为诸如心脑血管病、糖尿病、癌症、贫血等的主要致病因素之一。

7. 家用电器导致的疾病有空调适应不良、电视迷综合征等。

8. 养鸟、养猫、养狗爱好者增多，由这些观玩动物传染的疾病增多，尤其是狂犬病已在许多地区呈散发性流行。

9. 吸烟、饮酒人数大增，吸烟已成为肺癌、心脑血管病的重要致病因子，酒精中毒亦经常发生。

10. 现代交通工具使人们体力活动减少，以车代步的危害还没有引起人们的重视，晕车、晕船、晕机等是乘坐现代交通工具最常见的疾病。

11. 在知识分子中间，由于坐多，用眼、用脑多，写字多，脑力疲劳，视力疲乏较常见。

12. 近年来，有些人思想腐朽，已经灭绝的性病在个别地方死灰复燃，艾滋病在我国也呈多发趋势。

13. 空气、水源、环境的污染，已成为一个较严重的社会现象，"公害病"的防治，已成为现代生活中的重要课题。

三、健康生活方式的主要表现

实践证明，获得健康的一个根本途径，就是要养成健康的生活习惯，养成运动锻炼习惯，终生坚持体育锻炼。提倡身体活动已成为当今世界许多国家提高国民健康水平，预防慢性病的一个重要举措。美国疾病控制中心研究指出：如果美国公民不吸烟、不过量饮酒，膳食结构合理和进行经常性锻炼，其寿命有望延长 10 年。

也正是在这种背景下，各国政府都相应提出了相应的符合时代要求的健康计划，比如中国政府提出的《全民健身计划纲要》，美国政府提出的《2000 年人类健康计划》，加拿大政府提出的《健康加拿大计划》，新加坡政府颁布的《生命在于运动计划》等。各国计划的工作重心，都从降低未成年人死亡率转移至通过各种途径和手段（如积极地开展体育活动），有效地预防疾病与促进健康，强调生活方式的改变对人类健康具有重要意义。

那么，健康的生活方式有哪些呢？

美国加州大学公共健康系莱斯特·布莱斯诺博士对约 7000 名 11~75 岁的不同阶层、不同生活方式的男女居民进行了 9 年的研究，结果证实，人们日常生活方式对身体健康的影响远远超过所有药物的影响。据此，莱斯特博士和他的合作者研究出一套简明的、有助于形成健康的生活方式，具体内容如下：

1. 每日保持 7~8 小时睡眠；

2. 有规律的早餐；

3. 少吃多餐（每日可吃 4~6 餐）；

4. 不吸烟；

5. 不饮或饮少量低度酒；

6. 控制体重（不低于标准体重 10%，不高于 20%）；

7. 有规律的锻炼（运动量适合本人的身体情况）。

此外，每年至少检查一次身体。布莱斯诺博士指出，它适用于各种年龄的人，特别适用于身体功能处于下降阶段的人。若能遵循上述 7 种习惯去生活，将会使你终身受益。一般来说年龄超过 55 岁的人如果能按上述的 6 种至 7 种习惯去生活，将比仅仅遵循 3 种或更少的习惯生活的人长寿 7~10 年。

现在又有学者在此基础上增加了 3 条健康生活方式的内容：

1. 正确面对压力。消除生活中的烦恼，学会应付各种压力能使人健康。尽管一些人可能需要专家的帮助，但大多数人都可以通过生活方式的改变来减轻压力。

2. 安全的性生活。尽管性病现在还不是致死的主要疾病之一，但却使人十分痛苦。导致艾滋病的 HIV 病毒现已经成为一个重大的健康问题。

3. 养成安全的习惯。现代社会，事故是致死的主要原因之一，超过死亡数的 6％。不仅如此，事故还造成大量的残疾和不利于健康的问题。我们不可能避免所有事故，但通过养成良好的安全习惯，可以减少事故的发生。

四、生命质量与健康

健康的最终目标是提高所有人的生命预期值，即人类寿命。在已过去的上个世纪生命预期值平均提高了近 66％。在美国，1900 年出生的婴儿平均存活 47 年，1930 年则提高了 10 年。到今天，人类的生命预期值为 76 年左右。人类寿命的提高是社会人口健康程度提高的表现，是社会进步的最终体现。随着人类寿命的提高，人们开始追求生活的质量。

健康指标除了单纯的长寿外，还应包括质量意义上的健康寿命，因此，在欧美比较流行的"健康体力"概念对老年人来说就尤其重要。最近，又有学者研究如何预防和减轻随年龄增长带来的生理衰退现象，并提出了优质生活标准（QOL），目的是使老年人能够过上健康而长寿的生活。

流行病学调查发现，在人类生命的后 1/5 阶段，即使机体没有疾病，表现为显性健康，但往往不同程度地存在着生活质量降低这一现象，造成社会负担的增加。生命前 4/5 阶段的不良生活习惯对机体功能造成潜在的负面影响的累积，是导致生命后阶段生活质量低下的一个重要原因。

体育运动可以促进人体的健康发展，是提高生命质量的最有效手段之一，主要表现在：

（一）体育运动可以促进人体的身心健康发展

随着科学知识的普及和日常生活经验的积累，人们逐渐认识到体育锻炼对健康的重要性。人体的心肺功能是影响健康的重要因素。人体通过肺的工作，将人体内的废气与外界进行交换，再通过心脏将携带氧气的新鲜血液流遍全身，以供应人体活动的需要。实践表明，经常进行体育锻炼的人，心肌细胞能获得更充足的氧气和营养供应，加强了心肌力量，使心脏搏动有力，增加了心脏的最大吸氧量与心输出量，提高了心储备能力，从而有利于人体的健康。

更重要的是，经常参加体育锻炼的人能够在体育锻炼中体验到运动的愉悦感，从而调节个人的情绪，缓减由学习、生活或工作所带来的压力，使人在平时的学习、工作和生活中积极向上，能很好地协调人际关系等。可见，体育锻炼能促进人体的身心健康发展，并使人们养成良好的健康生活方式，可以减少年轻人死亡率，提高生命质量。

（二）适量运动可以减少对个体健康发展的负面影响

适量运动是指根据运动者的个人身体状况、场地、器材和气候条件，选择适合的运动项目，使运动负荷不超过人体的承受能力。适量运动对个体健康有很大的影响：

1. 减少心脑血管病的死亡。全世界约有 1/3 的死亡是由心脑血管病引起的；

2. 减少心脏病和直肠癌发病危险性 50%；

3. 减少 II 型糖尿病发病危险性 50%；

4. 帮助预防和减少高血压病，世界约有 1/5 的人口受该病的影响；

5. 帮助预防和减少骨质疏松症的发生。可减少妇女骨质疏松症的发病率 50%；

6. 促进心理健康，减少抑郁症、强迫症和孤独感的发生；

7. 帮助预防和控制不良习惯，特别是对儿童和年轻人，可帮助他们远离烟草、酒精、药品滥用以及不健康的饮食习惯和暴力；

8. 帮助控制体重，与久坐少动的人相比，可减少肥胖发生率 50%；

9. 帮助强健筋骨、肌肉和关节，帮助改善有慢性疾患及残疾的人的耐久力；

10. 帮助减轻疼痛，如背部疼痛和膝关节疼痛等。

（三）适当运动可以促进个体延年益寿

俗话说："身体锻炼好，80 不算老；身体锻炼差，40 长白发。"大量的研究表明，有规律的体育锻炼可以延年益寿。一项持续 30 年的研究显示，不锻炼的人比经常锻炼的人早逝的可能性大 31%。

人们对体育锻炼能否有益于健康长寿等问题，存在着各自不同的观点：一种观点认为，只要进行体育锻炼，坚持者都能获得健康，这是种"运动必需论"；另一种认为，体育锻炼不一定能健康长寿，不运动而长寿的人也不少，这是种"运动怀疑论"。

德国柏林科学中心社会研究所的国民经济学家格特·瓦格纳博士（1989）的调查认为，"我们还是不能根据经验说明，被当作手段的体育运动对改善健康状况是否有效"。他说："虽然可以认为活动少会使人生病，从而使人少活若干年，也可以断定，通过体育活动最能避免心血管疾病。但另一方面也并没有证据可以说明，通过经常的体育活动会如所期望地改善健康状况。"瓦格纳又指出，"良好的教育和稳定的收入很可能是实现有健康意识的生活方式和较高预计寿命的最有效手段"。

但是，据美国权威医学期刊《新英格兰医学杂志》（1986）发表体育锻炼同延长寿命的关系的调查报告认为：成年人经常进行适度的而不是剧烈的体育运动可以大大延长寿命；被调查的对象是美国哈佛大学的 16936 名毕业生，对这些人的调查从 1962 年一直进行到 1978 年。研究发现：在那些年龄较大的毕业生中，参加高级体育活动的人的死亡率为根本不参加体育活动人的一半。其至在那些在校期间不爱体育锻炼，而在毕业以后才开始锻炼的人，情况也是这样。所谓适度运动，就是每周作消耗 8371 千焦耳（2000 千卡）热量的体育锻炼，即相当于打 2 ~ 3 个小时的乒乓球，这样，比根本不参加体育锻炼的人死亡率降低 1/4 ~ 1/3。但是，每周参加打 3 个小时的网球或全场篮球的激烈运动，对于延长寿命则没有明显的益处。

读一读

健康的要诀在于平衡

不同的体质、处于不同环境下的人，求长寿的措施亦应有所不同，但有一条共同的道理，即求"平衡"。人体是物质、能量、信息三者的统一体，需要在心理、营养、运动、睡眠几方面达到平衡，任何一方面失衡即可致病，没有平衡就谈不上健康长寿。

1. 心理平衡。中医认为，"喜、怒、忧、思、悲、恐、惊"七情太过，对健康不利。健康的身体寓于健康的精神，精神状态不佳，会使中枢神经传导受阻，体内各器官系统生理功能失常，使呼吸、心律失常，身体无力，面色苍白，神经功能失调，内分泌紊乱，加速衰老。

2. 饮食平衡。现代医学证明，进食太多，会引起肥胖而早衰。饮食搭配合理，能量平衡，可延缓衰老。

3. 动静平衡。在现代生活中，人体活动不足比较突出。若长期使肌肉处于饥饿状态，就会患上各种各样的"文明病"；相反，超负荷过量运动，也会使生理功能失调而致病。因此，运动必须适度，保持动静平衡。

4. 睡眠和活动要平衡。俗话说："抠成的疮，睡成的病。"睡眠太长，会使机体功能呆滞，久而久之便可致病；睡眠太少，则会因精神耗竭，不能恢复而致痼疾。

测一测

生活方式自评量表

	一直	有时	从未

一、吸烟

	一直	有时	从未
1. 我避免吸烟。	2	1	0
2. 我仅抽低焦油和低尼古丁的香烟。	2	1	0

你的吸烟分数：_____

二、酒精和药物

	一直	有时	从未
1. 我避免喝酒。	4	1	0
2. 我一天喝酒不超过一次。	2	1	0
3. 当服某些药（如安眠药、止痛药、感冒药等）时，我不喝酒。	2	1	0
4. 当我服药时，我遵循医嘱。	2	1	0

你的酒精和药物分数：_____

三、饮食习惯

	一直	有时	从未
1. 我每日吃各种食物。	4	1	0
2. 我少吃高脂肪的食物。	2	1	0
3. 我少吃盐含量高的食物。	2	1	0
4. 我避免吃太多的甜食。	2	1	0

你的饮食习惯分数：_____

四、锻炼和体能

	一直	有时	从未
1. 我保持理想的体重，避免过重或太轻。	3	1	0
2. 我一周至少进行三次有氧练习（如跑步、游泳、散步等），每次15~30分钟。	3	1	0
3. 我一周至少进行三次以提高力量为主的运动。（健美操、各种力量练习等），每次15~30分钟。	2	1	0
4. 我常利用余暇时间参与个人的、家庭的或集体的活动（打保龄球、球类运动等）。	2	1	0

你的锻炼和体能分数：_____

五、应激控制

1. 我喜欢学习或其他工作。   2   1   0

2. 我发现自己容易放松和自在地表达情感。   2   1   0

3. 我常对可能有压力的事件和情景早作准备。   2   1   0

4. 我有亲密的朋友、亲戚，能与他们谈论隐私，并
   在需要时，请求他们的帮助。   2   1   0

5. 我常参与集体活动。   2   1   0

你的应激控制分数：＿＿＿＿＿＿

六、安全

1. 我睡觉前会检查门是否关好。   2   1   0

2. 我骑自行车或开车时不追求速度。   2   1   0

3. 我不乱穿马路。   2   1   0

4. 当使用有害物质或产品（如电线板开关，喷蚊子
   的药水）时，我会很小心。   2   1   0

5. 我从不在床上吸烟。   2   1   0

你的安全分数：＿＿＿＿＿＿

注：本自评量表选自 Prentice, W. E. Fitness and Wellness for Life, 1999。

分数解释

9~10分 说明你意识到某一方面对你健康的重要性，并已注意保持良好的生活习惯。

6~8分 说明你在某一方面有良好的生活习惯，但仍有一些需要改进的地方。

3~5分 说明你存在健康方面的问题，需要咨询医生如何减少健康方面存在的潜在危险。需要注意的是，对于吸烟这一部分而言，3~4分说明你保持着良好的生活习惯。

0~2分 说明你存在着健康方面的潜在危险，但你可能并没有意识到危险的存在。对于吸烟这部分来说，0~1分意味着你有健康方面的潜在危险。

第二章　大学体育课程与体育学习

体操和音乐两个方面并重，才能够成为完全的人格。因为体操能锻炼身体，音乐可以陶冶精神。

——柏拉图

身体的健康因静止不动而破坏，因运动练习而长期保持。

——苏格拉底

第一节　大学体育课程的形式与性质

大学体育是我国高等教育的重要组成部分，也是我国社会主义建设中的一项重要事业，是国民体育的基础。它对培养社会主义建设人才，发展我国体育事业，提高学生体质健康水平，建设校园体育文化具有重要意义。

一、大学体育课程的组织形式

大学体育课程的组织形式主要是指体育课教学、课外体育活动、课余体育训练和运动竞赛，它们构成学校体育的整体。《体育法》第十八条规定："学校必须开设体育课，并将体育课列为考核学生学业成绩的科目。"为实现学校体育的目的，大学体育应从实际出发，充分利用各种组织形式，开展各项体育活动。

（一）体育课

体育课是我国高等学校教学计划中的基本课程之一，是大学体育工作的中心环节，是实现大学体育目的的基本组织形式。

大学体育课是我国普通高等学校所开设的一门学生必修课。教育部颁布的《学校体育工作条例》明确规定："体育课是学生毕业、升学考试项目。"为此，体育课考试不及格应补考，补考不及格应重修，重修不及格不予毕业，作结业处理。

2002年教育部颁布的《全国普通高等学校体育课程教学指导纲要》（下称《纲要》）中第一条指出："体育课程是大学生以身体练习为主要手段，通过合理的体育教学和科学的体育锻炼过程，达到增强体质、增进健康和提高体育素养为主要目标的公共必修课程；是学校课程体系的重要组成部分；是高等学校体育工作的中心环节。"《纲要》第五条规定："普通高等学校的一二年级必须开设体育课程（四个学期）共计144个学时。修满规定学分，达到基本要求是学生毕业获得学位的必要条件之一。"对有慢性病和生理有缺陷的学生，开设体育保健课。

体育课教学要充分发挥学生的主体作用和教师的主导作用，努力创造开放式、探究式教学，不断拓展体育课程的时间和空间，丰富体育教学内容，学校要为学生营造生动、活泼、健康、安全的学习氛围。

（二）课外体育活动

课外体育活动是大学生体育课的延续和补充，是实现大学体育目的的重要组织形式。《体育法》第二十条规定："学校应当组织多种形式的课外体育活动，开展课外训练和体育竞赛，并根据条件每学年举行一次全校性的体育运动会。"因人、因时、因地制宜地开展多种多样的课外体育活动，这对巩固提高体育课的教学效果、增强大学生体质、丰富校园文化生活、增强集体凝聚力、促进精神文明建设等方面都会起到良好的促进作用。

课外体育活动主要有早练、课间操、单项体育协会或单项体育运动俱乐部活动、《国家学生体质健康标准》达标练习及测试等形式。

（三）课余体育训练

《学校体育工作条例》规定："学校应当在体育课教学和课外体育活动的基础上，开展多种形式的课余体育训练，提高学生的运动技术水平。"

课余体育训练是指学校体育教研部门利用课余时间，对部分身体素质较好，并有体育专长的大学生进行科学系统训练的一种专门教育过程，它是实现大学体育目的的又一重要组织形式。

大学开展课余体育训练是贯彻普及与提高相结合原则的重要措施。它一方面把有体育才能的大学生组织起来，在实施全面、系统训练，进一步增强体质的基础上，再进行专项训练，提高运动水平，创造优异成绩，在参加国际、国内及校际的各项比赛中，为学校、为祖国争光；另一方面是通过培养体育骨干来推动学校体育活动的蓬勃开展，并在训练和各级体育比赛中，扩大体育影响丰富课余文化生活，促进校园精神文明建设。

（四）体育竞赛

体育竞赛是大学课外体育的另一组成部分，是实现大学体育目的的重要渠道之一。大学开展体育竞赛，是检验体育教学、训练效果，也是交流经验、相互学习、促进运动技术水平提高的有效途径；是广泛吸引大学生参加体育活动，推动学校群众性体育活动的开展，增强体质和增长才干的主要方法；是丰富大学生课余文化生活，增强体育健身意识，增强勇敢顽强、奋发向上、团结友爱、遵纪守法等优良品质，培养集体主义精神，建设校园精神文明等不可缺少的内容。大学体育竞赛主要有校内竞赛和校外竞赛，以校内竞赛为主，如各种球类竞赛，校运会等。

二、大学体育课程的性质

大学体育是学校教育的重要组成部分，应该充分体现学校教育及培养人的属性，即要以运动和身体练习为基本手段，提高人的潜能，增强体质，增进身心健康，促进大学生的全面发展。所以，综合来讲，大学体育课程的性质主要有以下两个方面。

第一，大学体育课程是大学生以身体练习为主要手段，通过合理的体育教育和科学的体育锻炼过程，达到增强体质、增进健康和提高体育素养为主要目标的公共必修课程；是学校课程体系的重要组成部分；是高等学校体育工作的中心环节。

第二，大学体育课程是寓促进身心和谐发展、思想品德教育、文化科学教育、生活与体育技能教育于身体活动并有机结合的教育过程；是实施素质教育和培养全面发展人才的重要途径。

读一读

青年人健康 10 要点

1. 吃得正确。在青春期保持饮食平衡和有规律，有助于使你现在健美将来健康。

2. 喝得正确。干净的水和果汁有利于身体健康，不要饮酒，喝醉是不明智的。

3. 不吸烟为妙。如果你想健美有吸引力，请别吸烟。

4. 适当放松。运动、音乐、艺术、阅读与其他人交谈，可帮助你成为兴趣广泛的人。

5. 积极自信。要充满自信和富有创造性，要珍惜青春。

6. 知道节制。遇事能三思而后行，大多数的事故是可以避免的。

7. 负责的性行为。了解自己的性行为并对此负责。

8. 运动好处多。运动可以使你健美和感觉良好；参加运动的每一个人都可赢得健康。

9. 没事多散步。散步是一种轻缓的运动，而且散步能使你感到舒适。

10. 千万别吸毒。吸毒是一条死胡同，要坚决地说"不"。

第二节　大学体育的目的与任务

大学体育的目的与任务是体育总目标的一部分。它们必须通过实施相应的教育计划及多种多样的课程组织教导，才能得以实现。

一、大学体育的目的

根据我国当代大学生身心发展的要求和大学生生理、心理状况，体育的功能以及我国的国情，2002 年教育部颁布的《全国普通高等学校体育课程教学指导纲要》中明确规定，我国大学体育的目的是培养和增强大学生的体育意识，提高体育能力，养成自我锻炼的习惯，增强身体、心理的健康以及道德素质和社会适应能力，为终身体育奠定良好的基础，成为社会主义事业合格的建设者和接班人。

二、大学体育的任务

为达到大学体育的目的，我国大学体育的任务主要有以下 4 个方面。

（一）提高身体与心理素质，促进身心健康

促进身心健康是大学体育的首要任务。这项任务体现了国家对各类专门人才的基本要求与期望，也是大学生顺利完成学业的保证。体质、健康水平以及心理素质除了受遗传因素的影响外，更受制于后天环境中得到的锻炼和培养。科学的体育锻炼对体质健康和心理健康的影响是最积极、最有效、最关键的因素。大学生正处在青春后期和青年前期，生长发育日趋完善和稳定，生命力旺盛，生理机能和适应能力均发展到较高水平，是生理与心理发展的关键时期。在这个时期，要通过体育过程来增强大学生的体育意识和健康意识，积极督导他们参与体育锻炼，全面提高身体与心理素质，并要有意识地加强耐力和力量素质的培养，同时提高对社会的适应能力和增强对疾病的抵抗能力，从而不断地提高他们的身体健康水平，保障他们良好的身心状态，顺利完成学业。

（二）学习和掌握体育的基本知识，培养体育能力和运动习惯

大学体育是中小学体育的继续，大学阶段注重体育知识和体育理论的学习，强化能力和习惯的养成，这是对大学生的基本要求。大学生要培养和增强自己的体育意识，发展自己的体育能力，提高参加锻炼的自觉性、积极性和实效性，

掌握科学锻炼身体的原理、原则、方法和手段，了解不同体育运动项目对身心作用的特点以及在学习、生活、工作中需要的基本活动技能。这些知识和技能，不仅能促进身心健康的发展和综合素质的提高，增强终身体育意识，而且在走向社会后，能根据周围环境条件、工作性质和年龄等实际情况，选择适宜的方法进行科学的身体锻炼，为适应社会工作和生活打下良好的基础。

（三）发展体育才能，提高运动技术水平

在广泛开展群众性体育活动的基础上，正确处理普及与提高的关系，充分利用大学的有利条件和大学生体能和智能上的优势，对部分体育基础较好，并有一定专项运动才能的大学生进行有计划的、系统的科学训练，不断提高其运动技术水平。这样既可为大学培养体育方面的骨干，又能进一步推动大学体育活动的开展；既可丰富校园文化生活，又可适应国内外大学体育交往的需要。

（四）培养良好的思想道德品质和体育道德风尚

体育本身具有教育功能，是对学生进行思想教育的重要手段。由于体育的这个特点，它在完成教育的使命中可以发挥特殊的作用。大学体育工作中的思想品德教育，主要是通过组织学生进行体育课学习、体育竞赛活动和各种身体锻炼即寓教育与身体活动之中来实现的。

通过体育，对学生进行爱国主义教育、集体主义教育以及组织纪律教育，培养学生吃苦耐劳、团结友爱、勇于奉献、朝气蓬勃、拼搏进取的优良品质。培养学生遵守各种竞赛规则，服从裁判，胜不骄、败不馁，勇攀高峰，艰苦奋斗，敢于拼搏的精神和勇敢、顽强、刚毅、果断的意志品质。培养自信心、自制力和开拓创新的精神，形成文明的行为和良好的体育道德风尚，使学生在知、情、意、行等诸方面都有更高层次的追求，从而确立文明、科学、健康、和谐的生活方式。

读一读

大学生时尚的校园运动

一、芭蕾美体——悠扬乐曲里塑造优雅

1. 美丽魔语：练芭蕾的人也许并不美，却挡不住一种由内而外散发的优雅魅力。

2. 学生絮语：芭蕾给我好气质。

3. 教师点评：练芭蕾最大的好处是可以塑造个人气质形体，将芭蕾中天鹅般高雅、闲适的感觉带到日常生活当中去。现在很多学生经常对着电脑玩游戏、上网，但却很少运动，这样一来就带来体形的迅速膨胀。而芭蕾的基本动作中有不少肩背和手臂的动作，尤其适合松弛紧张的肩背，它对学生来说，最大的

好处就是对形体线条的塑造。芭蕾强调的是一种内在的东西，是一种时间的积累，练着练着，学生就能发现自己的体形和气质都有了改变。业余练芭蕾的真谛是以健身、塑形为目的，学生不必过分强调腿要踢多高之类的问题，应该注重对芭蕾的认识和了解。

二、动感街舞——穿上帅衣跳出时尚

1. 激情魔语：甩头、踢腿、摇摆……在动感音乐节奏的带动下，我做我自己！

2. 学生絮语：跳街舞是一种时尚。

3. 教师点评：街舞英文名称为 HipHop，是美国黑人的一种街头文化。街舞的肢体动作较其他舞蹈夸张，以其特有的轻松、随意、个性化赢得人们，尤其是学生们的青睐。因为在跳街舞的过程中，身穿有型肥裤宽衫的你除了感受到兴奋，得到健身效果，自我表现欲还得到了极大的满足。有学生就曾经说过，简单的

一个眼神，一次头部的摆动都是一种身心的陶醉。街舞这种很随意、很自然的动作会让学生们都觉得很开心，既轻松又自信，全身每个细胞都被动感的节奏带动起来。

街舞训练是小肌肉群的运动，它很好地弥补了其他健身项目的局限，使锻炼更全面，同时由于它的动作多出现在音乐的弱节拍上，使动作的韵律更富于变化，强度更易于减肥健身，提高协调能力。街舞在动作选择方面与西方流行街头的舞蹈有所不同，西方街舞形式随意，有些动作要求技巧性很强，如练习不当，对于身体某些部位可能会造成损害。现在国内的街舞课程不选择高难度技巧动作，突出健身性、娱乐性、欣赏性，便于大众接受。

三、跆拳道——拳脚间学到为人之道

1. 活力魔语：在互敬中保护自己，强身健体，永不言败。
2. 学生絮语：优雅中强身健体。

3. 教师点评：跆拳道是一项高雅、古老而又时尚的运动，起源于朝鲜半岛，是韩国的"国术"。跆拳道对学习者有着具体的要求：首先是"以礼始，以礼终"，学习时要求学生每次练习前后都要向教练和对手敬礼；其次，跆拳道还要求练习者有自信心，无论修炼过程遇到什么困难，都要相信自己一定能战胜挫折、战胜对手；其三，要克己忍让，即使遇到不公平的待遇，也不能用跆拳道功夫主动攻击别人，否则要受罚。

在跆拳道的学习中，学生可以学会礼貌，磨炼了心理素质，还锻炼了忍耐力。这些，往往是当前娇生惯养的学生最缺少的。另外，跆拳道道场里的长幼有序也让孩子们学会了尊重长辈。在道场里，级位和段位低的要向段位高者行礼。后入门者要尊重先入门者。这些都是孩子们可以从跆拳道中学到的社会规范。

基本技术是跆拳道比赛的主要得分手段，是技术的灵魂，训练中一定要在基本技术的速度、力量、准确性、击打效果、技术细节等下大工夫进一步提高，必须完成对正规技术的过渡，而创新、自我风格与特色的创立，一定要在扎实的基础之上进行，不要盲目追求高难度，只有这样才能少走弯路。

第三节　大学体育俱乐部

大学体育俱乐部是以体育练习者自愿结合为基础，以学校运动场馆为依托，围绕着某一运动项目，以俱乐部的组织形式将体育教学、课外体育、运动训练和群体竞赛等活动融为一体的体育教育教学模式。

大学体育俱乐部也是一种融合国外大学体育俱乐部活动与国内传统体育教

学两种特色为一体的全新教学模式。目前，大学体育俱乐部的教学模式还处于不断地摸索阶段，比如有些大学体育教学完全采用体育俱乐部教学模式，还有些大学先进行一至两年的传统体育教学，然后再开设体育俱乐部教学等。虽然我国大学各类体育俱乐部的数量不多，规模也不大，但已呈现良好的发展势头，并受到大学生的普遍欢迎。

一、大学体育俱乐部的类型及其特征

从当前世界各国体育俱乐部的性质划分来看，大学体育俱乐部基本属业余体育俱乐部组织形式。1992 年 6 月我国以足球项目作为体育改革的突破口，拉开了试办职业体育俱乐部的帷幕，从此体育俱乐部成为我国体育界讨论的热点问题之一，大学业余体育俱乐部正是在这种社会背景和体育教育体制深化改革中产生的，从类型调查与分析来看，我国现有大学体育俱乐部主要包括教学型、健身娱乐型和训练型 3 种。

（一）体育教学型俱乐部的主要特征

大学体育教学型俱乐部是我国深化学校体育教学改革的产物。这种组织形式是在教学指导思想方面注重培养学生的体育兴趣和提高学生的体育能力，其教学组织形式和特点是在 1 年级开设专项选修课，2 年级以教学俱乐部形式进行教学。这种模式的优点在于较好的发挥学生学习体育的主观能动性，兼顾学生的兴趣与特长，因而被众多学者认为是当今高等学校一种较为理想的体育教学模式。

（二）健身娱乐型体育俱乐部的主要特征

多年来，我国学校学生体育锻炼的组织形式虽具有多样性特点，但主要是以教学班为单位的班级体育锻炼，很大程度上难以满足学生对体育锻炼兴趣上的多方面需求，而大学健身娱乐型体育俱乐部则有效的解决这一问题。它由有共同兴趣、爱好的大学生自愿组成并经学校批准成立的学校体育组织形式，参与活动的学生在教师指导下，根据个人兴趣与爱好选择项目，自觉自愿，积极主动地参加健身娱乐活动，从而有效地培养了学生经常参加体育活动的主动意识和良好的习惯，提高了学生的身体素质，增强了他们的体质。这种组织形式在组织管理特征上主要表现为学生参与体育学习由被动向主动转移，行为角色发生变化，群体活动的环境得到进一步优化，兴趣爱好的满足与个性发展同步化，体育价值观的形成更加稳固。同时在文化特征方面表现为教育的实践性、延续性、兴趣性，以及热点的多元性、动态性方面。因此，人们普遍认为大学健身娱乐型体育俱乐部是培养大学生综合素质的较好场所。

（三）运动训练型体育俱乐部的主要特征

这类体育俱乐部的前身是大学高水平运动队，以竞技运动俱乐部为组织形式，以提高运动技术水平为主要目标；在组织管理方式上，部分地借鉴职业俱乐部的方法，但其本质是传统的业余体育俱乐部。它的主要特征表现为追求竞技水平的提高，对参与者具有较强的选择性，增加了高水平运动员借助组织形式进行横向交流的机会，俱乐部的运动员有更多的受训指导场所。从世界发达国家高等院校高水平运动队的组织形式来看，这类俱乐部基本属于训练型业余体育俱乐部，它代表当今高等院校高水平运动队组织管理的主要形式，从而也将逐步成为我国大学高水平运动队管理体制改革的主要方向。

二、大学体育俱乐部教学模式

大学体育课实行俱乐部制是体育教学的一项重大改革，也是体育教学一种新的尝试。它一改传统的体育教学模式，在同一堂选修课中开设各类体育项目，每个项目为一个俱乐部，由学生根据自己的身体素质及兴趣、爱好，自主地选修体育项目，从而完成师生的"教"与"学"的目的。大学体育俱乐部教学模式不受班组教学计划、教学进度的限制，形式多种多样，内容丰富多彩。

三、大学体育俱乐部开设的体育项目

据调查，90%的高校都是开设常规项目：篮球、排球、足球、乒乓球、游泳、武术等，只有10%的高校开设了一些新型、贴近生活的项目，比如，健美操、健身健美、健身瑜伽、野营、攀岩、手球、门球、保龄球、高尔夫球、台球等。体育健身俱乐部的真正魅力在于充分利用体育活动所具有的对抗、竞争的特点，从健身、休闲、实用的角度出发，面向学生，根据学校实际情况，开设丰富多彩的项目，培养和激发学生参与体育活动的主动性和积极性。

运动量过大会增加感冒的可能性

　　近年来的研究表明，剧烈的运动（即过度锻炼）会减低身体对疾病的免疫力。相比而言，小到中等运动量会提高免疫系统的功能，减少感染的可能性。体育锻炼与感冒之间的关系呈 U 形（图 2-1）。图 2-1 表明：即中等强度的运动量会减小上呼吸道感染的可能性，而高强度或持续时间长的运动会增加这种感染的可能性。

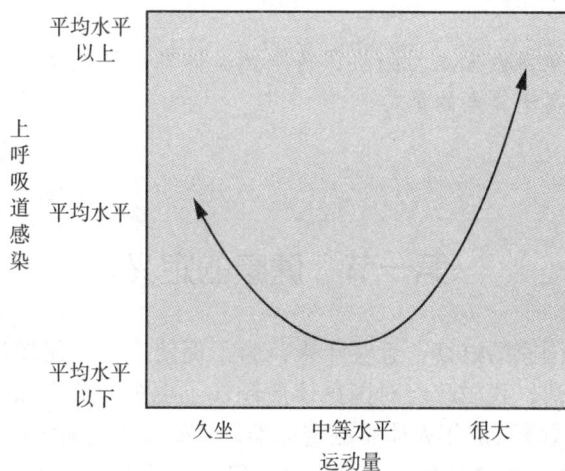

图 2-1　U 形曲线说明了运动量与感冒之间的关系

第三章　健康概述

　　殊不知有健全之身体，始有健全之精神；若身体柔弱，则思想精神何由发达？或曰，非困苦其身体，则精神不能自由。然所谓困苦者，乃锻炼之谓，非使之柔弱以自苦也。

——蔡元培

　　身体教育和知识教育之间必须保持平衡。体育应造就体格健壮的勇士，并且使健全的精神寓于健全的体格。

——柏拉图

第一节　健康的定义

　　国民素质是国家的财富，近些年来，为了促使广大人民增进身心健康，过上幸福文明的生活，我国政府对国民体质倾注了更多的关心和爱护，陆续推出了《全民健身计划》《成年人体质测定标准》《军人体质测定标准》《学生体质健康标准》。健康是生命的象征，是幸福的保证，是人生的第一追求。饱满的精神状态，充沛的身体活力，是大学生完成学业的基础。

一、世界卫生组织（WHO）对健康的定义

　　世界卫生组织（word health organization，WHO）于 1978 年，在《阿拉木图宣言》中明确了健康定义："Health is a state of complete physical，mental and social well-being and not merely the absence of disease or infirmity"，即"健康"（health）不仅仅是没有疾病或不虚弱，而是身体、心理和社会适应各方面都处于完美状态。

　　这个定义是基于人们对自身的认识，不再局限于原本的生物学领域，而是生理、心理和社会等诸多因素联系在一起的整合概念。事实上人们很多疾病的发生都不是单纯身体本身的原因，而是与社会的、心理的、情绪的变化等多种因素有关。世界卫生组织（WHO）还进一步提出了衡量健康的 10 项具体标准：

　　1. 精力充沛，能从容不迫地应付日常生活和工作；
　　2. 处事乐观，态度积极，乐于承担任务不挑剔；
　　3. 善于休息，睡眠良好；
　　4. 适应环境，应变能力强；

5. 对一般感冒和传染病有一定抵抗力；

6. 体重适当，体态匀称；

7. 眼睛明亮，不发炎，反应敏捷；

8. 牙齿清洁，无缺损，无疼痛，牙龈颜色正常，无出血；

9. 头发有光泽，无头屑；

10. 骨骼健康，肌肉、皮肤有弹性，走路轻松。

由此可见，一个人只有在身体和心理上保持健康的状态，并具有良好的社会适应能力，才算得上真正的健康，一个人只有身体、心理和社会三个方面和谐统一，才能有效地保证其健康幸福的生活。

二、我国学者对健康概念的理解

根据世界卫生组织（WHO）对健康的新定义，我国学者认为一个人的健康具体来说应包括生理、心理、生殖、道德、社会适应5个方面的健康。

（一）生理健康

生理健康就是人体生理上的健康状态。过去把生理健康定义为："能精力旺盛地、敏捷地、不感觉过分疲劳地从事日常活动，保持乐观、蓬勃向上及具有应激能力。"但是，目前有人认为，应将生理健康分成人体健康和健康行为两个概念来理解。

人体健康是指循环系统、呼吸系统、机体的各个器官、关节活动和肌力都达到最低正常水平，这样就有助于减少退行性疾病发生的危险性。健康行为是指健康达到一定水平，并与敏捷性、速度、肌肉的耐受性和收缩力有关，能使机体更好地从事职业与娱乐方面的生理活动。

（二）心理健康

心理健康的人应能保持平静的情绪，敏锐的智能，适于社会环境的行为和愉快的气质。

我们认为，人的心理健康包括以下7个方面：智力正常、情绪健康、意志健全、行为协调、人际关系良好、应激反应适度及心理特点符合年龄特征。

了解与掌握心理健康的定义对于增强与维护人们的健康有很大的意义。人们掌握了健康标准，以此为依据对照自己，可进行心理健康的自我诊断。现代人心埋健康的标准如下：

1. 具有充分的适应力；

2. 能充分地了解自己，并对自己的能力做出适度的评价；

3. 生活的目标切合实际；

4. 不脱离现实环境；

5. 能保持人格的完整与和谐；

6. 善于从经验中学习；

7. 能保持良好的人际关系；

8. 能适度地发泄情绪和控制情绪；

9. 在不违背集体利益的前提下，能有限度地发挥个性；

10. 在不违背社会规范的前提下，能恰当地满足个人的基本需求。

（三）生殖健康

生殖健康是指个体在与生殖有关的一切活动中，在生理、心理和社会适应诸方面处于良好的健康状态。为了保持生殖健康，既需要建立正确的性观念和性行为，避免未婚先孕、人工流产，做好性病与艾滋病的防治等工作外，还要接受避孕节育、不孕不育、妇产、夫妻性生活、男性科疾患等方面的性保健知识指导。生殖健康的内容主要有以下几点：

1. 人们能够有满意而安全的性生活；

2. 有生育能力；

3. 可以自由而负责地决定生育时间和生育数目；

4. 夫妇有权知道和获取他们所选定的安全、有效、负担得起和可接受的计划生育方法；

5. 有权获得生殖健康服务；

6. 妇女能够安全地妊娠并生育健康的婴儿。

由此可知，男女平等是生殖健康概念的基础，妇女权利是生殖健康的核心，强调服务对象的需求、参与、选择和责任是生殖健康的特点。同时，这些内容都必须是受到法律保护的。

（四）道德健康

所谓道德健康，是指能够按照社会规范的准则和要求来支配自身的行为，把个人行为置于社会规范之内。

把道德健康纳入健康的大范畴，是有其道理及科学根据的。巴西医学家马丁斯经过 10 年的研究发现，屡犯贪污受贿罪行的人，易患癌症、脑出血、心脏病、神经过敏等病症而折寿。而良好的心理状态，能促进人体内分泌更多有益的激素、酶类和乙酰胆碱等，这些物质能把血液的流量、神经细胞的兴奋调节到最佳状态，从而增强机体的抗病力，促进人们健康长寿。作为国家未来的建设者，具备良好的道德素质是青年学生的立身之本。

（五）良好社会适应

社会适应指的是个人为与环境取得和谐的关系而产生的心理和行为的变化。它是个体与各种环境因素连续且不断改变的相互作用过程。每个人一生都会不断面临新的情境，每一发展阶段也都有特定的要求，比如人格发展、对父母的依赖、个体心理上的独立、职业选择、人际关系、婚姻、家庭、退休、死亡等。社会适应是一个人发展的毕生过程。

社会适应良好是指个体的行为能适应复杂的社会环境变化，能为他人所理解，为社会所接受，行为符合社会身份，形成与保持和谐的人际关系。只有学会选择适合自身的价值观和人生态度，并有效建立起促进个人发展的精神背景和自我引导机制，才能够按社会运行法则，处理好个人与社会条件之间的关系。

在知识经济时代，不但人们获取知识的方式和途径在悄然发生变化，而且随着生活节奏的加快，人际关系变得更加复杂，在日趋激烈的社会竞争中，伴随各种不同价值取向而产生的迷惘、困惑、抑郁、孤独与失望情绪，都是对现代人的巨大考验。因此，能较好地适应社会对个体的全面健康显得尤为重要。

读一读

理 想 健 康

人人渴望健康、追求健康已经成为时代发展的必然趋势。WHO倡导的多元健康观已经将健康的内涵大大拓展，突破了传统健康模式和医学范畴。健康是基本人权，也是人类体现其社会价值最重要的标志。所以，学者们为进一步强化健康的本质和彻底改变传统健康评估体系，提出了一个促进健康的终极目标——理想健康（optimal health）或健全健康（robust health）。

理想健康是指个体致力于维持健康状态，并充分发挥自己最大潜力，以达到"身心合一"的整体完美。理想健康提出的目的就是强调人们要想获得健康的终极目标，除了要摆脱疾病的威胁以外，还要积极地改善自身的社会、心理、教育、运动、和营养状态，使其真正获得生理、心理和社会三维健康，并享有完美的生活。所以，理想健康包含许多层面内容，与其说丰富了健康的本质，不如说强调了获得健康的途径。

第二节　大学生面临的健康问题

近几年，大学生猝死事件频繁发生。2008 年 12 月，某大学一名学生在体育课上进行体能测试时猝死；2010 年 1 月，吉林省一名大学生在期末考试过程中突然倒地身亡；某民族学院一名大学生猝死在练长拳的体育课上；某邮电大学计算机系 2009 级本科生踢球时突然倒地猝死……这些现象看似偶然其实并非如此，它从一个侧面折射出当今大学生在身体锻炼上的欠缺，在身体素质上的缺憾。大学生的健康问题不仅损害大学生个人幸福，而且还将给家庭和社会带来难以想象的负担。大学生健康问题已不容忽视。

一、大学生亚健康状态已经成为高校健康教育中的突出问题

近几年，教育部、国家体育总局、卫生部、国家民族事务委员会和科学技术部的联合调研结果表明，我国大学生的身高、体重等形态发育指标水平呈增长趋势，反应速度、力量的素质指标有所提高，营养状况得到较大改善，但学生体能素质、肺活量指标长期持续下降，肥胖学生的比例明显增多，近视眼发病率居高不下，多数大学生心理素质不高、抗挫折能力差。

大学生亚健康状态已经成为高校健康教育中的突出问题。

亚健康是指非病非健康状态，是处于疾病与健康之间的一种生理机能低下的状态，故又有"次健康"、"第三状态"、"中间状态"和"灰色状态"等称谓。处于亚健康状态的人群，通常具有相应的生理、心理上的多种表现，或有类似患慢性病的表现，如心情烦躁、情绪不稳、焦虑、忧虑、精神不振、反应迟钝、注意力不集中、记忆力减退等。

亚健康是一种临界状态，处于亚健康状态的人，虽然没有明确的疾病，但会出现精神活力和适应能力的下降，如果这种状态不能得到及时的纠正，非常容易引起心身疾病。处于亚健康状态的人，除了疲劳和不适，不会有生命危险。但如果碰到高度刺激，如熬夜、发脾气等应激状态下，很容易出现猝死，即"过劳死"。

二、大学生亚健康状态的形成原因

青春洋溢、朝气蓬勃的年轻人怎么成了"柔弱一族"呢？是什么侵害了部

分大学生的健康?

（一）大学生的体育锻炼整体上较少

应试教育思想及其体制对大学生的体育锻炼形成了长期的制约。大学生从上小学开始，上课、考试、拿分数的思想已经根深蒂固，体育课也不例外，课上往往存在着考什么学什么练什么的现象，这在一定程度上扭曲了体育应有的魅力。大学之前的体育课常常得不到有效保证，经常为其他文化课让路，升学的压力怠慢了中学生身体的锻炼，使得许多同学即使得到了升学的机会也在身体健康方面留下了遗憾。

大学生参加体育锻炼意识淡薄。不少大学生将大量的时间用在上网、玩电子游戏、打牌、做作业等方面，这直接导致了大学生出现肥胖、近视等身体不健康现象。大学生在升入大学之前的中学阶段，每天用于做功课的时间多达十四五个小时，很少有时间锻炼，即使运动一下，也很难达到有效的锻炼强度。大学里，低年级的学生有体育课的约束，运动时间相对要多一些，高年级学生随着体育课的取消，锻炼的主动性、积极性就降低了很多，尤其是女生，许多高年级的女生根本就不参加体育锻炼。

（二）部分大学生有不良的生活习惯

每天的早饭为一个上午的学习、工作等体力和脑力劳动提供能量，而一些同学却不吃早饭，还有的男生染上了抽烟、喝酒、通宵上网等不良习惯；一些同学晚上喜欢加餐，使入睡后的肠胃继续工作，严重影响睡眠质量。女生中存在的普遍现象是缺少运动和偏食，为了减肥，往往是以"零食为主，吃饭为辅"，连人体最基本的营养需求也达不到，更别谈强健体魄了。美国大学生每周要进行 12 个小时以上的课外体育锻炼，80% 的人参加了各类体育俱乐部。相比之下，我们就逊色很多，搞体育活动需要摊派任务，跑早操需要点名，吸烟、喝酒、通宵打牌、上网等成了"休闲娱乐"项目。

因此，我国大学生健康状况不容乐观也就是情理之中的事了。

读一读

人为什么会出现亚健康状态?

造成人身体出现亚健康状态的原因，主要有以下几方面。

1. 心理失衡。古人云："万事劳其形，百忧撼其心。"现代社会高度激烈的竞争和错综复杂的人际关系使人思虑过度、寝不宁心，不仅会引起睡眠不佳，甚至会影响人体的神经——体液调节和内分泌，进而影响机体各系统的正常生理功能。

2. 营养不良。现代人的饮食往往热量过高、营养素不全，加上食品中人工添加剂过多，供人食用的人工饲养动物成熟期短、营养成分偏缺，这导致了很多人体重要的营养素缺乏、肥胖症增多，机体的代谢功能紊乱等一系列问题。

3. 噪音、郁闷。科技发展、工业进步、车辆增多和人口增加，使许多居住在城市的人群生存空间相对狭小，备受噪音干扰，这对人体的心血管系统和神经系统产生很多不良影响，使人烦躁不安，心情郁闷。

4. 生活无规律。人体在进化过程中形成了固有的生命运动规律——生物钟，它维持着生命运动过程中气血运行和新陈代谢。逆时而作，打乱了人体固有的生物钟规律，从而影响了人体的新陈代谢。如有的学生沉湎于网络，晚上彻夜不眠，而白天不起，对身体健康造成严重影响。

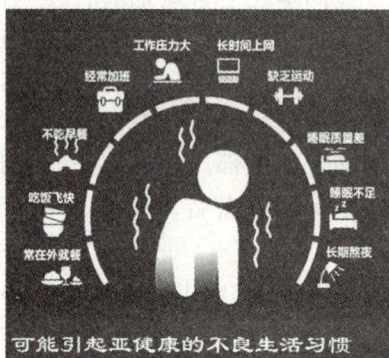

可能引起亚健康的不良生活习惯

5. 炼体无章。生命在于运动，生命也在于静养。人体在生命运动过程中有很多共性，但是也存在着个体差异。因此，炼体强身应该是一种个体性很强的学问。每个人在不同时期，身体的客观情况都有较大的不同，如果炼体无章，运动不当的话，不但收不到锻炼效果，还有可能损害人体的健康。

6. 滥用药品。用药不当不仅会对机体产生一定的副作用，而且还会破坏机体的免疫系统。如稍有感冒，就大量服用抗生素，不仅会破坏人体肠道的正常菌群，还会使机体产生耐药性；稍感疲劳，就大量服用温补药品，本想补充营养，但实际是在抱薪救火。

大学生亚健康状态检测表

你有以下经常出现的状态吗？

1. 早上即使醒来也不愿起床，总想在床上。

2. 感到情绪有些抑郁，会对着窗外发呆。

3. 昨天想好的某件事，今天怎么也记不起来了，而且近些天来，经常出现这种情况。

4. 害怕走进办公室和教室，总觉得学习令人厌倦。

5. 不想面对同学、教师和家长，有自闭症式的渴望。

6. 学习效率下降，经常受到各方面的批评。

7. 学习一小时后，就感到身体倦怠，胸闷气短。

8. 情绪始终无法高涨。最令自己不解的是无名的火气很大，但又没有精力发作。

9. 一日三餐，进餐甚少，排除天气因素，即使非常适合自己的口味的菜，也味同嚼蜡。

10. 盼望早早地逃离教室，为的是能够回家，躺在床上休息片刻。而且不希望别人打扰。

11. 对城市的污染、噪声非常敏感，比常人更渴望清幽、宁静的山水和农庄，休息身心。

12. 不再像以前那样热衷于朋友的聚会，和同学交谈有种强打精神、勉强应酬的感觉。

13. 晚上经常睡不着觉，即使睡着了，又老是在做梦的状态中，睡眠质量很糟糕。

14. 体重有明显的下降趋势,早上起来,发现眼眶深陷,下巴突出。

15. 感觉免疫力在下降,老觉着自己不舒服,好像总在生病。

对于以上的状态,如果有 5 种以上肯定的回答,就处于亚健康状况;肯定的越多,越严重,应及时进行调理和治疗。

第三节　影响大学生健康的因素

大学生健康的发展受到众多因素的限制,主要有遗传、环境因素、体育锻炼和对健康的认识 4 个方面。

一、遗传因素

遗传(heredity),毫无疑问,每个人的健康或多或少地受到遗传和进化的影响或制约,众多疾病的发生都有一定的遗传因素作用。人们是否能达到追求的目标,在一定程度上取决于遗传控制。遗传是决定或限制健康表现的直接原因,许多人健康与否就是由各自的遗传潜力决定的。然而,遗传对健康的制约作用到底有多大,目前无法推断。不过,遗传常会引起许多疾病,如血友病、色盲、其他家族遗传疾病等。

二、环境因素

环境(environment),可分为物理性的(如环境气候、空气污染)和社会性的(社会、家庭、工作环境、人际关系、经济收入)环境因素。

环境因素可在不同程度上影响遗传所赋予健康潜力的发挥,并最终决定健康程度。保持良好的精神状态和积极参加体育锻炼会对健康产生有益的影响。但是,环境也会对健康产生负面影响,如长期处于污染的环境里,则会造成许多致病微生物(病毒、细菌和病原体)直接侵入人体,引发各种不可预知的疾病(如 SARS、AIDS)。

在诸多环境因素中,现代社会发展带给人们许多无法回避的问题。工作条件改善,使越来越多的人习惯于久坐的工作,严重运动不足;吸烟、酗酒等不良嗜好,以及过分控制饮食、忽视健康教育等都是严重制约健康的主要因素。所以,个人生活方式和态度是造成个体健康状态显著下降的主要因素。

因此,要获得理想健康,主要挑战在于如何改善个体生活行为和方式,促进生活质量的提高,这样才能降低健康危险因子,最终实现整体的完美。这种生活方式包括有规律的体育锻炼、营养适宜、消除不良习惯(如抽烟、酗酒和滥用药物等等)以及控制精神压力等。不管你目前的健康状况如何,都应该树立健康的生活方式,从而使身心达到完美状态。

三、对健康的认识

每个人对健康的认识程度不同，其健康价值观将也不一致，并会影响对健康内涵的理解和行为的实施，所谓的生活习惯也在很大程度上受到对健康认识程度的影响。对健康的认识程度高的人比对健康的认识程度低的人能更多更有效地利用闲暇时间进行运动。

（一）从治病转变到预防上来

现代大学生要有健康理念，平日就要注重健康投资，以预防为主，减少疾病的发生。不能等生病了才引起重视，把精力和钱财投入到病人和医疗经费之中。

有人认为现代科学发达了，希望治病快而好，想方设法用高科技。高科技好是好，代价太贵。还是预防好，只需提高健康意识，掌握一般的体育卫生保健常识，养成良好的生活习惯，坚持体育锻炼，就能健康一生。据有关专家测算，心血管病的预防花上 1 元钱，医疗费就能省上 100 元。所以观念要转变，从治病转变到预防上来。

（二）从被动转变到主动认识上来

健康面前人人平等，健康掌握在你自己的手中，平时要自觉学习一些健康卫生保健常识，养成良好的健康行为习惯，提高预防和处理疾病的能力，以避免由无知而造成的伤害事故发生。有人认为现在心脑血管病多、肿瘤、糖尿病和肥胖多等等都是因为经济发达了、生活富裕造成的。错了，完全错了！心血管病专家洪昭光教授认为，这些病并不是因为物质文明提高了造成的，而是因为精神文明不足，健康知识缺乏产生的。美国的研究表明：白人跟黑人相比，白人钱多，物质生活好，但是，白人高血压、冠心病、肿瘤明显比黑人要少，寿命要更长。这说明什么呢？因为白人受到较好的健康教育，精神文明、卫生知识和自我保健意识高，有着良好的生活方式和行为习惯。因此，现在我们得病越来越多，并不是因为物质文明好，而是精神文明不足，主要是健康意识淡薄、自身卫生保健知识没跟上，生活习惯不好，缺乏体育锻炼，心理不平衡和社会适应能力差造成的。如果我们提高了卫生保健知识，经常参加体育锻炼，那么，我们就可以在经济发达的同时更健康，而不是疾病更多。钟道恒博士也说过一句话："许多人不是死于疾病，而是死于愚昧和无知。"因为很多病是可以不让它发生，可以避免死亡的。

但无论如何，有一点是得到共识的：对当今所有大学生而言，身心健康对他们是最重要的（可能理解的程度会有差异）。一份美国公民健康价值观调查显示，99% 的美国人最为关注的是身体健康，其次再考虑美满的家庭生活与良好的自我形象。

四、体育锻炼

随着科学知识的普及和日常生活经验的积累，人们逐渐认识到体育锻炼对健康的重要性。体育锻炼对于健康的影响是多方面的，主要能产生良好的生理效应、心理效应和社会效应。

（一）体育锻炼的生理效应

1. 对心血管系统的影响。研究表明，体育锻炼可以对心血管系统的形态、机能及调节能力产生良好影响，从而提高机体的工作能力。在体育锻炼影响下，心脏可出现运动性肥大，表现为心肌细胞增粗，心室壁肥厚或心腔容积增大，从而使心脏的重量和容积增加。现代医学还证明，经常参加体育运动的人，血液中胆固醇的总含量比一般人要少得多，而相反具有"清扫"血管壁作用的高密度脂蛋白则高得多。而且，经常从事运动，血管壁肌层增厚，弹性好，有利于血液流通，从而使血压降低。

2. 对呼吸系统的影响。长期坚持体育锻炼，对呼吸系统有良好的影响。在锻炼过程中，由于体内代谢加强，肌肉活动需要消耗大量的氧，同时产生大量的二氧化碳，这就促使呼吸系统的活动加强，以适应机体的需要，从而使呼吸系统的形态与功能得到提高。

3. 对运动系统的影响。运动系统包括骨骼、肌肉和关节等。研究表明，在长期运动训练或锻炼影响下，人体运动系统可产生一系列积极性适应。经常参加体育锻炼，可促进骨骼的生长发育，也可使肌肉发生明显变化。肌肉比一般人有更多的物质储备，保证运动的需要。肌肉纤维和肌腱的联结，以及肌腱和骨骼的联结也变得较一般人结实。同时，还可提高神经系统对肌肉的调节功能。例如，动员更多的肌纤维参与运动、提高神经活动过程的强度及协调性等。

4. 对内分泌系统的影响。经常参加体育锻炼，可使机体的内分泌调节功能更完善，从而促进人体新陈代谢、正常的生长发育、生殖和其他机能活动。体育运动时人体内分泌腺能产生适应性反应，对增强肌肉活动和提高人体运动能力起重要作用。

5. 对神经系统的影响。长期参加体育锻炼，能改善神经系统的调节功能，提高神经系统对人体活动时错综复杂变化的判断能力，并及时作出协调准确、迅速的反应。研究指出，经常参加体育锻炼，能明显提高大脑神经细胞的工作能力。反之，如缺乏必要的体育活动，大脑皮层的调节功能也将相应下降，造成平衡失调，甚至引起某些疾病。

6. 对代谢的影响。经常参加体育锻炼，对机体的代谢起着良好作用。体育锻炼能促进体内组织细胞对糖的摄取和利用能力，增加肝糖原和肌糖原贮存，还能改善机体对糖代谢的调节能力。经常参加体育锻炼有利于降低总血脂含量、改变血脂质量，有效地防治冠心病、高血压、动脉硬化等疾病。

7. 对免疫系统的影响。近 20 年来，免疫学发展迅速。对于运动与免疫机能的关联也引起了众多国内外学者的注意。研究指出，长期坚持运动者，机体的免疫机能明显增强，尤其是对细胞免疫的影响较大。如具有免疫作用的中性粒细胞、淋巴细胞、T 细胞及 NK 细胞等在运动后均有不同程度的数量增加。

（二）体育锻炼的心理效应

体育锻炼对所有人是适用的，它不但能完善人体的机能、增强体质，而且对增进心理健康也具有重要意义。

1. 对想象力及思维能力发展的影响。研究表明，任何运动技术、技能的学习和掌握，都是智力和体力活动相结合的过程。它不仅需要一般的想象力，而且更需要体育运动所特有的运动思维能力，如动作思维、运动战术思维、运动战略思维等。众所周知，很多体育运动既是斗勇更是斗智的过程。如球类活动中的战术运用，乒乓球团体赛中的人员选择及先后顺序安排等都体现了斗智。

2. 能培养良好的情操。在人类社会的发展过程中，形成了许多人类的社会性情感，如道德感、理智感和美感等，它们统称为情操。体育活动能有效地提高个人道德认识水平和集体荣誉感；能加强行为规范标准和遵守纪律的意识，以及发扬团结友爱、互相配合、互相帮助和关心的集体主义精神。通过体育锻炼，还可培养形态美、心灵美、艺术美等美感。

3. 对促进心理健康的影响

心理健康是人健康的一个重要方面。经常参加体育锻炼，是增强心理健康积极有效的措施。如可使人体格健美，耐力持久，精力充沛，并可培养坚韧、果断、自制、独立的意志品质；还可使性格开朗、乐观豁达、情绪振奋、充满生气及提高自信心。另外，还能加强人际交往、促进良好的人际关系，消除隔阂、融洽关系、团结协作。同时，还可以为郁积于内心的种种消极心理提供发泄的机会，以利于心理平衡。

（三）体育锻炼的社会效应

"人按其现实性来说，乃是社会关系的总和"。人是不可能脱离人群、脱离社会而独立生存的。

1. 有利于群体性的培养。由于体育锻炼相当部分是以集体活动的形式进行。如大多数的球类活动，其成员之间必须加强合作、密切配合，才能取得良好成绩与锻炼效果。合作是一种集体活动，通过个人之间、集体之间的协同活动，以达到某种共同的东西。集体的竞争需要集体的齐心协力。所以说，经常参加集体项目的活动，能培养自己的群体性。

2. 有利于培养良好的人际关系。体育活动相当部分以集体活动的形式进行，成员之间的沟通方式多数为多向交往。人们通过练习与比赛，互相观摩、互相帮助保护，促进了人际关系的改善，有利于良好身心的发展。同时，可以不断促进各地区、各国之间的友好往来，增进友谊，加深了解，加强团结，在某种意义上促进了世界和平。

经常参加体育锻炼的大学生能够在体育锻炼中体验到运动的愉悦感，从而调节个人的情绪，缓减由学习、生活或工作所带来的压力，使人在平时的学习、工作和生活中积极向上，很好地处理人际关系等。可见，体育锻炼能促进人体的身心健康发展，并使人们养成健康的行为和生活方式。

读一读

人的生理寿命应有多大？

人的生理寿命应该是多大岁数呢？

按照生理学的原理，哺乳动物的寿命是它的生长期的 5 至 7 倍，人的生长期是用最后一颗牙齿长出来的时间（20 至 25 岁）来计算的。因此，人的寿命最短是 100 岁，最长是 175 岁，公认的人正常生理寿命应该是 120 岁。如果 70、80 岁没有病，活到 90 也健康，那么就能活到 100 岁。人人都应该健康 100 岁，这是正常的生物规律。可现在的情况呢？应该平均活到 110 岁却只有 70 岁，整整少活了 40 年。很多人 40 多岁就不健康，50 多岁就冠心病，60 多岁就死了。现在提前得病，提前残废，提前死亡已成为当今社会的普遍现象。因此，我们应加强对人体寿命的认识，关爱身体，珍惜生命，延年益寿，提高生命质量。

第四节　体质健康测试

身体上的健康首先是没有疾病和机体器官功能正常，除此之外，还应具有良好的体质。体质是一种满足生活、工作及娱乐任务需要的能力，并且是机体预防疾病、增进健康、提高生活质量的根本保证。

当今人类社会需要的是一种积极的健康，一种高质量的、对社会有所贡献的生存状态。需要强调的是，健康理念的演变是随着社会的进步而发展的，因此，人们对健康的评价和理解也应是动态的。

一、体质的概念

体质顾名思义是指人体的质量，是人体健康状况和对外界的适应能力。它是在遗传性和获得性基础上表现出来的人体形态结构、生理功能和心理因素的综合的、相对稳定的特征。遗传是人的体质形成的基础，对其发展提供了可能性。它受内外环境（自然与社会）的约束，说明体质的形成与发展过程中在很大程度上与后天环境有关。在不同的环境中，不同人的体质会有明显的个体差异和阶段性，所以，体质应包括以下5个方面：

1. 身体形态发育水平，即体格、体型、姿势、营养状况以及身体成分；
2. 生理功能水平，即机体新陈代谢水平与各器官系统达到的工作效能；
3. 身体素质和运动能力的发展水平，即速度、力量、耐力、灵敏柔韧等素质和走、跑、跳、投、攀登、负重等身体活动能力；
4. 心理素质发展水平，即人体的本体感知能力、个性特征、意志品质等；
5. 对内外环境的适应能力，包括对自然环境、社会环境、各种生活紧张事件的适应能力，对疾病和其他有碍健康的不良应激原的抵抗能力等。

二、体质健康的指标体系

体质研究以群体为主要对象，涉及门类多，内容广泛。体质测定一般包括如下内容和指标：

1. 身体形态。身高、体重、胸围、上臂围、坐高和身体组成（皮脂厚度、体脂比重、去脂体重等）。
2. 身体机能。安静心率、血压、肺功能及心血管运动试验等。
3. 身体素质。力量指标（握力、背肌力、腹肌力等）、爆发力指标（纵跳、立定跳远）、悬垂力指标（单杠屈臂悬垂）、柔韧性（站立体前屈、俯卧仰体）、灵敏和协调性（反复横跨）、平衡性（闭眼单足站立）、耐力项目。
4. 运动能力。跑（快速跑、长跑）、跳（急行跳远、立定跳远、摸高）、投（掷实心球、掷垒球、掷标枪等）。

三、体质测试方法

体质测试内容包括 4 大素质，即身体形态、身体机能、身体素质和心理素质。国家体育总局、教育部、卫生部和全国总工会经过多年的研究，根据我国当前人群的实际情况和测试指标的有效性、可靠性和客观性，最终选取身高、体重、身体成分、肺活量、心肺功能、台阶试验、骨密度、10 米×4 往返跑、握力、闭眼单足站立、反应时、仰卧起坐、俯卧撑、纵跳和坐位体前屈等作为体质测试的指标。而对心理素质的测量并没有做要求，但随着社会的发展，对心理素质的测试将成为体质测试中必不可少的部分。

四、大学生体质健康的依据

随着社会文化的发展，教育技术的进步，体育成绩作为衡量学生综合素质的重要组成部分，得到党中央、国务院、教育部、国家体育总局的高度重视。《中共中央国务院关于加强青少年体育增强青少年体质的意见》（中共中央 7 号文件）明确规定："全面实施《国家学生体质健康标准》，把健康素质作为评价学生全面健康发展的重要指标。加快建立符合素质教育要求的考试评价制度，发挥其对增强青少年体质的积极导向作用。逐步推行《国家学生体质健康标准》测试报告书制度、公告制度和新生入学体质健康测试制度。"

读一读

《国家体质健康标准》评分表

一、表 3-1 大学男生各测试项目评分标准

等级	单项得分	肺活量体重指数	1 000 米（分·秒）	台阶试验	50 米跑（秒）	立定跳远（米）	掷实心球（米）	握力体重指数	引体向上（次）	坐位体前屈（厘米）	跳绳（次/1 分钟）	篮球运球（秒）	足球运球（秒）	排球垫球（次）
优秀	100	84	3′27″	82	6.0	2.66	15.7	92	26	23.0	198	8.6	6.3	50
	98	83	3′28″	80	6.1	2.65	15.2	91	25	22.6	193	9.0	6.5	49
	96	82	3′31″	77	6.2	2.63	14.4	90	24	22.0	186	9.6	6.9	46
	94	81	3′33″	74	6.3	2.62	13.6	89	23	21.4	178	10.3	7.3	44
	92	80	3′35″	71	6.4	2.60	12.5	87	22	20.6	168	11.1	7.7	41
	90	78	3′39″	67	6.5	2.58	11.5	86	21	19.8	158	12.0	8.2	38
良好	87	77	3′42″	65	6.6	2.56	11.3	84	20	18.9	152	12.4	8.5	37
	84	75	3′45″	63	6.8	2.52	10.9	81	19	17.5	144	12.9	8.9	34
	81	73	3′49″	60	7.0	2.48	10.5	79	18	16.2	136	13.5	9.3	32
	78	71	3′53″	57	7.3	2.43	10.0	75	17	14.3	124	14.3	9.9	29
	75	68	3′58″	53	7.5	2.38	9.5	72	16	12.5	113	15.0	10.4	26

等级	单项得分	肺活量体重指数	1 000 米（分·秒）	台阶试验	50 米跑（秒）	立定跳远（米）	掷实心球（米）	握力体重指数	引体向上（次）	坐位体前屈（厘米）	跳绳（次/1分钟）	篮球运球（秒）	足球运球（秒）	排球垫球（次）
及格	72	66	4′05″	52	7.6	2.35	9.3	70	15	11.3	108	15.6	10.7	25
	69	64	4′12″	51	7.7	2.31	8.9	66	14	9.5	101	16.6	11.2	23
	66	61	4′19″	50	7.8	2.26	8.5	63	13	7.8	94	17.5	11.7	21
	63	58	4′26″	48	8.0	2.20	8.0	59	12	5.4	85	18.8	12.3	18
	60	55	4′33″	46	8.1	2.14	7.5	54	11	3.0	75	20.0	12.9	15
不及格	50	54	4′40″	45	8.2	2.12	7.3	53	9	2.4	71	20.6	13.3	14
	40	52	4′47″	44	8.3	2.09	7.0	51	8	1.4	64	21.6	13.8	12
	30	51	4′54″	43	8.5	2.06	6.7	49	7	0.5	58	22.5	14.3	10
	20	49	5′01″	42	8.6	2.03	6.2	47	6	-0.8	49	23.8	15.0	8
	10	47	5′08″	40	8.8	1.99	5.8	44	5	-2.0	40	25.0	15.7	

二、表 3-2 大学女生各测试项目评分标准

等级	单项得分	肺活量体重指数	800 米（分·秒）	台阶试验	50 米跑（秒）	立定跳远（米）	掷实心球（米）	握力体重指数	仰卧起坐（次/分钟）	坐位体前屈（厘米）	跳绳（次/1分钟）	篮球运球（秒）	足球运球（秒）	排球垫球（次）
优秀	100	70	3′24″	78	7.2	2.07	8.6	74	52	21.1	190	11.2	7.3	46
	98	69	3′27″	75	7.3	2.06	8.5	73	51	20.8	184	11.5	7.8	44
	96	68	3′29″	72	7.4	2.05	8.4	72	50	20.3	175	12.0	8.6	41
	94	67	3′32″	69	7.5	2.03	8.2	71	49	19.8	166	12.6	9.4	38
	92	65	3′35″	64	7.7	2.01	8.0	69	47	19.2	154	13.3	10.5	34
	90	64	3′38″	60	7.8	1.99	7.8	67	45	18.6	142	14.0	11.5	30
良好	87	63	3′42″	59	7.9	1.97	7.7	66	44	17.7	137	14.6	11.9	29
	84	61	3′46″	57	8.0	1.93	7.6	63	43	16.3	130	15.6	12.5	27
	81	59	3′50″	55	8.2	1.89	7.5	61	42	15.0	122	16.5	13.2	25
	78	57	3′54″	52	8.3	1.84	7.4	58	40	13.1	112	17.8	14.0	23
	75	54	3′58″	49	8.5	1.79	7.2	55	38	11.3	102	19.0	14.9	20
及格	72	53	4′03″	48	8.6	1.76	7.1	53	37	10.1	98	19.8	15.6	19
	69	51	4′08″	47	8.7	1.72	7.0	50	35	8.3	92	20.9	16.7	17
	66	49	4′13″	46	8.8	1.69	6.8	48	33	6.5	86	22.0	17.8	15
	63	46	4′18″	44	8.9	1.63	6.6	44	31	4.1	78	23.5	19.3	13
	60	43	4′23″	42	9.0	1.58	6.4	40	28	1.7	70	25.0	20.8	10

（续表）

等级	单项得分	肺活量体重指数	800米（分·秒）	台阶试验	50米跑（秒）	立定跳远（米）	掷实心球（米）	握力体重指数	仰卧起坐（次/分钟）	坐位体前屈（厘米）	跳绳（次/1分钟）	篮球运球（秒）	足球运球（秒）	排球垫球（次）
不及格	50	42	4′30″	41	9.1	1.56	6.2	39	27	1.5	66	25.8	21.2	9
	40	41	4′37″	40	9.3	1.53	6.0	38	26	1.3	59	26.9	21.9	8
	30	39	4′44″	39	9.5	1.50	5.7	36	25	1.0	53	28.0	22.5	7
	20	37	4′51″	38	9.8	1.46	5.4	34	23	0.6	44	29.5	23.4	6
	10	35	5′00″	36	10.0	1.42	5.0	32	21	0.2	35	31.0	24.3	4

第五节　生命质量评价

一、对生命质量的理解

生命质量（quality of life，QOL），又称生活质量、生存质量，最初是社会学概念，由美国经济学家 J. K. Calbraith 在 20 世纪 50 年代提出。社会学意义上的 QOL 可分为宏观、微观两个层次。宏观层次研究人口群体的生活质量，如世界、国家和地区人口的生活质量；微观层次研究个体和家庭的生活质量。何为生命质量，至今尚存在争议。目前，比较能整体体现其内涵的是 Levi 提出的观点，他认为：生命质量是对个人或群体所感受到的躯体、心理、社会各方面良好适应状态的一种综合测量，而测得的结果是用幸福感、满意度或满足感来表示的。

二、健康与生命质量

美国学者奥林斯提出了一种三维健康模式，强调从生物、心理和社会三个方面来评价人的生命状态。每个方面均包含着健康和疾病两极，由此得出关于人的健康状况的三维表象。根据这种表象所确定的方案，可以大致区分出普通人的8种健康模型（表3-3）。

表3-3 8种健康三维模型

类型	标志	身体方面	心理方面	社会方面
1	正常健康	健康	健康	健康
2	悲观	健康	不健康	健康
3	社会方面不健康	健康	健康	不健康
4	患疑难病症	健康	不健康	不健康
5	身体不健康	不健康	健康	健康
6	长期受疾病折磨	不健康	不健康	健康
7	乐观	不健康	健康	健康
8	严重疾病	不健康	不健康	健康

注：表5-1选自沃林斯基，F. D.《健康社会学》1992年。

一个人只有在身体和心理上保持健康的状态，并具有良好的社会适应能力，才算得上真正的健康。这三个方面的有机结合，可构成人的生命质量。在人的生命这个三维立方体中，身体、心理和社会三种属性的面积越大，则生命立方体的体积越大，在自然和社会中所占的位置也越高，与社会的接触面也越大，显示出该个体的生命质量也越高。反之，如果这三种属性的面积过小，则个体与社会的接触面也越小，生命质量就越低。许多健康者的经验告诉我们，生命体的质量越高，则健康长寿的可能性就越大。相反，个体如果心理压抑和自我封闭，则极易产生疾病，缩短寿命。这也说明，一个人只有从生物、心理和社会三个方面着手，才能有效地保证其健康幸福的生活，并提高生命的质量。

在人的生命长河的不同时期，健康的某一要素可能会比另一些要素起更重要的作用，但持久地忽视某一要素就可能存在健康的潜在危险。只有每一健康要素平衡地发展，人才称得上处于完美状态，才能真正健康和幸福地生活，并享受美好人生。

三、生命质量评价的基本内容

生命质量评价内容通常包括生理状态、心理状态、社会功能状态、主观判断与满意度 4 个方面。生理、心理和社会功能状态是生命质量的重要内容，这三方面功能的改变，能够大体地反映个体的生命质量状况。主观判断与满意度评价，反映了个人对健康状态的自我评判以及需求或期望得到满足时所产生的主观认可程度，是生命质量的综合指标。

1. 生理状态。反映个人体能和活力的状态，通常包括活动受限、社会角色受限和体力适度等三方面的内容。

2. 心理状态。所有的疾病都会给病人带来不同程度的心理变化，主要是情绪和意识。情绪反应和认知功能的测定是生命质量评价又一重要组成部分。

3. 社会功能状态。社会交往是人的一种基本需要。有无能力满足社交需要是衡量一个人能否正常生活的标准之一。

4. 主观判断与满意度。①自身健康和生活判断：指病人对疾病、生活状态、人生价值的综合测定。②满意度与幸福感：二者同属于当个人需求得到满足时的良好情绪反映。满意度用来测定人的需求满足程度，幸福感则是用来测定人的整个生命质量水平。

表 3-4　生命质量评价的基本内容

概念/分类	定义，指征
主观判断与满意度	
满意度与幸福感	健康需求满足程度的判断及综合感觉
对健康总的感受	自我判定健康、感到健康或担忧健康
社会功能状态	
社会交往	与人们、亲人和朋友交往的频率
社会融合	以成员身份参与社会组织活动
社会接触	与亲友交往，参加集体活动
亲密关系	获得亲密感和支持感
机会	因健康而达成机会平等
社会资源	社会关系、网络的数量和质量
心理状态	
情绪反应	对事物的体验，包括压抑、忧虑、痛苦和恐惧
认知功能	意识、机智、定向、推理及记忆力
生理状态	
活动受限	在躯体活动、移动和自我照顾方面受限
体力适度	进行一般的体力活动无疲劳感和虚弱感
角色受限	如工作、学习和家务等通常角色活动受限

是谁偷走了你的快乐?

快乐是一个神奇的东西，如果你愿意分享，那么，一个快乐会变成 N 个快乐。了解与掌握快乐水平的标准对于增强与维护人们的健康有很大的意义。

一些心理学家长期抱持这样一种理论，即人的快乐水平拥有"恒定点"。所谓"恒定点"，意指无论人生潮起潮落，人的快乐水平总体趋向平稳。

不过，德国研究人员刊载于美国《国家科学院学报》的研究成果显示，快乐并非"命中注定"，人的快乐水平在一生中会不断变化，而非如一些心理学家先前所言，快乐由人的基因或性格决定。1986 年至 2012 年间，研究人员跟踪随访德国国内大约 15 万名成年人，要求他们每年回答一些问题，包括生活满意度、人生目标、参加体育锻炼和与人交际的时间等。结果显示，这些研究对象中相当多的人快乐水平变化了三分之一或更多。研究发现，人生抉择和生活满意度之间有诸多关联，长期快乐的秘诀主要有四个方面：婚姻幸福，关注家庭，适度工作以及多交际、多锻炼。

快乐水平的自我简易诊断表

对以下几方面标准进行肯定或否定回答。

1. 缺乏信仰。
2. 总是和别人比较。
3. 对美好的事物不感动。
4. 不懂得施舍。
5. 不知足。
6. 焦虑。
7. 压力大、标准高。
8. 不敢坚持做自己。
9. 得失心强，就是患得患失。
10. 不懂得感恩。

对于以上标准，肯定回答的越多，你快乐的水平就越低。

第四章 体育运动与健康

教育上的秘诀，便是使身心两种锻炼可以互相调剂。

——卢梭

长期的身体毛病使最光明的前途蒙上阴暗，而强健的活力就使不幸的境遇也能放金光。

——斯宾塞

第一节 健康观念与体育运动参与

一、个体健康观念的形成

个体健康观念是随着医学科学的发展，人群寿命的延长，医学模式由单纯的生物型向生物—心理—社会型医学模式的转化，人们的健康观念发生巨大变化的情况下逐渐形成的。过去人们只关注个体的生物属性，对个体健康的理解仅仅是没有疾病；现代个体健康概念强调的是作为有生物和社会两重属性的整体意义上的个体，对不断变化的环境的适应能力和适应程度，强调在躯体、心理和社会适应方面的共同发展，达到良好适应状态。现代个体健康观要求每个人不仅有较高的躯体健康水平，而且也需要有良好的心理素质和社会适应能力。1948年，世界卫生组织提出"健康是身体上、精神上和社会适应上完好状态"。1989年，又进一步把健康概念深化为"健康包括身体健康、心理健康、社会适应良好和道德健康"。

个体健康观念以个人是否正确认识环境，及时调整机体的生理、心理状态以适应环境变化来描述健康，强调健康是与环境保持动态平衡的状态。

在此层面上，把躯体健康理解为：各器官组织结构完整，发育正常，机能良好，生理生化指标正常，没有检查出疾病或身体不处于虚弱状态。把心理健康理解为：人格发展健全，智力、情感、意志行为活动正常，人际关系好，社会适应能力强。社会适应健康则是指个体如何与别人相处，别人又是如何对他做出反应以及他与社会制度和社会习俗是如何相互作用的。

社会的进步，经济的发展，给人类带来越来越多的健康问题。20世纪中叶，"运动缺乏"对健康的威胁被人们所重视，到了20世纪70年代，美国学者John Knowles撰写了《个人的责任》一书，他认为个人健康最大的敌人就是个人本身。在此观点的影响下，20世纪80年代美国发动了一场改变个人健康行为的"健康促进运动"。这场健康促进运动对于改善个体健康状态起了很重要的作用。最近加拿大华裔医学思想家谢华真博士提出了一个新的基本理念——"健商"。给"健商"的一个定义为"一个人运用自己的智力保持健康的能力"。"健商"概念的提出说明人们的健康意识已是世界范围的普遍问题。

缺乏锻炼、高脂肪和高胆固醇饮食、紧张、吸烟、酗酒、滥用药物、接触化学毒物、不良性行为等都会引起严重的个体健康问题或早死。相反，经常性的身体运动、注意饮食、保持良好的心态、杜绝不良嗜好、重视安全保护等，对个体健康是有益的。

二、体育运动参与的评价

体育参与，是一种重要的社会参与。人们在体育活动中不仅可以锻炼身心，而且可以发展人际关系。由于体育参与比较简单易行，又具有经常性，所以体育参与经常被视作是一种衡量社会参与程度的标志。

影响人们体育参与的因素主要包括个人因素、行为因素和环境因素。其中个人因素是主要因素，而个人体育价值观在个人因素中对体育参与影响较突出。

体育运动参与的评价主要包括以下内容：体育锻炼项目选择、每周体育锻炼的次数、每次锻炼的持续时间、运动强度负荷、参与体育活动的主要方式、体育活动动机调查、体育活动场所选择、体育活动形式选择、影响参加体育活动因素调查、每月体育消费水平调查等。

体育人口指的是了解和初步掌握体育知识、技术，并经常从事各类体育活动的人口数。我国对体育人口的判定标准为每周参加体育活动3次以上，每次活动30分钟以上，并达到中等强度以上者。因此，评价个体体育运动参与可参照体育人口的标准。

三、个体健康观念对体育运动参与的影响

当个体认识到体育活动对个体健康的作用和重要意义，个体的体育运动参与将成为积极、主动的活动，体育参与的热情和兴趣提高。个体对体育参与的认识，直接影响到个体对体育的信念和追求。然而长期以来人们对体育认知不明，受传统的错误观念的影响，认为患者或老年人才需锻炼；健康是医学的问题（然而医学对健康的干预往往有一定的"滞后性"，药物不是保障健康的唯一办法）；每天有体力劳动无需再进行体育锻炼。更重要的是，体育的短期效果也不是很明显，它不像感冒，吃几片药后身体症状就减轻了。短期内的体育活动效果极易被人们不良的生活方式所抵消。体育意识薄弱，缺乏健康投资观念，缺乏体育活动的兴趣，体育运动知识、技能缺乏，没有体育锻炼的实践体验等制约个体的体育运动参与。

人们对健康的追求要从生活方式着手，改善健康状况离不开体育运动参与。个体能够坚持体育活动，首先要对体育锻炼有一个全面的认知。体育能够促进健康知识的拥有，而健康知识的获得量将决定一个人参与体育活动的程度。人们能够认识到体育锻炼对个体健康的促进作用，是保证个体投身体育活动的前提，在实践中个体能够体会到从事体育锻炼对提高生活质量的积极作用后，便会对参加体育锻炼产生持久性，最终形成生活方式中相对稳定的一部分，惯性推动个体长期从事体育锻炼活动。

测一测

疾病史自评量表

你在正式决定参与体育锻炼前，很有必要了解自己的健康状况，这样可以避免体育锻炼给你带来副作用。请在适合你的情况的空栏中打"√"。不管哪一个问题，你只要回答"是"，就应该在正式参与体育锻炼前咨询一下医生。

疾病类型	是	否
冠心病	_____	_____
胸痛	_____	_____
肩、颌痛	_____	_____
心律不齐	_____	_____
高血压	_____	_____
呼吸短促	_____	_____
心脏病遗传史	_____	_____
风湿病	_____	_____
高胆固醇	_____	_____
哮喘病	_____	_____
慢性咳嗽	_____	_____
糖尿病	_____	_____
镰形血球贫血症	_____	_____
头晕目眩或意识模糊	_____	_____
痉挛	_____	_____

严重头痛	——————	——————
肥胖症	——————	——————
关节炎	——————	——————
骨头、关节或肌肉严重受损	——————	——————
背下部疼痛	——————	——————
你吸烟吗？	——————	——————
你正在使用药物处方吗？	——————	——————
你有其他身体问题吗？	——————	——————

注：本自评量表选自 Prentice，W. E. Fitness and Wellness for Life，1999。

第二节　适量运动对健康的影响

一、适量运动的界定

适量运动是指根据运动者的个人身体状况，场地、器材和气候条件，选择适合的运动项目，使运动负荷不超过人体的承受能力。运动过程中的运动强度、持续时间和运动频率适宜，运动时的心率范围控制在 120～150 次/分之间；机体无不良反应，运动后略觉疲劳，恢复速度快；情绪和食欲良好，睡眠质量高，醒后感觉精力充沛。

研究表明，心率在 110 次/分以下的运动负荷时，机体的血压、心电图等多项指标没有明显变化，健身价值不大；心率在 130 次/分的运动负荷时，每搏输出量接近和达到一般人的最佳状态，健身效果明显；心率在 150 次/分的运动负荷时，每搏输出量开始明显下降；当心率随运动负荷增加到 160～170 次/分之间时，虽无不良的异常反应，然而也未能呈现出更好的健身迹象。因此，只有当运动时的平均心率在 120～150 次/分之间波动，锻炼时间达到 20～60 分钟，每周至少运动 3～5 次，才能取得理想的运动锻炼效果，有利于人体的健康。

二、适量运动对人体生理机能的影响

（一）对心血管机能的影响

适量运动使心肌纤维增粗、心壁增厚、心脏重量和容积都增大，心肌收缩性增强，心肌耗氧量明显降低，具有较高的心肌耗氧效率和能量节省化能力，心肌 ATP 酶活性提高，左心室压力最大升降加快，对钙的摄取和释放速度加快，促进了心肌的收缩和舒张，使每搏输出量增加。

适量运动使心肌糖原储量和糖原分解酶活性增强；甘油三酯转化速度加快；线粒体氧化、磷酸化和氧的摄取能力均提高。

适量运动时冠状动脉的血流量成倍增加，改善了心肌营养与氧气供应，加强了代谢。适量运动还增加动脉血管的弹性，使血管在器官内的分布数量增加，有利于器官组织的供血和功能的提高。

（二）对呼吸功能的影响

适量运动可以增加肺组织的弹性，增强呼吸肌的力量和耐力，呼吸频率减慢，呼吸深度增加，肺通气和肺换气的频率提高，血红蛋白含量增高，组织的氧利用率提高，因而吸氧量也随之改善。适量运动使呼吸中枢的兴奋性提高，随意停止呼吸时间长，对膈肌的控制稳定，呼吸运动的调节能力提高。

（三）对神经系统机能的影响

适量运动可促进神经系统的生长发育，脑的重量、大脑皮质（大脑皮层）厚度增加，大脑皮层表面积增大。加快了脑细胞的新陈代谢，对提高脑细胞的功能、工作效率及对脑细胞功能的保护都有良好作用。

适量运动中人体各部分之间的协调配合比平时更好，内脏系统活动能迅速动员，自主神经调节活动的均衡性加强。适量运动使神经细胞工作强度、兴奋抑制转换的灵活性及均衡性得到提高。由于运动时减少了脑血流的阻力，有防止动脉硬化的作用。

经常参加适量运动的人记忆力与大脑工作的耐久力都比较强，反应快和更敏锐，神经系统的分析、综合和控制能力提高，工作效率提高。

（四）对运动系统机能的影响

适量运动可以使骨密度增加，骨骼变粗，肌肉附着处的骨突增大，骨小梁排列更规则。少年儿童参加适量运动还促使骨有机成分增加，无机成分减少，使骨更具弹性和韧性。这些变化提高了骨骼抗折断、弯曲、压拉、扭转等方面的能力。适量运动还可以刺激长骨增长，使人长高。

适量运动加强了关节周围肌肉力量，提高关节周围韧带、肌肉的伸展性，从而提高了关节的灵活性，扩大了关节运动的幅度，同时也加强了关节的稳定性。

适量运动时肌肉血流量增加，肌肉获得更充分的营养、氧气，加快了代谢，久之肌纤维变粗，坚韧有力，肌肉储备的能量增加，能量利用率提高，使肌肉收缩力量加大。

（五）对免疫功能的影响

适量运动是机体对运动应激的生理性适应，表现为机体免疫机能增强，不易感冒，抵抗病毒的能力增强。

（六）对肠胃机能的影响

适量运动可使胃肠蠕动加强，血液循环改善，消化液分泌增加，营养物质转化与吸收加速。适量运动时呼吸运动增强，膈肌活动范围加大，对腹壁胃肠起按摩作用，从而促进消化吸收。

（七）对身体成分的改善

适量运动可促进脂肪分解，促进肌肉蛋白质的合成，使体脂含量减少，瘦体重增加，有利于改善和保持正常的身体成分，预防与身体成分异常有关的疾病。

（八）防治疾病

适量运动能全面增强全身各器官系统机能，提高机体对内环境变化的适应能力，起到防治疾病的作用。

适量运动对降低正常人或轻高血压患者的血压有良好的作用，可以预防和治疗高血压，可以延缓动脉粥样斑块的进展，增加冠状动脉的储备，在心血管疾病的防治上具有重要意义。

适量运动可以有效减缓随年龄增长而发生的骨质疏松。

适量运动有助于调整神经系统的活动状态，协调各中枢兴奋与抑制的平衡，改善其机能活动；同时使运动者情绪改善，心理负担减轻，有防治神经衰弱的作用。

适量运动可增加胰岛素受体对胰岛素的亲和力，促进肌肉对糖的作用，降低血糖，增加肌肉对脂肪酸的作用，降低血脂，因而有防治糖尿病的作用。

（九）延缓衰老

适量运动可以改善老年人的心血管机能，改善脂代谢，保持机体自由基的生成与清除的动态平衡，提高机体的新陈代谢和抗氧化能力，促进免疫系统机能，改善内分泌功能，延缓衰老体征，有效保持身体活动能力，起到延缓衰老的作用。

三、适量运动对人体心理机能的影响

1. 通过提高本体运动感知觉，使人对自身更加了解。

2. 通过运动表象，提高认知和记忆能力。

3. 适量运动对思维发展有良好的促进作用。主要体现在：（1）通过运动形象、想象、模仿、直觉思维及空间判断活动，提高右脑机能；（2）通过运动时多种感知觉的参与，从整体角度对信息进行综合，进行决策和应答。不停地对对手的意图及可能采取的行动作出判断、预测，与同伴的战术配合等活动，提高操作思维和直觉思维能力；（3）通过视觉快速搜索（球和同伴的位置），准确预测（球的落点），决策反应选择（必须作出何种应答行为，为行动留出时间），快速有力地始发动作（起跑），完成动作（协调、适宜、有效地支配身体完成动作）等活动。

4. 适量运动对人的情绪有良好影响。主要体现在：（1）通过克服困难、竞争、冒险、把握机会，追求不确定结果，达到目标等过程，产生丰富的情绪经验；（2）适量运动具有宣泄、中和、抵消和对抗不愉快（负性）情绪的作用；（3）适量运动可适应和对抗应激刺激，提高心理应激能力；（4）适量运动后可出现良好的心境状态；（5）适量运动以兴奋和充满活力的特点有抗抑郁的作用。

5. 适量运动可使运动者产生特殊的体验。主要体现在：（1）高峰表现，运动者有时可出现超出正常机能水平的行为表现；（2）流畅体验，运动过程中有时可出现理想的内部体验状态，表现出忘我、投入、乐趣、享受和控制感；（3）跑步者高潮，跑步者在跑步时出现瞬间的欣快感。

6. 适量运动可促进心理建设。主要体现在：（1）人在适量运动中一次次证明自己的能力，使自我概念发生积极变化；（2）适量运动可促进人的社会化过程；（3）适量运动可培养人的自信心；（4）适量运动可培养人的进取精神。

读 一 读

适合健康状况运动量的自评量表

如果你打算在以后的体育锻炼中增加运动量，请首先回答以下 7 个问题。如果你的年龄在 15～69 岁之间，该量表的最后结果会告诉你是否应咨询一下医生；如果你的年龄在 69 岁以上，你的运动量不应再增加。

仔细阅读以下每一个问题，并在符合你的情况的小方格中打"√"。

	是	否
1. 医生曾说过，你的心脏有问题，但你仍从事医生并未推荐的体育活动方式吗？	□	□
2. 当你进行体育锻炼时，你感到胸痛吗？	□	□
3. 在上一个月中，你不从事体育活动时胸痛吗？	□	□
4. 你因眩晕而昏倒过吗？	□	□
5. 在体育锻炼时，你的骨头或关节有问题吗？	□	□
6. 医生为你的血压或心脏问题开过药方吗？	□	□
7. 你不知道不应该进行体育锻炼的其他原因吗？	□	□

如果你有一个或几个问题回答"是"，请询问一下医生是否可以增大运动量；如果对所有问题的回答都是"否"，你就完全可以增加运动量，但应遵循循序渐进的原则。此外，应注意的是，如果暂时身体不适或有病（如感冒或发烧），请停止体育锻炼，直到你的身体完全恢复后再开始活动。

当完成自评量表1~3后，如果你的回答都是"否"，请在开始从事大强度的运动（特别是竞技性项目）前，进一步回答以下5个问题。如果你有一个问题回答"是"，请询问一下医生，以确定你是否能从事大强度的运动。

	是	否
1. 你计划参加一个有组织的运动队吗？	☐	☐
2. 你曾经在身体接触的运动中由于冲撞而昏倒过吗？	☐	☐
3. 由于以前肌肉受伤，你现在活动时还痛吗？	☐	☐
4. 由于以前背部受伤，你现在活动时还痛吗？	☐	☐
5. 在体育活动时，你有其他不健康的症状吗？	☐	☐

注：本自评量表选自 Prentice, W. E. Fitness and Wellness for Life，1999。

第三节 过度运动对健康的影响

一、过度运动的界定

过度运动是发生于体育运动的一种运动性疾病，其发生过程既有运动方面的因素，也有运动恢复、营养、心理及其他方面的因素，往往是多种因素的综合作用的结果。过度运动不仅影响运动能力，甚至能严重损害人体免疫系统和人的身体健康。

过度运动包括两方面含义：一是运动负荷超过人体的承受能力，机体在精神、能量等方面过度消耗，使其无法在正常时间内恢复体力；二是当身体的某些机能发生改变时，恢复手段无效，营养不良，情绪突变，思想波动等，使正常的负荷变成超量负荷,从而使主动运动变成被动的应激刺激。过度运动往往出现运动能力减退,出现某种不正常的心理状态以及心理症状等现象。

过度运动的具体原因如下:

1. 适量运动安排不恰当,例如,运动强度过大,持续时间过长将造成身体过度疲劳。

2. 患病后过早恢复锻炼或刚恢复锻炼时运动量过大。

3. 生活作息不规律,营养不合理,心情不愉快等。

二、过度运动对人体生理机能的影响

过度运动会使人体内各器官供血供氧失去平衡,导致大脑早衰,扰乱内分泌系统,使免疫机制受损,加速了身体各器官的磨损与衰老。

(一)对心血管机能的影响

过度运动可引起心肌毛细血管的持续性损伤,心肌细胞发生缺氧性损害,心肌收缩性能和舒张性能可产生较为严重的损伤,引起心肌力学指标下降。表现为胸闷、心律不齐、休息时心率加快及运动后心率恢复慢的现象。

过度运动可使血小板的聚集机能明显增强,使外周循环机能出现异常,造成组织的缺血缺氧,进而可能导致机体运动能力和抗疲劳能力的下降。

过度运动有时还使有效血容量骤减,血压下降,引起运动过度性休克。

(二)对神经系统的影响

过度运动可造成记忆力下降、头晕、头痛、失眠等现象。还可出现自主神经紊乱症状,表现为面色苍白、恶心、出汗、眩晕、耳鸣等,甚至导致意识丧失,肌张力丧失而突然晕厥的现象。

(三)对骨骼肌机能的影响

过度运动可造成骨骼肌收缩机能下降,物质代谢改变甚至肌肉超微结构损伤,肌肉细胞内钙离子平衡紊乱,钙离子浓度增高,肌肉持续酸痛。过度运动还可造成肌腱损伤。

(四)对肠胃机能的影响

过度运动可引起食欲下降、恶心、肠胃机能紊乱等。

(五)对泌尿系统的影响

过度运动可导致机体大量出汗,肾血流量减少,尿液浓缩,产生高渗性原尿。过度运动时,血管收缩使机体缺氧和二氧化碳潴留,导致肾脏急性受损,滤过膜通透性增加,可能导致运动性血尿。

(六)对免疫机能的影响

过度运动促进体内具有免疫抑制作用激素的释放,表现为机体免疫机能被抑制,从而影响健康。

剧烈运动时,肾上腺素和皮质醇含量增加,当超过一定程度时,脾脏产生白细胞的能力减弱，使淋巴细胞和自然杀伤细胞活性减弱。过度运动导致的免疫机能降低，增加机体对上呼吸道感染和其他病毒性感染的易感性，使全身乏力，体重下降，易患感冒、肺炎、胃肠道感染性疾病，并为自身免疫性疾病，如贫血、类风湿性关节炎、糖尿病提供致病条件。

（七）容易发生运动损伤

刚开始参加体育锻炼的人，有时在连续过量运动情况下可造成骨与肌肉附着力点处的疲劳骨折。过度运动可造成关节慢性劳损，表现为关节疼痛和肿胀。

青春期少年过度运动易导致运动损伤，如体操运动员的应力骨折，赛跑运动员的胫前肌综合征，以及其他专项运动综合征，例如游泳肩、疲劳性骨膜炎、网球肘等。

（八）对生殖系统的影响

女性在青春期过度运动可能导致月经周期异常，外阴创伤，卵巢扭转、破裂、子宫内膜异位症等症状。

（九）对抗氧化能力的影响

长期过度运动使机体抗氧化能力下降，机体产生的自由基含量升高，进而导致疲劳、损伤和加速衰老的进程。

第四节　运动缺乏对健康的影响

一、运动缺乏的界定

运动缺乏是慢性非传染疾病（指一组与生活方式密切相关的慢性病，如高血压、冠心病、脑卒中、高脂血症、肥胖及糖尿病等）的一级危险因素。运动缺乏的含义包括久坐习惯、机体缺乏运动应激刺激，不运动或很少运动。如果每周运动不足 3 次，每次运动时间不足 10 分钟，运动强度偏低，运动时心率低于 110 次/分，则为运动缺乏。运动缺乏将对人体健康产生不利的影响。

二、运动缺乏对人体生理机能的影响

长期缺乏运动，人的新陈代谢机能降低，由此很容易引起各种肌肉关节疾病，如肩周炎、骨质疏松等，同时也会导致心肺机能下降等不良身体反应。久坐不动还是痔疮、坐骨神经痛、盆腔淤血等病症的祸根。运动缺乏或久坐不动可使人体抵抗力下降，易患疾病。运动不足是 II 型糖尿病发病的独立危险因素。运动缺乏可加速衰老，增加老年人的死亡率，且心肌损伤、中风、糖尿病及心绞痛的发病率明显上升。运动缺乏对人体的不利影响突出表现在以下几个方面：

（一）对心血管机能的影响

运动缺乏可导致氧运输能力低下，血管弹力减弱、心脏收缩力不足、心脏机能降低，易引发心血管疾病。

久坐不动，使血液黏度易于增高，血流缓慢，容易形成血栓。运动缺乏可使体内动脉壁内淤积大量脂类，影响各组织、器官的供血，加速了心血管系统疾病的发生。

（二）对呼吸机能的影响

运动缺乏可使肺通气和换气机能下降，肺血流量减少，气体运作效率下降。呼吸表浅、每分钟呼吸次数增加，呼吸肌的调节能力减弱，进而导致呼吸机能降低。

（三）对神经机能的影响

运动缺乏可促脑细胞的新陈代谢减慢，使人记忆力和大脑工作的耐久力都比较差，大脑皮质分析、综合和判断能力减弱，反应慢、不敏锐，使大脑工作效率降低。

（四）运动缺乏易导致肥胖

运动缺乏可使成人和儿童体内储存过多的脂肪，导致肥胖或体重超出正常。运动缺乏还可发生高胰岛素血症、胰岛素抵抗、高血压、高三酰甘油、低高密度脂蛋白、高胆固醇、糖耐量降低等症状，引起代谢紊乱综合征。

（五）对运动系统机能的影响

运动缺乏易导致骨质疏松，使骨量降低、活动机能下降、骨周围肌肉组织肌力减弱和姿势不稳并容易跌倒，从而引发骨折。运动缺乏还可使关节灵活性和稳定性减低，肌肉纤维变细、无力，肌肉收缩能力减退。

（六）对肠胃机能的影响

久坐不动者的肠胃蠕动慢，正常摄入的食物聚集肠胃，使肠胃负荷加重，长此以往可导致胃及十二指肠溃疡、穿孔或出血等慢性顽疾。

（七）运动缺乏可导致亚健康

运动缺乏人可出现记忆力减退、注意力难集中、精神不振、对自己的健康担心、多梦、疲劳、情绪不稳定、用脑后疲劳、耐力下降、困倦、烦躁、健忘、虚弱、活动后疲劳、易激怒、失眠、压抑感、总怀疑自己有病、思维效率低、易感冒、嗜睡、四肢乏力、不愉快感、头晕、目眩、抑郁、头疼、腰膝酸痛、脱发等亚健康症状。

读一读

体育锻炼动机强度自评量表

回答以下问题可以使你了解自己有关体育锻炼的动机强度。每一个问题共分5个等级，请你在适合自己情况的方格中打"√"。

因 素	评 价				
	很强	强	较强	弱	很弱
	5	4	3	2	1
减轻体重	☐	☐	☐	☐	☐
感觉好	☐	☐	☐	☐	☐
降低心脏病发生的危险性	☐	☐	☐	☐	☐
有良好的自我表象	☐	☐	☐	☐	☐
在运动方面获得成功	☐	☐	☐	☐	☐
有力量	☐	☐	☐	☐	☐
减缓压力	☐	☐	☐	☐	☐
提高学习和工作的效率	☐	☐	☐	☐	☐
提高睡眠质量	☐	☐	☐	☐	☐
降低紧张水平	☐	☐	☐	☐	☐
增加能量	☐	☐	☐	☐	☐
有良好的体形	☐	☐	☐	☐	☐
增进健康	☐	☐	☐	☐	☐
抵御疾病	☐	☐	☐	☐	☐
改善心肺功能	☐	☐	☐	☐	☐
提高柔韧性	☐	☐	☐	☐	☐
改善体态和外表	☐	☐	☐	☐	☐
改善人生观	☐	☐	☐	☐	☐
增加社会交往	☐	☐	☐	☐	☐
发泄情绪	☐	☐	☐	☐	☐
总分：					

注：本自评量表选自 Prentice，W. E. Fitness and Wellness for Life，1999。

分数解释：

最后得分

85～100 体育锻炼的动机很强

70～84 体育锻炼的动机强

50～69 体育锻炼的动机较强

35～49 体育锻炼的动机弱

20～34 体育锻炼的动机很弱

第五章 体育锻炼的科学方法

努力发展体育事业，把我们的国民锻炼成为身体健康精神愉快的人。

——朱德

运动太多和太少，同样的损伤体力；饮食过多与过少，同样的损害健康；唯有适度可以产生、增进、保持体力和健康。

——亚里士多德

第一节 科学健康体育锻炼的基本原则

体育锻炼的原则是身体锻炼基本规律的反映，也是参加者安排锻炼计划、选择锻炼内容、运用锻炼方法所要遵循的原则。为了达到体育锻炼的目的，提高锻炼的效果，在锻炼中我们应遵循以下4条基本原则。

一、意识性原则

意识性原则是指要有意识地从增强体质出发去进行锻炼，而不是盲目地或无目的地乱练。人的活动除了有机体的自律活动和反射活动之外，所有的随意活动都伴随着一定的意识。盲目性不是无意识，而是意识不清、意识程度肤浅、意识的指向性错误。增强体质的意识与竞技比赛意识有极大区别，在科学锻炼身体的过程中，要把意识指向发展身体、增强体质的目标，而不能指向单纯提高运动竞赛成绩和夺标上。有些学生把参加体育锻炼的意识指向比赛、指向娱乐，而把增强体质看做是练习过程中自然可达到的结果，这就收不到发展身体、增强体质的效益。所以，在参加体育锻炼过程中，每一个人都要增强和树立起正确的意识性。

二、因人制宜原则

因人制宜原则是指在锻炼过程中，要根据个人的特点去安排锻炼的方法、内容和运动负荷。每个人的体质都有各自的特点，只有针对这个特点去锻炼才能有收效，所以，这个原则就是要求按个人特点选择手段和运用方法的一条规矩。要贯彻这一原则，需要对自身有一个了解，这就需要对身体的形态、机能、素质和运动能力等进行测量和评价，在取得一定数据的基础上，做出自己应该选择的锻炼方法。例如，一个学生心肺功能较差，跑的能力不强，他就可以针对自身的弱点，在锻炼中增强这方面的内容。

三、长期性原则

经常参加体育活动，锻炼效果才明显、持久，所以锻炼要经常化，不能三天打鱼、两天晒网。虽然短时间锻炼也能对身体机能产生一定影响，但一旦停止体育锻炼，这种良好效应会很快消失。以控制体重为目的的锻炼更应该坚持不懈，因为一旦有了减体重效果，就停止锻炼，会使体重反弹，出现"超量恢复"现象，结果使体重增大。经常参加体育锻炼应注意以下几点：

1. 参加体育锻炼应注重坚持，活动内容和项目可更换，但锻炼不能停止；
2. 每周应有 3 次以上锻炼，时间间隔过长，就不能保持锻炼效果的延续；
3. 如果一次不能抽出充足的时间锻炼，那么可以利用零散时间进行活动。一天进行数次短时间体育活动同样会取得一定的健身效果。

四、安全性原则

从事任何形式体育锻炼都应做到"安全第一"，如果锻炼安排、组织不合理，违背科学原则，就可能出现伤、病事故，甚至危及生命。为了保证锻炼的安全，锻炼者应做到以下几点：

1. 充分准备活动，各器官系统的机能进入活动状态后，再进行较剧烈的运动；
2. 锻炼要全身心投入，有时稍有疏忽就可能受伤；
3. 锻炼时，最好不要在水泥地面上进行，以防长期运动后出现劳损。如不可避免，则选择穿弹性好的运动鞋；
4. 对于身体虚弱或慢性疾病患者进行锻炼时，切忌盲目增加运动量或运动强度。

读一读

为什么运动后有时会出现手颤肉跳的现象？

人体神经系统兴奋和抑制是相互对抗、相互转换和相互影响的。人体肌肉是由神经支配的，当神经细胞兴奋时肌肉就会收缩，当神经细胞转为抑制时，肌肉就舒张。

机体运动时，神经系统兴奋占优势，支配肌肉的神经细胞向肌肉发放兴奋冲动。而运动停止后，神经细胞由兴奋状态不能立即转变为抑制状态，在兴奋和抑制的相互作用中，神经细胞仍会发出冲动到所支配的肌肉中去，但此时发放的冲动在强度和量上均低于运动时。所以，运动停止后会出现手颤肉跳的现象。这是正常的生理现象，休息一段时间后就会好了。

第二节 科学健康体育锻炼的方法

在体育锻炼时我们不仅要遵循体育锻炼的基本原则，而且应掌握正确的锻炼方法以达到体育锻炼的目的。

一、一次体育锻炼的安排

一次体育锻炼是否合理，将直接影响锻炼的效果。人体进行一次体育活动，一般都要经过准备活动、运动强度逐渐增加、保持相对稳定的活动时间、身体疲劳与恢复等阶段。因此，锻炼者应学会科学地安排每次锻炼，以获得理想的健身效果。

（一）充分的准备活动

每次锻炼都要进行充分的准备活动，通过准备活动可以提高锻炼效果，又可减少运动伤病。准备活动分为一般性的和专门性的。一般性准备活动，指在正式练习前所进行的活动量较小的全身性体育锻炼，运动形式主要是慢跑、伸展性体操和牵拉性练习，主要目的是使全身各器官机能"动员"起来，为即将开始的练习做好适应。活动时间一般5~10分钟，天气冷时间可长一些，天气热时间可短一些，如果正式练习是一些运动强度较小、技术动作较简单的项目，如跑步、健身操等，则可以不进行专项准备活动。但如进行一些较激烈或技术性较高的运动，如球类、武术、田径等，则需进行专项准备活动。如篮球的运球、投篮，武术的踢腿、劈叉等。

（二）运动强度逐渐增加

在正式练习时，活动量也要遵循循序渐进的原则，不要一开始就突然增加运动强度，这样会使身体出现一系列不适反应。这是因为人体器官都有一定的生理惰性，特别是内脏器官，在运动开始后的一段时间有一个逐步提高的过程。否则，会出现各种不适症状。

（三）正式锻炼时间

以健身为主要目的的体育锻炼，应当以有氧运动形式为主，强度不要过大，但锻炼时间必须保证，这样，才能取得良好的锻炼效果。美国疾病控制和预防中心（CDC）建议：每次应持续 10 ~ 15 分钟中等到大强度活动，注意活动和休息的交替；或维持中等强度的 20 ~ 60 分钟的体育活动；或每天累计完成 30 ~ 60 分钟缓和的体育活动（如步行），也会取得同样的健身效应。需要指出的是：一次锻炼时间并不是越长越好。即使是小强度活动，如散步，时间也不要超过 2 h。体质好的人也是如此。因为，过长时间练习会引起身体疲劳，这是健身锻炼所忌讳的。

（四）锻炼后放松

锻炼结束后会产生一定的疲劳，要使处于高负荷的心肺和肢体活动逐渐"安静"下来，必要的放松活动不可缺少。运动后放松主要包括两部分：

1. 慢跑和徒手体操，其主要目的是改善血液循环，加速下肢血液回流，促进代谢产物的消除。

2. 肌肉和韧带的伸展练习，这种方法对减轻肌肉酸痛和僵硬，促进肌肉中乳酸的清除有良好的作用。伸展练习一般以主要活动肌肉和韧带为主，常采用静力性拉伸方式。

二、长期体育锻炼的安排

锻炼只有持之以恒，才能取得理想的健身效果。因此，锻炼者根据自身条件、锻炼目的，制订一个长期、切合实际的锻炼计划。锻炼目的是人们安排锻炼计划的重要依据，也是科学地制订运动处方的依据。现在运动处方已成为指导群众体育锻炼和对运动员进行科学训练指导的方法（下一节专题介绍）。

体育锻炼的内容与方式，应根据锻炼的目的进行选择，例如为了提高健康水平，那么，安排锻炼的内容和时间就比较灵活，可以跑步、打球等，时间可长可短；为了发展肌肉力量和肌肉块，就应以力量练习为主，每周练习 3 次；以减肥为主要目的，就应该进行有氧运动，运动时间相对较长，使体内脂肪充分消耗，通过锻炼减肥，每月减体重 1 ~ 2 千克较合适；为了保持优美的身材和体形，还要做一些健美操和柔软体操的练习。

三、恢复锻炼的安排

在实际生活中，往往由于各种原因而中断一定时间的锻炼。重新恢复锻炼时，要根据中断锻炼的原因、时间长短和锻炼者的身体情况，再制订一个短时间的恢复性锻炼计划。

1. 由于身体状况而中断锻炼，如生病、受伤等，在恢复锻炼时要注意活动量相对较小一些，恢复锻炼时多做一些轻微活动，恢复时间可长一些。

2. 如果是由于非身体条件而中断锻炼，活动量可大一些，适应性时间可短一些。中断锻炼时间越长，恢复时间就越长。

3. 在恢复锻炼过程中，主要进行小强度锻炼，运动形式有步行、慢跑、太极拳等，运动时心率以 100~120 次/分为宜。

4. 对于青年人，由于身体机能好，代谢旺盛，恢复锻炼时间可短一些，一般一周左右就足够了。

读一读

运动时脂肪的供能特点

脂肪作为能源物质，其优于糖的特点是：储存量大；脂肪以无水的形式储存，储能具有体积小的特点。因此脂肪不但是人体最大的能量库，也是最佳的能量储存形式。各种能源物质供能的比例主要取决于运动强度及运动持续的时间。运动强度越小，持续时间越长，依靠脂肪氧化供能的百分率也越高。在低于 60%~65% 最大摄氧量强度的长时间运动中，尤其是在 60% 最大摄氧量以下强度的超长时间的运动中，脂肪成为运动肌肉的重要供能物质。

第三节　运动处方的原理与内容

一、运动处方概念

早在 20 世纪 50 年代美国生理学家卡杜维奇就曾提出过运动处方（exercise prescription）的概念。1969 年，世界卫生组织（WHO）使用了运动处方术语，从而在国际上得到确认。

关于运动处方的定义，各家学者表述不一，现列举几位中外专家的观点。

1. "运动处方是以获得个人期望的体力为目标，并以适应其体力现状所决定的运动的质和量"（加贺谷熙彦·淳，1983）。所谓"运动的质"，即耐力性运动中的运动种类，"运动的量"是指规定运动的强度、时间及频度。

2. "对从事体育锻炼者或病人，根据医学检查资料（包括运动试验及体力测验），其健康、体力以及心血管功能状况，结合生活环境条件和运动爱好等个体特点，用处方的形式规定适当的运动种类、时间及频率，并指出运动中的注意事项，以便有计划地经常性锻炼，达到健身或治病的目的，即为运动处方"（刘纪清、李国兰，《实用运动处方》，1991）。

3. 北京师范大学体育系田继宗教授对于体育教学中"运动处方"的定义，运动处方是以身体练习为手段（含意念性练习），为改进、完善、提高、增强身体某一部分或某一些器官的功能而有针对性地实施的系列练习方法。

概括地讲，运动处方类似医生给病人开的医疗处方，由医生或体育工作者根据医学检查资料（包括运动试验及体力测验）给锻炼者按其年龄、性别、健康状况，身体锻炼经历和心肺或运动器官的机能水平等，用处方的形式，规定适当的运动内容、锻炼方法和运动量的大小及频率，并指出运动中的注意事项，以便有计划地经常性锻炼，达到健身或治病的目的，即为运动处方。

现在，运动处方在体育教学中已经成为指导大学生进行个体评价、自我练习的主要手段。

二、制订运动处方的原理

体育运动处方的制订主要依据以下 3 个方面的原理。

1. 有氧运动。体育锻炼的目的就是为了增强体质，提高抵抗疾病的能力，而关键环节是提高心肺功能和心血管的输氧能力，这对增进健康是十分重要的。有氧运动对机体在生理学、生物化学、心理学方面有显著的影响，对增强呼吸系统摄取氧、心血管系统荷载及输送氧的能力，以及组织的有氧代谢，利用氧的能力有明显的效果。

2. 超量恢复。人体对一定量的运动负荷有个适应过程，一般分为负荷、恢复、超量恢复三个阶段。运动时被消耗的物质，不仅能恢复到原来的水平，而且在一段时间内出现超过原来水平的情况，这就是超量恢复。

3. 全面健康。世界卫生组织（WHO）认为："健康，不单单是指身体无病，而且是在肉体上、精神上和社会环境的良好状态的总称。"适度运动能促进新陈代谢，使身体保持生理、心理平衡，消除紧张生活、长期工作造成的疲劳。

三、运动处方内容

运动处方一般包括下列 6 项，即①运动目的；②运动种类；③运动强度；④运动时间；⑤运动频度；⑥注意事项及微调整。其中②～⑤称为运动四要素。

1. 运动目的。依性别、年龄、职业、爱好和身体健康状况各有不同。目的有强身健体、防治疾病、健美减肥、消遣娱乐、提高运动成绩等。

2. 运动种类。从生理学氧的代谢途径来看，对健康有效的运动项目可分为三类，即有氧运动、无氧运动和混合运动（表 5－1）。

表 5－1　有氧、无氧及混合运动项目示例

有氧运动	无氧运动	混合运动
步　行	短距离全力跑	足　球
慢　跑	举　重	橄榄球
自行车	拔　河	手　球
网　球	跳越项目	篮　球
排　球	投　掷	冰　球
高尔夫球	肌力训练	间歇训练
远　足	潜　泳	

在运动处方中，选择运动种类的条件是：1）经过医学检查已许可；2）运动量和运动强度符合本人的体力；3）过去的运动体验与本人喜欢的项目；4）场地、设备器材许可；5）有同伴与指导者。

从医学角度来说，以增进健康为目的所进行的运动，应考虑以下 3 个条件：1）全身大肌肉群有节奏地运动，能将心率提高到一定水平，并保持一定时间的有氧运动；2）形式简单易行，能在较长时间内进行，并能终身从事的运动项目；3）受条件限制少，能在较多数场合和环境下进行。

3. 运动强度。运动强度是运动处方定量化和科学化的核心问题。运动强度可根据锻炼时心率、主观感觉程度（RPE）进行定量化。

心率是确定和监控运动处方强度的最常用指标，主要有以下几种方法：

（1）年龄减算法。运动适宜心率＝180 或 170—年龄。如果 60 岁以上或体质较差中老年人用 170—年龄，此法适用于身体健康的人。

（2）靶心率（适宜心率）。靶心率指能获得最佳效果并能确保安全的运动心率。以最大心率的 60%～85% 为运动的靶心率。

通常最大心率用极限或症状限制性运动试验以确定最大心率，对于健康的人也可根据年龄来推算。

一般人的最大心率＝220－年龄

经常锻炼的人的最大心率＝210－0.8×年龄

4. 运动时间。运动时间指每次持续运动的时间,由于运动时间和运动强度的乘积决定运动量,因此即使等量的运动量,因运动目的不同而有运动强度和时间不同的处方。以健身为目的的运动,以强度小而时间长的处方效果好(中老年人)。对于大学生来说,短时间激烈运动的反复多次的处方对增进健康有很好的作用。

据研究,每次进行20~60分钟的耐力性运动是比较适宜的。从运动生理来说,5分钟是全身耐力运动所需的最短时间,60分钟对于坚持正常工作的人是最大限度的时间,库珀研究认为,心率达到150次/分以上时,最少持续5分钟即可开始收到效果,如果心率在150次/分以下,就需要5分钟以上才会有效果。

5. 运动频度。运动频度指每周的锻炼次数。每周锻炼几次为好?有人研究观察到:当每周锻炼多于3次时,最大摄氧量(VO_2 max)的增加逐渐趋于平坦;当锻炼次数增加到5次以上时,VO_2 max的提高就很小;而每周锻炼少于2次时,通常不引起改变。由此可见,每周锻炼3~4次是最适宜的频度。但由于运动效应和蓄积作用,间隔不宜超过3天。作为一般健身保健,如果能坚持每天锻炼一次当然更好。

关于必要的运动频度,据日本池上教授的研究结果是:一周运动一次时,运动效果不蓄积,肌肉酸痛和疲劳每次都发生。运动后1~3天身体不适且易发生伤害事故;一周运动2次,疼痛和疲劳减轻,效果一点点蓄积,但不显著;一周运动3次,基本上是隔日运动,不仅效果可充分蓄积,也不产生疲劳。如果增加频率为每周4次或5次,效果也相应提高,见表5-2所列。

表5-2 有效的运动方案

运动量	取得相同效果的方案				
锻炼持续时间/分钟	180	90	45	20	10
运动强度/最大用力%	20	30	40	50	60
心率/次·分	110	120	130	140	150

6. 注意事项及微调整。原则上教师要当面为本人制订运动处方,不宜只按体检资料或由别人代办。首先要向本人说明医学检查结果的概要,要正确对待体检异常结果;其次指出注意事项,如何按运动处方锻炼进行运动教育和咨询指导;再次是隔一段时间要与被检查者接触,询问运动情况,判断有无副作用或疲劳。另外,有些人中间停止运动,故可要求做运动处方锻炼日记,并每隔1~2周来门诊咨询一次。最后是至少一年全面复查一次,总结一年的运动实施情况,评价这期间的运动效果,必要时进一步改善运动处方。

读一读

练力量时要不要憋气？

憋气确实能够提高肌肉力量，握力在憋气的时候最大，呼气时较憋气时小，吸气的时候最小，这是因为憋气的时候能够反射性引起肌肉的张力加大。在参加体质测量握力的测试时，你可以试一试。但是憋气会影响正常的血液循环，还可以引起血压明显升高（收缩压可以达到 180～200 毫米汞柱），对安静时血压已经偏高的中青年人和老年人是非常不利的。

我们提倡的力量耐力训练，采用的是次大强度的定量负荷，不需要用憋气去完成。练习过程中，应当注意保持有节奏的呼吸。

第四节 运动处方的格式和个人锻炼计划

一、运动处方的格式

运动处方一般包括6项内容：运动目的、运动种类、运动强度、运动时间、运动频度、注意事项及微调整，可根据不同的需要采用不同的格式，但在处方中，必须指出禁止参加的运动项目、锻炼的自我监督指标、出现异常情况时停止运动的准则等。

二、运动处方的制作过程

（一）体检

收集病史、运动史。（1）了解运动的目的及对运动的期望；（2）询问病史，如既往史、家族史；（3）运动史，如运动爱好、现在运动情况等；（4）社会环境条件，如职业、工作与劳动条件、生活环境、经济、营养等条件，周围能够利用的运动设施，有无指导等。

（二）临床检查

包括人体测量及体脂测定，相当于所谓成人病的检查。检查的目的：（1）对现在的健康状况进行评价；（2）判断能否进行运动；（3）是否有潜在性疾病或危险因素，以预防事故。总之，医学检查的基本目的在于掌握个人的状况，为制订运动处方提供必要的信息。

（三）运动负荷试验及体力测验

运动负荷试验是制订运动处方的基本依据之一。运动负荷试验的方法很多，根据检查的目的、被测者的特点来选择适合的方法。现在最普通常用的方法是"递增负荷运动试验"。这是利用活动平板或功率自行车等，在试验过程中逐渐增加运动负荷强度，同时测定某些生理指标，指导受试者达到一定用力程度。

关于体力测验是运动负荷试验无异常的人才能接受此测验，即进行肌力、爆发力、柔韧性等运动能力和全身耐力测验。由于是测验，它们的运动强度就比平常锻炼高，并要求尽全力而为之。因此，参加测验的人必须符合三个条件之一：（1）35 岁以下，身体健康；（2）有半年以上运动经历；（3）按锻炼计划至少运动了 6 周。

（四）制订运动处方，安排锻炼计划

通常根据以上检查的结果，可以跟据此人的健康状况、体力水平及运动能力的限度等具体情况制订运动处方，处方中主要是规定出运动强度保证安全的一次必要运动量（运动时间）以及一周的运动频率等内容。一般按照初定的运动处方试行锻炼，对不适当的地方可进行调整，待适合后要坚持锻炼 3 ~ 6 个月再做体力测验。重新制订长期的运动处方，以不断提高锻炼效果。

三、制订个人锻炼计划

对每一个锻炼者来说，应有一个合理的运动处方才能有效地提高自己的体能水平。运动处方应适合个体的需要。一份运动处方应包括锻炼目标、准备活动、锻炼模式和整理活动。

（一）设置锻炼目标

确立短期和长期目标对设计一份运动处方十分重要，目标能促使你去实施某一个锻炼方案，而达到目标后又能进一步提高你的自信心，从而激励你终身从事有规律的体育锻炼。

在设置个人的锻炼目标时，请遵循以下的几点建议：

1. 确立现实的目标

设置目标最重要的原则是目标必须是现实的，也就是说，要设置一些你通过努力能达到的锻炼目标，因为实现不了目标会使人灰心泄气。

你应设置短期和长期的目标。短期目标的实现激励自己继续进行锻炼。因此，设置一些现实的短期目标很关键。当达到某个锻炼目标后，再设置一个新目标。而长期目标必须对你也是很现实的，长期目标的设置不要建立在其他人得分成绩的基础上。

除短期和长期目标外，还要考虑设置一个体能维持目标。维持目标有助于你终身坚持体育锻炼。

2. 用书面形式写出目标

你应该将设置好的目标写在纸上，然后，把这些目标置于你每天都能看得见的地方，这有助于提醒你目标尚未达到，还应继续努力。此外，应该对目标定期进行评估，如果需要的话，也可对目标进行调整。

3. 寻找达到目标的障碍

首先你应认识到锻炼目标的重要性，否则，你就不会对锻炼目标感兴趣。你在执行锻炼方案前，还应该认识到锻炼中碰到的各种困难均属正常现象，要时刻告诫自己不能打退堂鼓。坚持锻炼，必有收获。

然而，需注意的是，设置目标固然重要，但朝着目标所作出的努力则更加重要。

（二）重视准备活动

准备活动是在锻炼前进行的短暂的练习活动（5～15分钟）。准备活动的内容通常包括小运动量的健美体操、低强度的跑步或伸展性练习等。准备活动的目的是提高肌肉的温度，增加工作肌的血流量。准备活动还可降低大运动量锻炼对心脏的压力、减少肌肉和肌腱受伤的可能性。

（三）选择锻炼模式

锻炼模式包括锻炼方式、频率、强度和持续时间。

1. 锻炼方式。锻炼方式指个体从事某种专门性的身体练习活动。在现代运动处方中，运动形式主要包括三种。

（1）耐力运动项目。如步行、慢跑、速度游戏、游泳、骑自行车、滑冰、越野滑雪、划船、跳绳、上楼梯及跑台运动等。

（2）伸展运动及健身操。如广播操、气功、武术、舞蹈及各类医疗体操和矫正体操等。

（3）力量性项目。如采用中等强度，每次8～10组，每组重复8～12次，每周1～2次，对发展力量素质有效。

每一位想参加体育锻炼的人首先应选择一项适合于自己的运动项目作为锻炼的方式，例如，为了提高心肺功能水平，你可以从广泛的锻炼方式中去选择，如跑步、游泳或自行车。当你选择某种锻炼方式时应考虑的主要因素是：运动的适用性和受伤的危险性。

2. 锻炼频率。锻炼频率是指每周锻炼的次数。为提高与健康有关的体能水平，建议你每周锻炼3～5次。

3. 运动强度。运动强度指锻炼时人体承受的生理负荷量。运动强度应根据锻炼者所进行的不同运动类型来确定。例如，锻炼时，心率增加与能量消耗成正比，因而在进行提高心肺功能的锻炼时，测量心率是判断运动强度的标准方法。

4. 持续时间。持续时间，即用在主要锻炼内容上的总时间。锻炼持续时间不包括准备活动或整理活动花费的时间。研究表明，如果要有效地提高体能水平，每次锻炼至少需要 20 ~ 30 分钟（每周至少锻炼 3 次）。

（四）注意整理活动

整理活动是在主要锻炼阶段结束后立即进行的 5 ~ 15 分钟的低强度练习。例如，慢走可作为一次跑步锻炼的整理活动。整理活动能达到几个目的。

首先，整理活动可以使血液从肌肉返回心脏。锻炼时，大量的血液被运送到工作肌中，锻炼停止后，如果不能使沉积的血液重新分流，你就会感到头晕甚至昏倒。防止血液沉积的最好办法是对工作肌肉进行低强度练习。

其次，尽管一次整理活动不能完全消除肌肉酸痛，但会减低因运动而引起的肌肉酸痛的程度。最后，整理活动有助于体温的逐渐降低。

（五）强调因人而异

1. 锻炼方式因人而异

锻炼方式应根据个人的需要和目标来制订。尽管每个人锻炼时应用的基本原则相同，但没有两个完全相同的人。因此，选择锻炼方式时应考虑一些因素，如个体的健康、年龄、体能、骨骼肌和身体结构等状况。

2. 合理的运动量

"运动量多大才够"是一个常被涉及的问题，对这一问题的回答应根据你具体的锻炼目标而定。为改善健康状况所需的最小运动量叫健康阈；为增强与健康有关的体能的最小运动量称为锻炼阈。近年来的研究表明，进行一些很低水平的身体活动（如园艺活动、做家务、慢走等）也能获得健康的益处。只要这些活动是有规律地进行而且持续相当长的时间（每周至少消耗 2000 卡热量），你就能从中获益。例如，从事园艺活动 9 ~ 12 小时可能需要消耗 2000 卡热量。然而，尽管低水平的身体活动可改善健康状况，但通常体能水平得不到提高。因此，要增强体能，你就需要逐渐加大运动量。但运动量过大除会导致身体受伤以外，还可能引起其他的疾病。

四、大学生运动处方示例

一例大学生减肥的运动处方

姓名：A

性别：女

年龄：20 岁

职业：学生

体育爱好：羽毛球

健康检查：良好，身高1.55m，体重60kg，体脂中度超重，病史——无。

运动负荷测定：台阶实验，安静脉搏79次/分，血压75/115mmHg，肺活量2 800ml。

体能测定：力量——仰卧起坐25个/分，耐力——800m跑4′05″。

体质评定：健康状况，良；体重过重，心肺功能稍差。

运动目的：减肥和健身

运动项目：羽毛球、健身跑、健美操、篮球等。

运动强度：由小逐渐加大，心率在靶心率范围，即140~170次/分。

运动时间：12周（减少体重3~5kg），每次30~60分。

运动频度：4~5次/周。

注意事项：适当控制饮食，减少糖、油脂的摄入，可吃一定的蔬菜、水果，有病发烧停止运动。

自我监督——心率。

处方者：

年　　月　　日

读一读

食物的特殊动力作用

摄入的食物都能为人体提供能量，但摄入的食物本身也会出现能量消耗额外增加的现象。由于机体摄入食物而引起的机体能量代谢的额外增高称为食物的特殊动力作用。实验结果表明：摄食使基础代谢率升高，且这种升高在摄食开始不久就会出现，最高点是在摄食后的2小时左右，并在3~4小时后恢复正常。

食物特殊动力作用所引起的能量的额外消耗相当于总能量的10%左右。这种额外增加的热量不能被机体用于机械能或其他形式的能，可以说是一种消耗性的能，只用于机体的产热和热的调节。

第六章　体育锻炼前的自我评价

运动是一切生命的源泉。

——达·芬奇

一个埋头脑力劳动的人，如果不经常活动四肢，那是一件极其痛苦的事情。

——列夫·托尔斯泰

第一节　身体健康状况的评价

在实施一项体育锻炼方案之前，你有必要评价自己的体能和健康状况，这有助于你设置合理的体育锻炼目标，也会促使你更科学地进行锻炼。你可以以最初的体能状况测试结果作为基础值，并与以后测试的结果相比较，由此使你看到体育锻炼带来的益处，从而坚定自己坚持体育锻炼的决心和信心。

一、体能与健康

体能（Physical Fitness）一词最早源于美国。从广义上讲，它是指人体适应外界环境的能力。在英文文献中，常被用于表达身体对某种事物的适应能力，主要包括与健康有关的健康体能和与运动有关的运动体能。

现代人认为：从整体而言人的体能可以分为三类。一类是与健康有关的"健康体能"，一类是与基本运动能力有关的"运动体能"，还有一类是与运动技巧有关的"专项运动技术体能"。

"健康体能"是指人体器官组织如心脏、肺脏、血管、肌肉等都能发挥功能，而使身体同时具有胜任日常工作、享受休闲娱乐生活及应付突发状况的能力，亦即身体能力是健康的。要求有最低限度的心肺耐力、肌肉力量与肌肉耐力、适度的关节柔韧性及适宜的身体成分。而"运动体能"除了要求有较高的健康体能为基础外，还额外要求有一定程度的肌肉爆发力、灵活性、速度、平衡、反应及协调能力等要素。我们不但要强调健康体能，也应该重视运动体能，因为运动体能，关系到我们是否能够运动得有效率，是否能够避免运动伤害。连运动的基本条件（即运动体能）都没有的人，如何能够通过运动，享受健康的硕果？

人们都知道"生命在于运动"，合适的运动能改善体能，提高生命质量。缺乏运动的生活方式将引起许多慢性病，如心脏病、脑中风、高血压及糖尿病等。健康的人需要具备健康的体能，良好的体能使我们看起来、感觉起来及动起来皆在最佳状态。人的体能并不能靠一朝一夕的体育锻炼就可以得来，它必须通过长时期有规律地参与体育锻炼，并维持健康正常的生活方式来得以改善。

二、健康体能的要素

健康体能和心、肺、肌肉的表现有关，受年龄、性别、遗传、习惯、运动量及饮食的影响。体能也会影响心理及情绪。体能是一种身体特质，需要适度规律运动来提升。我们拥有良好的体能主要是为了使身体更加健康，工作能力更强，生活更积极，生命更有价值，寿命更能延长。健康体能主要包括四大要素：

1. 身体成分。人体是由脂肪及非脂肪组织（如肌肉、骨骼、水与其他脏器等）所组成，保持理想体重对维持适当的身体组成很有帮助。

2. 肌力与肌耐力。肌力是肌肉所能产生的最大力量，肌耐力是肌肉持续收缩的能力。良好的肌力与肌耐力可以维持正确的姿势与增进工作的效率；肌力与肌耐力不好的人较容易产生肌肉疲劳与酸痛的现象。

3. 心肺耐力。身体在活动时，能持续地吸收与利用氧气的能力，涉及的范围包括心脏、肺脏、血管、血液等，是全身性运动持久能力的指针。拥有良好心肺耐力的人，能比别人更有效地完成日常活动，而不容易感到疲劳。

4. 柔韧性。柔韧性是关节在最大活动范围内使四肢和躯干伸展而不会感到疼痛感的一种能力，影响因素有骨骼、关节结构与关节周围的肌肉、脂肪、皮肤、结缔组织。具有良好柔韧性的人，肢体的活动范围较大，肌肉不易拉伤，关节也较不易扭伤。若柔韧性不好，也会造成姿势不良的问题，如下背痛及肩颈疼痛等。不常运动是造成柔韧性降低的主因。

三、运动前要做好健康状况的自评

健康状况自评量表是对参与体育锻炼的各年龄段人的调查，在表中对任何一个问题作肯定回答的，说明其健康状况存在问题，需要进行全面的体检。

30岁以上的人在参与体育锻炼前是否需要体检？回答应是肯定的，特别是对于肥胖者或脑力劳动者来说更需要如此。因此，请你在参与锻炼前注意以下几点建议：

1. 18～29岁（男、女）：在参与锻炼前两年内应进行体检，并完成健康状况自评量表。

2. 30～39岁（男）、30～44岁（女）：在参与锻炼前一年内应进行体检，并完成健康状况自评量表。

健康状况自评量表

如果你对以下任何一个问题作出了肯定的回答，那么你在开始一项锻炼计划之前应进行全面的体检。

1. 在运动时或运动后，你是否有胸部疼痛或受压的感觉？

2. 在爬楼梯、迎冷风行走或从事任何体育活动时你是否有胸部不适感？

3. 你的心脏是否曾经不规则地跳动或悸动或早搏？

4. 在无明显原因的情况下，你是否曾经有过心律突然加快或减慢的经历？

5. 你是否有规律地服用过药物？

6. 医生是否曾经告诉过你，你的心脏有问题？

7. 你是否有诸如哮喘这样的呼吸疾病，或在从事轻微的体力活动时是否呼吸短促？

8. 你是否有关节或背部的疾患，从而使你在运动时感到疼痛？

9. 你是否存在下列心脏病的隐患：（a）高血压；（b）血液中胆固醇含量过高；（c）超过标准体重的30%以上；（d）长期吸烟；（e）近亲（父母亲、兄弟姐妹等）在55岁以前曾经有心脏病史。

（注：本自评量表选自 Powers, s. k. Total Fitness, 1999。）

如果以上有一项回答是，请暂缓运动，到医院进行健康检查，咨询医生。若以上回答均为否，你可以循序渐进地锻炼。若您感冒、怀孕（或可能怀孕）及有其他不良感觉需要暂缓。如果您的健康状况有所变化，一定要咨询医生并征求意见是否改变运动方案。

读一读

运动心电图

心电图（简称 ECG，或称 EKG）是一种普通的测试心脏电活动并用来诊断几种类型心脏病的医疗测试方法。尽管心电图对测试在休息时人的心脏功能是有用的，但在诊断较隐蔽的某些心脏问题时，就需要在运动期间进行心电图测试，因为心脏异常常出现在情绪波动和有运动负荷的时期。运动心电图通常称为运动负荷测试，一般是在跑台上进行，由医生检测被测者的心率、血压和心电图。开始测试时，被测者应做简短的准备活动，并逐渐提高运动强度，直到不能进行运动或医生因某种原因要求其停止测试。通常测试持续时间的长短可以反映被测者的体能和健康水平。例如，身体状况较差的人仅能做 10～12 分钟的运动，而身体状况较好的人能运

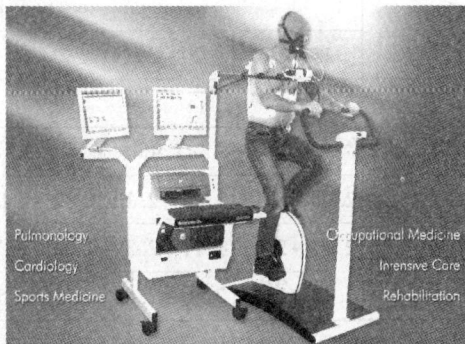

动 25~30 分钟。因此，运动负荷测试不仅能反映被测者的心血管健康状况，而且也能提供被测者呼吸功能的有关信息。

第二节　心肺功能适应能力的评价

心肺功能适应能力是健康体能的主要内容，也是进行耐力运动（如长跑、游泳等）的基础，测量心肺功能适应能力最精确的方法是对人体的最大吸氧量（又称最大耗氧量）进行评价。由于直接测量最大吸氧量（$VO_2 max$）需要昂贵的实验设备、且费时，因此，研究人员设计了许多简便易行的实地测试方法来测量 $VO_2 max$。下面仅介绍两种测试方法。

一、12 分钟跑测试

12 分钟跑测试是目前国内外最简单评价心肺功能适应的方法之一。它的根据是心脏和肺是人体健康的命脉，当人长跑时，要求充分发挥心肺功能，人体要不断地吸入氧气，而这些氧气要不断地通过心血管循环运输到肌肉来供能，长跑是最能反映心肺功能的指标，因此一位美国科学家设计出了"12 分钟跑"，它比听诊器和心电图更为方便、可靠，被许多医生称为"不花钱的心电图"。

测试的方法最好是在 400 米的跑道上进行。测试前要充分做好准备活动，在跑的过程中尽量快跑，如感到呼吸困难，应减慢速度，及时调整呼吸。但在开始和结束时，应避免全速跑和冲刺跑。

表 6-1　用 12 分钟跑测试评价心肺适应水平的参考性标准（千米）

适应能力等级	年龄（岁）					
	13~19	20~29	30~39	40~49	50~59	60+
男						
很差	<2.08	<1.95	<1.89	<1.82	<1.65	<1.39
较差	2.08~2.18	1.95~2.10	1.89~2.08	1.82~1.99	1.65~1.86	1.39~1.63
一般	2.19~2.49	2.11~2.39	2.09~2.32	2.00~2.22	1.87~2.08	1.64~1.92
较好	2.50~2.75	2.40~2.62	2.33~2.50	2.23~2.45	2.09~2.30	1.93~2.11

适应能力等级	年龄（岁）					
	13～19	20～29	30～39	40～49	50～59	60+
良好	2.76～2.97	2.63～2.82	2.51～2.70	2.46～2.64	2.31～2.53	2.12～2.49
优秀	>2.98	>2.83	>2.71	>2.65	>2.54	>2.50
女						
很差	<1.60	<1.54	<1.50	<1.41	<1.34	<1.25
较差	1.60～1.89	1.54～1.78	1.50～1.68	1.41～1.57	1.34～1.49	1.25～1.38
一般	1.90～2.06	1.79～1.95	1.69～1.89	1.58～1.78	1.50～1.68	1.39～1.57
较好	2.07～2.29	1.96～2.14	1.90～2.06	1.79～1.98	1.69～1.89	1.58～1.74
良好	2.30～2.41	2.15～2.32	2.07～2.22	1.99～2.14	1.90～2.08	1.75～1.89
优秀	>2.42	>2.33	>2.23	>2.15	>2.09	>1.90

注：表6-1选自刘纪清等《实用运动处方》，1993年。

12分钟跑测试对积极参与体育锻炼的大学生最合适。然而，由于其运动强度较大，故不适合于30岁以上的脑力劳动者、身体条件较差者、关节病患者和肥胖者。

12分钟跑步测试最好安排在温度适宜的季节进行，避开非常冷或非常热的天气。对体能状况较好的人来说，他可以快跑也可以慢跑12分钟；对于体能状况较差的人来说，这种测试就成了慢跑或走的测试。

解释测试结果很简单，表6-1是12分钟跑测试结果的参考性的标准。根据你的性别、年龄和完成时间，在表格的左面就可以发现你的心肺适应能力处于哪一等级。例如，王某某，21岁，女，12分钟跑完了1.82千米，心肺适应能力属于一般。

二、台阶测试

另一种评价心肺功能适应水平的方法称台阶测试。研究表明：心肺适应能力强的人比心肺适应能力弱的人在运动后3分钟恢复期内心跳频率低。台阶测试虽然不是最好的评价心肺功能适应状况的方法，但它的优越性在于：可以在室内进行，能适合不同程度身体条件的人，且不需要昂贵的设施，并可以在很短的时间内完成。

男台阶高度为30厘米，女台阶高度是25厘米，根据男女身高的不同，台阶还可做适当的调整。测试可按下列步骤进行：

1. 测试时找一个同伴，他将帮助你保持适当的踏跳节奏。节奏为每分钟踏

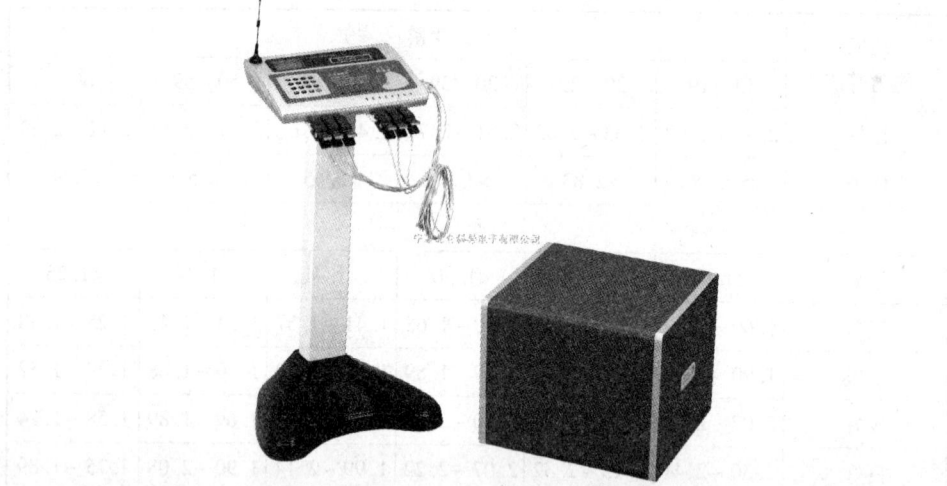

30 次（上下），共 3 分钟，你可以让同伴用节拍器或声音提示你。因此，你需要 2 秒钟上、下各踏一次（也就是说，把节拍器设置为每分钟 60 拍，每响一下踏一次）。在测试时你应左右腿轮换做，每次上下台阶后上体和双腿必须伸直，不能屈膝。

2. 测试后，你应立即坐下，并测量运动后 1 分钟至 1 分 30 秒、2 分钟至 2 分 30 秒、3 分钟至 3 分 30 秒等 3 个恢复期的心率。

你的同伴帮助你计时，并记录运动后心跳次数。测试的准确性在于你必须每分钟踏完 30 次，这样运动后恢复期内的心跳频率测量才是有效的。可以记录你运动后心跳频率的次数和心肺功能适应情况，评定指数计算公式如下：

评定指数=登台阶运动持续时间（S）×100/2×（恢复期 3 次心率之和）。

表 6-2 为 18～25 岁年龄段台阶测试的参考性标准。例如一位女性评定指数为 55.5 次，他的心肺功能适应能力属于一般（即 3 分）。

表6－2　用台阶测试评价心肺功能适应能力的参考性标准

适应能力等级	三分钟台阶测试的评定指数	
	男	女
1分（差）	45.0～48.5	44.6～48.5
2分（较差）	48.6～53.5	48.6～53.2
3分（一般）	53.6～62.4	53.3～62.4
4分（较强）	62.5～70.8	62.5～70.2
5分（强）	>70.9	>70.3

注：表6－2选自中国成年人体质测定组《中国成年人体质测定标准手册》，1996年。

三、评价心肺功能适应能力

当完成了心肺功能适应测试后，你应对自己的测试结果作出评价，并确立提高自己心肺功能适应的目标。与同年龄段的其他人相比，如果你的心肺功能适应能力被列在"1分"或"2分"等级中，说明你目前的心肺功能适应水平低于平均水平，属于差或较差；如果你被列在"4分"等级中，那么你的心肺功能适应水平就高于同性别、同年龄段人的平均水平，属于较强；"5分"等级是指你的心肺功能适应水平位于同年龄组前15%的人，属于强者。然而，不管你目前心肺功能适应状况如何，你应坚持有规律的身体锻炼来提高自己这方面的适应能力。

读一读

举重练习者在饮食中需要摄入大量蛋白质吗？

一些竞技运动员和健美运动员相信，蛋白质中所含的氨基酸可以使人体的肌肉更强健，因而他们额外服用蛋白质补剂。但是，人体能利用的蛋白质非常有限，因此这些努力可能是枉费心机。大多数含有多种氨基酸的补充剂并不能促进肌肉的生长和发育，只有精氨酸和鸟氨酸这两种氨基酸，确实能刺激生长激素，进而促使肌肉生长，但必须大剂量服用才有效，然而，这对人体的健康有害无益。

多数人，甚至运动员和健美练习者，所吃的蛋白质都超过人体所能利用的量。过多的蛋白质

会在肝脏中被分解，并随尿液排出体外，有些则变成脂肪储存在体内。研究表明，一般人每天饮食中摄取蛋白质的量足以确保获得最大的锻炼效果。因此，锻炼者无需额外补充蛋白质。

第三节　肌肉力量的评价

肌肉力量不仅能提高运动的成绩，而且对普通人做日常工作也很有用。评价肌肉力量可采用测握力和一次重复最大量测试（1RM 测试）方法。

一、测握力

握力主要反映前臂和手部肌肉的力量。胳膊、手的力量与日常生活活动的操作能力息息相关，也关系到老年人独立生活的能力。测握力时，可用电子或弹簧式握

身体直立，两脚自然分开，两臂自然下垂，测试两次，取最大值。以两手中力的最大值为准（表6-3、表6-4）。

图6-1　电子式握力计

表6-3　男子握力评价标准　　　　　　　　　　（单位：千克）

年龄	优	良	中	中下	差
18~30	56 以上	53~56	44~52	39~43	39 以下
31~40	56 以上	53~56	44~52	39~43	39 以下
41~50	54 以上	51~54	42~50	37~41	37 以下
51~60	50 以上	47~50	38~46	33~37	33 以下

表6-4　女子握力评价标准　　　　　　　　　　（单位：千克）

年龄	优	良	中	中下	差
18~30	36 以上	32~36	25~31	20~24	20 以下
31~40	36 以上	32~36	25~31	20~24	20 以下
41~50	35 以上	31~35	24~30	19~23	19 以下
51~60	35 以上	31~35	24~30	19~23	19 以下

二、一次重复最大量测试（1RM 测试）

虽然这种测试肌肉力量的方法能被广泛接受，但对上了年纪的或身体条件较差的人是不适宜的。由于这种测试会导致损伤，被测者应在经过几周力量练

习、并在技术和力量方面都有所提高的情况下进行测试，以免受伤。年纪较大或脑力劳动者需进行 6 周的力量练习，而大学生只需 1 到 2 周的力量练习便可参加 1RM 测试。

1RM 测试旨在测验选定了的肌肉群的力量，测试方法如下：

先做 5~10 分钟有关肌肉群的准备活动，然后，你选择毫不费力举起的重量进行练习，并逐渐增加重量直到只能举起一次。真正的 1RM 测试是测一次能够举起的最大量。

表 6-5 是大学生年龄段的测试成绩标准，计算测试成绩的方法是：你的 1RM 重量除以体重再乘以 100，即为你的肌肉力量。例如，假定一位 68 公斤的男子，他的仰卧推举为 80 公斤，那么，他的肌肉力量分数为：

$$肌肉力量分数 = 1RM\ 重量/体重 \times 100$$

即：

$$肌肉力量分数 = 80 \div 68 \times 100 \approx 117.7$$

根据表 6-5，这位男大学生仰卧推举的肌肉力量为 117.7，属 "较好" 的等级。

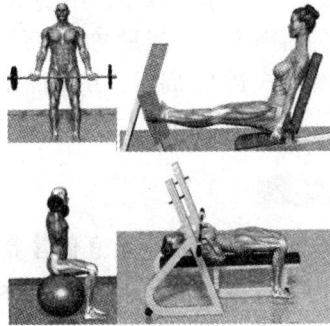

表 6-5 一次重复最大量测试中肌肉力量得分的参考性标准

练习方式	力 量 等 级					
	很差	较差	一般	较好	好	优秀
男						
仰卧推举	<50	50-59	100-110	110-130	130-149	>149
负重屈肘	<30	30-40	41-54	56-60	61-79	>79
肩上举	<40	41-50	51-67	68-80	81-110	>110
坐蹲腿	<160	161-199	200-209	210-229	230-239	>239
女						
仰卧推举	<40	41-69	70-74	75-80	81-99	>99
负重屈肘	<15	15-34	35-39	40-55	56-59	>59
肩肌力	<20	20-46	47-54	55-59	60-79	>79
腿肌力	<100	100-130	131-144	145-14	175-189	>189

注：表 6-5 选自 Powers, s. k. Total Fitness, 1999。

三、评价肌肉力量

在测试完肌肉力量后，将记录结果应对得分表作出评价。如果你目前肌肉力量处于一般水平以下，不要灰心，只要坚持有规律的锻炼，你完全能够提高自己的肌肉力量。当最初的力量测试完成后，你应设置短期和长期的目标，在坚持练习6到12周后，重新测试肌肉力量。当实现了短期目标后，你的自信心会增强，你就能坚持力量练习，并最终实现长期目标。

读一读

适宜的营养是保持体能和健康的关键

适宜的营养对于增强体能和保持健康状态具有重要的作用，它可以促进人体生长发育和修复机体组织，还可以满足人们每日身体活动所需的能量。

营养吸收太少会削弱体能和引起疾病，因此，保持足够的营养应引起每个人的重视。然而，营养吸收又不能过分，暴饮或暴食会导致肥胖症，肥胖症可引起心脏病、糖尿病等。

第四节　肌肉耐力的评价

在日常生活中，某个人有足够的力量把一个沉重的箱子放到卡车上，但他却不一定有足够的肌肉耐力多次完成这一动作。由于每天有许多工作需要肌肉的重复收缩，所以提高肌肉耐力对你的工作和健康都有好处。

有许多方法可测量肌肉耐力，其中俯卧撑、仰卧起坐两种简单易行的方法。俯卧撑测量的是肩部、臂部和胸部的肌肉耐力，而仰卧起坐或仰卧起身则主要测量腹肌的耐力。

一、俯卧撑

锻炼腹肌或腹肌强，有利于下背疼痛的防范。一分钟仰卧起坐的多少主要反映腹部肌群的力量与耐力。俯卧撑不仅反映臂力与臂耐力，还反映腹肌力量与耐力，在反映肌肉力量方面更全面。

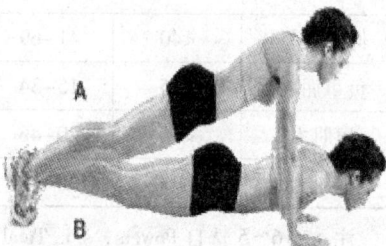

俯卧撑的标准动作是：两手按地，两指间距与肩同宽，两腿向后伸直。屈臂，使身体平直下降，肩、肘保持同一平面，躯干、臀部和下肢都要挺直。当胸部离地2.5~5厘米时，撑起恢复到预备姿势为完成一次。

值得注意的是，俯卧撑项目不适合尚处于生长发育阶段的少年儿童，也不适合50岁后的中年人，它在女性肌力中也不具代表性。俯卧撑尤其能增大上肢、肩带和胸大肌的力量。连续次数多时对心血管系统等均有较大的促进作用，是延缓衰老，保持体能的好方法。

表6-6　参考值：俯卧撑（男性）次数越多越好

年龄段（岁）	优秀	良好	中等	中下	差
18~25	38 以上	31~38	18~30	10~17	10 以下
26~30	30 以上	25~30	14~24	8~13	8 以下
31~40	27 以上	22~27	12~21	6~11	6 以下
41~50	20 以上	16~20	9~15	4~8	4 以下

二、一分钟仰卧起坐

一分钟仰卧起坐主要评价腰腹肌肉的耐力，也测量了髋部肌肉的耐力。

1. 使用工具：使用垫子和秒表。

2. 测试方法：做仰卧起坐时，两肘关节触及或超过双膝为完成一次，仰卧时两肩胛必须触垫。仰卧起坐的标准动作是：你仰卧于垫上，两腿稍分开，屈膝成90度，两手交叉置于脑后，同伴压住你两踝关节处。测试者发出开始口令的同时开表计时，受试者快速起坐，双肘触及或超过双膝，然后还原为仰卧，双肩胛触垫为完成1次，记录1分钟完成次数。

3. 注意事项

首先，在起身阶段应避免对颈部产生过大的压力，也就是说，应腹肌用力而不是颈部用力；

其次，在恢复原位的时候，应避免头后部敲击地面；

最后，禁止使用肘部撑垫或借助臀部上挺和下落的力量起坐，到1分钟时，你虽然坐起，但两肘还未触及或超过两膝时，不计该次数。

完成测试后，根据表6-7评价你的肌肉耐力等级，并记下得分。

表6-7 仰卧起坐（女性）

年龄段（岁）	优秀	良好	中等	中下	差
18～25	34以上	27～34	15～26	7～14	7以下
26～30	28以上	22～28	11～21	4～10	4以下
31～35	24以上	19～24	9～18	3～8	3以下
36～40	22以上	18～22	8～17	2～7	2以下
41～50	18以上	16～18	7～15	2～6	2以下

三、评价肌肉耐力

肌肉耐力的等级范围由差到优秀或由1分至5分。如果测试的成绩是"差"（或1分）或"一般"（或2分），说明你现在的肌肉耐力水平要低于同龄人的平均值；如果测试成绩是"较好"（或3分），则意味着你目前肌肉耐力的水平要高于平均值；如果测试成绩是"好"（或4分），则显示了你的肌肉耐力水平相当出众；最后，15%的个体才能达到"优秀"（或5分）的等级。

即使你的俯卧撑、仰卧起坐的测试成绩很差，也不要气馁，只要树立信心，坚持练习，3~4周后，你一定会提高这方面的能力。

读一读

没有运动就没有生命

有人曾在动物身上做过一个实验：将兔子、乌鸦和夜莺很小时就关进笼子，从外表上看，这些动物长大后似乎发育正常。然而，当将它们放出笼子后，不堪入目的情景出现了：兔子刚跑几步便倒下死去；乌鸦在天空飞了半圈就一头栽下；夜莺欢唱的几句就死去了。实验者对这些动物死亡的原因进行了解剖分析，发现兔子和夜莺死于心脏破裂，乌鸦则死于动脉撕裂。显而易见，这是由于它们长期不运动导致内脏器官发育不良，一旦激烈运动就不能适应的结果。

国外对人也做过类似的实验：将若干20～30岁的健康男子分成两组，要求第一组被试在20天里一直躺着，不许他们起坐、站立。第二组被试也接受同样的规定，所不同的是该组被试每天仍保持躺着的姿势，但可以在专门的器械上锻炼4次。20天的实验结束后，第一组的被试感到头昏眼花、四肢乏力、心慌气短、肌肉酸痛和不要吃饭。第二组被试依然有一定的活动能力，身体反应也没有第一组被试那样剧烈。

动物和人的实验均表明，人如果没有运动就没有生命，运动的少，生命力就弱。要保持旺盛的生命力，就应该进行有规律的体育锻炼。

第五节　柔韧性的评价

进行柔韧性测试，可以了解自身各关节的柔韧性程度。柔韧性程度越好，关节的活动幅度越大，人的关节灵活性就越强。一般来说，年龄越小，柔韧性越好，随着年龄的增大，柔韧性越来越差。加强柔韧性的练习，对不同年龄的人都是非常重要的。要保持良好的柔韧性需经常进行牵拉练习。

每个人对柔韧性的需要是不同的。一些运动员（例如健美运动员）为了完成复杂的动作和提高运动成绩需要有很好的柔韧性，而普通人对柔韧性的要求相对低些。但是为了满足日常生活或休闲的需要，普通人也应具有一定水平的柔韧性。

柔韧性的好坏与特定的关节相关，也就是说，一个人的某一关节具有良好的柔韧性，但另一关节的柔韧性可能会较差。迄今为止，没有单一的测试方法来描述整个人体的柔韧性，通常采用测量躯干和肩部柔韧性的方法。

一、躯干柔韧性测试

（一）测试目的

测量在静止状态下的躯干、腰、髋等关节可能达到的活动幅度，主要反映这些部位的关节、韧带和肌肉的伸展性、弹性及身体柔韧素质的发展水平。

（二）场地器材

坐位体前屈测试器。

（三）测试方法

受试者两腿伸直，两脚平蹬测试纵板坐在平地上，两脚分开10～15厘米，

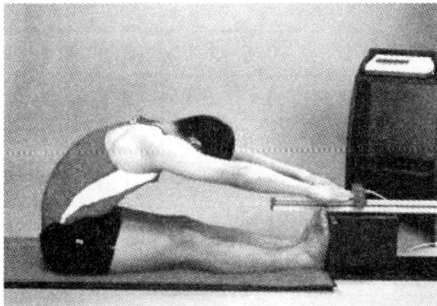

上体前屈，两臂伸直前，用两手中指尖逐渐向前推动游标，直到不能前推为止。测试计的脚蹬纵板内沿平面为 0 点，向内为负值，向前为正值。记录以厘米为单位，保留一位小数。测试 3 次，取最好成绩。

（四）注意事项

1. 身体前屈，两臂向前推游标时两腿不能弯曲。

2. 受试者应匀速向前推动游标，不得突然发力。

特别需要注意的是，在测试前，你应做短时间的牵拉练习作为热身活动。为了减少受伤，你应避免在测试中快速运动。此外，还应有一个同伴帮助你保持腿直和记录得分。完成测试后，查看表 6 - 8，确定你柔韧性的等级，负值表明你不能摸到自己的脚趾，而正值显示你手指可超过脚趾。最后记下你的得分，对照评价标准。

表 6 - 8　坐位体前屈测试评价躯干柔韧性的参考性标准

年龄组（岁）	柔韧性的等级				
	1 分（差）	2 分（一般）	3 分（较好）	4 分（好）	5 分（优秀）
男					
18～20	-0.2～4.4	4.5～9.9	10.0～17.3	17.4～22.7	>22.8
21～25	-3.2～2.4	2.5～8.3	8.4～16.3	16.4～21.9	>22.0
26～30	-3.6～0.5	0.6～6.0	6.1～14.4	14.5～19.9	>20.0
31～35	-7.0～-0.9	-8.0～4.9	5.0～12.9	13.0～18.7	>18.8
36～40	-8.3～-2.1	-2.0～4.3	4.4～12.4	12.5～17.5	>17.6
41～45	-9.4～-3.3	-3.2～2.6	2.7～11.0	11.1～17.1	>17.2
46～50	-10.5～-5.1	-5.0～1.4	1.5～9.9	10.0～15.4	>15.5
51～55	-11.5～-6.4	-6.3～0.9	1.0～8.8	8.9～14.6	>14.7
56～60	-13.2～-7.7	-7.6～-0.1	0～7.9	8.0～13.4	>13.5
女					
18～20	-0.6～3.7	3.8～8.9	9.0～16.1	16.2～20.9	>21.0
21～25	-3.0～2.4	2.5～7.4	7.5～14.5	14.6～18.0	>18.0
26～30	-3.0～1.9	2.0～6.4	6.5～13.0	13.1～18.0	>18.1
31～35	-4.4～0.9	1.0～6.2	6.3～12.5	12.6～17.8	>17.9
36～40	-5.1～0.4	0.5～5.9	6.0～12.0	12.1～17.5	>17.6
41～45	-6.4～-0.1	0～4.9	5.0～12.0	12.1～17.4	>17.5
46～50	-7.2～-1.1	-1.1～4.4	4.5～11.9	12.0～17.2	>17.3
51～55	-7.5～-1.3	-1.2～4.2	4.3～11.9	12.0～17.0	>17.1

注：表 6 - 8 选自中国成年人体质测定组《中国成年人体质测定标准手册》，1996 年。

二、肩部柔韧性测试

肩部柔韧性测试评价的是肩关节的活动范围。测试方法是：你站直后，举起右手，前臂向体后下方弯曲，并尽量向下伸展，同时，用你的左手在体后去触及右手，尽可能地使两手手指重叠。你完成右手在上的测试后，以相反的方向进行测试（即左手在上）。一般总是一侧的柔韧性要好于另一侧。你两手手指所重叠的距离就是肩部柔韧性测试的得分（单位为厘米）。测量你手指重叠的距离应取近似值，比如，某一重叠距离为1.9厘米，应记为2.5厘米；如果你的两手手指不能重叠，得分应记为-2.5厘米；如果你的两手手指刚好碰到，得分应为0。

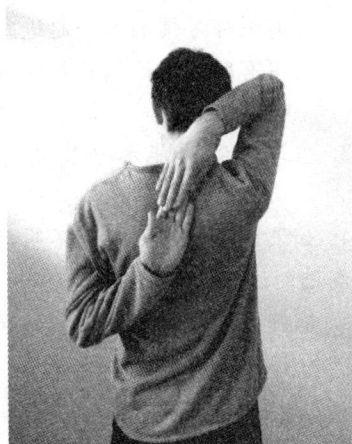

在肩关节柔韧性测试前，你应有一个短时间的牵拉练习作为热身活动，并且为了预防受伤，应避免在测试中快速移动。完成测试后，根据表6-9确定你的肩关节柔韧性等级，并记下得分和等级。

表6-9 评价肩关节柔韧性的参考性标准

右手在上得分	左手在上得分	柔韧性等级
<0	<0	很差
0	0	较差
+2.5	+2.5	一般
+5	+5	较好
+7.5	+7.5	好
+10	+10	优秀

注：表6-9选自 Powers, s. k. Total Fitness, 1999。

三、评价柔韧性

即使你经常参与体育锻炼，你的躯干和肩部柔韧性也可能较差。实际上，只有你经常进行牵拉练习才可能有超过一般水平的柔韧性。因此，不论你目前的柔韧性如何，你都应该确立目标，并经常进行牵拉练习来提高自己柔韧性。

帮助你坚持锻炼的方法

1. 与有锻炼习惯的人一起进行身体练习，他或她会鼓励你坚持锻炼。

2. 从事有助于你达到目标的多种锻炼方法，单一的活动内容会使你产生厌恶感。

3. 当体会到体能水平提高时，应奖赏自己，如买一套新衣服或外出旅游等。

4. 如果体育锻炼的益处不明显时，请别灰心丧气，因为体能水平的提高是一个渐进的过程。

5. 锻炼的计划应适合于你的兴趣和生活的风格，应将锻炼看成是生活中必不可少的重要组成部分。

第六节　身体成分的评价

身体成分指的是身体脂肪组织和非脂肪组织的含量在体重中所占的百分比。通常状况下，人的身体主要是由水、蛋白质、脂肪、无机物四种成分构成，普通成年人的正常比例是：水占55%，蛋白质占20%，体脂肪占20%，无机物占5%。也可以说，这是实现人体成分均衡和维持身体健康状况的一个最基本的条件。定期监测身体成分，密切观察自己身体构成的变化，明确脂肪，肌肉在体内的分布情况，可以针对薄弱部位，塑造完美身材。

有许多评价身体成分的实用技术，有些技术既快速又方便，这里介绍几种目前广泛使用的技术。

一、人体测量学方法

（一）腰围–臀围比例测试

这一测试的基本原理是：过多的腹部脂肪与疾病（如心脏病、高血压等）发生是直接相关的。因此，腹部有大量脂肪堆积的人腰围—臀围比例高，他们比腰围—臀围比例低的人更容易患心脏病和高血压。测量腰围—臀围比例的步骤如下：

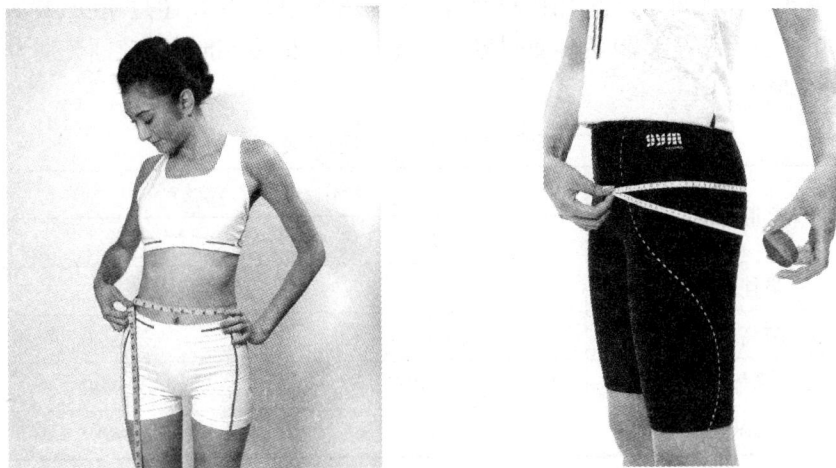

1. 测量工具为无弹性的卷尺。站立，不要穿宽大的衣服，否则，会使测量结果产生偏差。测量时，卷尺紧紧地贴在皮肤上，但不能陷入皮肤，测量数值应精确到毫米。

2. 测量腰围时，把卷尺放置于肚脐水平处，并在你呼气结束时测量。

3. 测量臀围时，把卷尺放在臀部的最大周长处。

4. 完成测量后，用腰围除以臀围，得出腰围—臀围比例。根据表6-10评定腰围—臀围比例的等级，并填写自评量表。

表6-10　腰围—臀围比例的等级评定

等级（病的危险）	男	女
高危险	>1.0	>0.85
较高危险	0.90 ~ 1.0	0.80 ~ 0.85
较低危险	<0.90	<0.80

注：表6-10选自Powers, s.k. Total Fitness, 1999。

（二）、身体质量指数（Body mass index，BMI）测试

BMI简称体质指数又称体重指数、体块指数。BMI测试是一种辅助性的测

定身体成分的方法，容易被大多数人接受。BMI 反映了个人身体成分的状况，其计算公式为体重除以身高平方比值就是 BMI：BMI＝体重（kg）／身高的平方（m²）

比如，如果一个人重 64.5 千克、身高 1.72 米，那么此人的 BMI 比值为：BMI＝64.5kg／（1.72m）²＝64.5／2.96＝21.8

计算出你的 BMI 后，用表 6-11 评价你的体脂程度。BMI 测试的原理是低百分比体脂者的 BMI 也低。根据这一原理，男性和女性的 BMI 分别小于 25 和 27 的属于"不肥胖"类，相比较而言，男性和女性的 BMI 超过 40 的被认为极度肥胖；小于或等于 20 为体重过轻。因此，男、女的标准体重范围分别为 20.1 ~25 和 20.1~27。

表 6-11 体脂程度的分类

肥胖程度	BMI（体重/身高²）	
	男	女
最佳体脂	<25	<27
较高体脂	25~30	27~30
高体脂	31~40	31~40
极高的体脂	>40	>40

注：表 6-11 选自 Powers, s. k. Total Fitness, 1999。

并不是每个人都适用 BMI 的，如：

1. 未满 18 岁；
2. 是运动员；
3. 正在做重量训练；
4. 怀孕或哺乳中；
5. 身体虚弱或久坐不动的老人。

如果认为 BMI 算出来的结果不能正确反映体重问题，请带着结果与医师讨论，并要求做体脂肪测试。

二、体密度法

（一）水下称重法

采用受试者水下称重，根据水的密度，利用浮力定律计算出实际人体密度。根据全身体密度由脂肪组织密度和瘦组织密度构成的前提，利用公式计算出身体脂肪量和体脂百分比。虽然水下称重法得到的仅是两组分模型（该模型由 Behnke 于 1942 年建立，即以脂肪组织为核心将人体分为脂肪（fat）与去脂体重（fat-freemass，FFM）两部分。但由于其对脂肪的测量较为精确，是目前公认的体成分测定的"黄金标准法"，故经常用作标准来校验其他方法。但该方法要求特定的设备，操作复杂，难以推广且对受试者体能状况有一定的要求，对体质较弱的人群应慎用。

（二）皮褶厚度法

皮褶厚度是推断全身脂肪含量、判断皮下脂肪发育情况的一项重要指标。通过测量身体某些部位皮肤揪起后的厚度来反映皮下脂肪量的皮肤测量指标。皮褶厚度可用 X 光、超声波、皮褶卡钳等方法测量。用卡钳测量皮褶厚度最为简单而经济，测得结果和 X 光片测量值的相关度可达 0.85～0.90，对人体亦无放射性伤害。测量皮褶厚度的常用部位有上臂肱三头肌部（代表四肢）和肩胛下角部（代表躯体），这些部位组织均衡、松弛，皮下脂肪和肌肉能充分分开，测点明确，测量方便，测值重复率高。另外还可以测量肱二头肌部、髂上、腹壁侧等。皮褶厚度和体脂含量间有相关关系，可通过皮褶厚度的测量值估计人体体脂含量的百分比，从而判定肥胖程度。

上臂部、肩胛部和腹部皮褶厚度的测量：

测试仪器：皮褶厚度计

测试方法：受试者自然站立，充分裸露被测部位。测试人员用左手拇指、食指和中指将被测部位皮肤和皮下组织捏提起来，测量皮褶捏提点下方 1 厘米处的厚度。共测量 3 次，取中间值或两次相同的值。记录以毫米为单位，精确到小数点后 1 位。

上臂部测量点：右上臂肩峰后面与鹰嘴连线中点处。沿上肢长轴方向纵向捏提皮褶。

肩胛部测量点：右肩胛骨下角下方 1 厘米处。与脊柱成 45°方向捏提皮褶。

腹部测量点：脐水平线与右锁骨中线交界处。沿躯干长轴方向纵向捏提皮褶。

注意事项：

1. 受试者自然站立，肌肉放松，体重平均落在两腿上。

2. 测试时，要把皮肤与皮下组织一起捏提起来，但不能把肌肉捏提起来。

3. 测试时，皮褶厚度计的钳口连线应与皮褶走向垂直。

（三）生物电阻抗法测定去脂体重

生物电阻抗法（Bioelectric Impedance Analysis）利用人体去脂体重（Lean Body Weight，LBW）和体脂（BodyFat，BF）的电流导电性差异估测体成分，它比现在常用的皮褶厚度、围度测量方法结果精确可靠，而比同位素稀释、总体钾计数、中子活化、光子吸收等实验室技术成本和技术难度低，安全无创伤，适用于大规模群体研究，对诊断肥胖或营养不良、监测慢性病人营养状况有重要价值。Eston，Cruz 等的研究表明，生物电阻抗法是准确测定身体成分的指标之一。在身体成分的纵向研究中，生物电阻抗法可提供可靠数据，这是皮褶法所不能比拟的。生物电阻抗法简单易行、安全准确，不仅适用于成人的身体成分分析，而且更适用于儿童身体成分的评估，不受种族限制。

三、评价身体成分

研究表明，对男性而言，理想的体脂在 10%到 20%范围之内；对女性而言，则是 15%到 25%。此体脂的范围称最适范围，在这个范围内，与体脂有关的各种疾病的发生率较低。体脂高于最适的范围，就容易产生疾病。

值得注意的是，体脂百分比低于最适范围，同样也是不佳的。事实上，体脂所占比例低也会出现各种健康问题，这是因为体脂所占比例低往往与营养不良和肌肉功能减弱有关。

读一读

帮你设置体育锻炼目标的方法

1. 设置可达到的目标。

2. 写下锻炼目标，并放在你每天可以看到的地方。

3. 设置短期和长期的目标。

4. 设置的目标应是可测量的。

5. 设置到达目标的具体日期。

6. 当你实现一个目标后，要设置另一个可达到的目标。

7. 当完成每一个目标后，应奖赏自己。

第七章　体育锻炼的实施

第一节　体育锻炼时人体能量的消耗、补充与恢复原理

体育锻炼时，生物体在不断进行物质与能量交换中实现自我更新的过程即做新陈代谢。物质代谢则是指人体与周围环境之间不断进行物质交换，以及物质在体内的转变过程。而能量代谢是指物质代谢过程中所伴随着的能量释放储存转移和利用的过程。食物中的糖、脂肪、蛋白质即是建造肌体结构，实现自我更新的原料，又是体内能量的来源。体育锻炼时的能量供应有一定的生理规律：体育锻炼时体内代谢过程比平时加强，能量消耗增加，所需要的能量均来自营养物质的化学能，锻炼后能量物质恢复更加充分，可达到比锻炼前更高水平，各器官系统功能增强。

一、能量的供应与消耗

肌体中营养物质的化学能，不能直接为细胞提供能量，它存储的能量必须经过释放转变成含有高能磷酸键的化合物，后者释放的能量才能被细胞利用。肌体内的三磷酸腺苷（ATP）是肌肉收缩的直接能源，当 ATP 分解放能后需要及时补充，补充的途径是磷酸肌酸（CP）分解、糖的无氧酵解、糖与脂肪的有氧代谢，生理学上称之为运动时 3 个供能系统。人体从事的各种不同运动项目，其能量供应都分别属于这 3 个供能系统，而发展这 3 个供能系统的方法又各不相同。

（一）直接能源

人体运动时的直接能源是来自体内一种特殊的高能磷酸化合物—ATP。在体内，只有 ATP 可以作为肌肉收缩的直接能源肌肉活动时，肌肉中的 ATP 在酶的催化下，首先迅速分解为二磷酸腺苷（ADP）与磷酸，同时放出能量供肌肉收缩。体内有两种系统可以合成 ATP，即无氧供能系统和有氧供能系统，而体内消耗的能量物质是糖、脂肪、蛋白质等。

（二）三个供能系统

1. 磷酸原系统（ATP-CP 系统又称非乳酸能系统）

人体运动开始时是由磷酸原系统供能，即所有的能量都由 ATP 和 CP 供给。这一供能过程十分迅速，而且不需要氧气，也不会产生乳酸。人体肌肉中 ATP 的含量很少，依靠肌肉内的 ATP 供能做功只能维持 1 秒钟，需要不停地合成

ATP 才能满足肌肉收缩的需要；CP 是由肌酸合成的高能磷酸化合物，存在于肌浆中，其含量是 ATP 的数倍，当 ATP 分解释放能后，CP 在酶的作用下可以分解释放能，迅速合成 ATP。

生理学研究证明，全身肌肉中 ATP-CP 系统供能能力仅能持续 8 秒左右。磷酸原供能系统的强弱，主要和绝对速度有关，如果要提高 100 米、200 米跑的绝对速度，就要发展磷酸原系统的供能能力。发展这一系统的供能能力的训练最好是采用每次持续 10 秒以内的全速跑，进行反复练习，中间间隔 30 秒以上。如果间隔少于 30 秒，由于磷酸原系统恢复不足，就会产生乳酸堆积。

2. 乳酸能供能系统

当人体肌肉快速运动持续较长时间（8～10 秒）后，磷酸原供能系统的供能能力已不能及时提供 ATP 补充，于是动用肌糖元进行无氧酵解供能，该能量由 ADP 接受，合成 ATP。这一系统供能不需氧，但产生乳酸堆积，乳酸的堆积可导致疲劳。

人体乳酸能系统供能的最大持续时间约 33 秒钟左右。乳酸能系统供能能力的优劣主要于速度耐力有关。中距离跑主要需要速度耐力，100 米、200 米跑的后程能力及不少球类运动也需要速度耐力。要发展的乳酸能供能系统的能力，最适宜的手段是全速（或接近全速）跑 30～60 秒，间歇 2～3 分钟。这种手段能使血乳酸达到最高水平，能锻炼和提高对血乳酸的耐受力，提高乳酸能供能系统的能力。

3. 有氧供能系统

有氧供能是指在氧供应充分的条件下，体内的糖（葡萄糖和肌糖元）和脂肪被有氧氧化成二氧化碳和水，并放出大量的能量，该能量供 ADP 再合成 ATP。

有氧供能能力主要和人体心肺功能有关，有氧供能是耐力素质的基础。长距离跑等耐力项目需要有氧供能系统供能，不少球类运动也需要有良好的有氧代谢能力。提高有氧供能系统的供能能力，主要易采取较长时间的中等或较低强度的匀速跑，或较长距离的中速间歇训练等。

在从事任何一种体育运动时，几乎没有可能是仅属于一种供能系统供能，多数情况下是 3 个供能系统均参与供能，仅仅在不同的运动项目中，各自系统所占的比例不同。如持续 10 秒以内的最大强度运动几乎完全依靠无氧供能（主要是磷酸原系统和乳酸无氧酵解供能）；持续几十分钟甚至几小时的运动，有氧供能占主导地位；而在 800 米跑中以乳酸供能为主，有氧供能和无氧供能的比例相差不大。

二、能源物质的消耗与补充

人体在运动时直接消耗 ATP，但最终却是消耗糖、脂肪、蛋白质。

（一）糖和脂肪的供能特点

糖和脂肪是运动中合成 ATP 的主要来源，但由于运动持续时间、强度以及糖和脂肪的供能特点的不同，所消耗（能量物质）的比例也不相同。因为，糖可以进行无氧酵解和有氧代谢，而脂肪仅能进行有氧代谢。正是这一特点，使不同运动中二者的供能比例不同。如，运动初期或时间短、强度大的运动，主要是消耗糖，因为这时主要是无氧代谢过程；而时间长、强度较小的运动，脂肪的消耗（供能）比例增加（马拉松跑等长时间持续运动的后期，约有80%的 ATP 供能来源于脂肪的氧化），蛋白质也将参与供能。因此，要消耗体内的脂肪，应进行强度不大，但持续时间较长的运动，才能达到效果。

（二）运动后能量物质的恢复

运动时体内代谢过程加强，以不断满足运动时能源的需要，运动中以及运动停止后，能量物质需要不断进行补充与恢复，能量物质的恢复过程大致可分为 3 个阶段。

1. 正在运动时的恢复阶段

运动时人体的能量消耗过程（分解过程）占优势，恢复过程（合成过程）也在进行，只是由于身体运动时间长、强度大，而消耗能量物质较多，身体各器官系统发挥最大的机能能力参与恢复（再合成），也满足不了消耗的需要，造成消耗多于恢复，体内的能量物质不断减少，身体活动的机能能力下降。

2. 运动后的恢复阶段

身体运动停止后能量物质的消耗过程减弱，恢复过程就明显占优势，这时各种能源物质和各器官系统的机能能力逐渐恢复到原来（运动前）的水平。

3. 超量恢复阶段

运动实践证明，人体运动后的能量物质和各器官系统的机能能力，在有一段时间里可以超过原来的水平，维持一段时间后又回到原来水平上。

人体在进行身体运动过程中，要消耗大量的能量物质。随着运动的进行各种能量物质的分解与合成也在不断进行，但在运动中消耗（分解）量较大，往往是超过了恢复（合成）的水平，能量物质不能完全恢复，代谢产物不能完全排除，因为身体欠下了氧债，只有在运动后得到恢复，就出现了运动后的恢复过程。在身体运动结束之后，人体的各器官的机能仍处于一个较高的水平，必须经过一段时间之后，才能逐渐恢复到运动前的状态，这段时间的机能变化称为恢复过程。剧烈的运动停止，能量的消耗大幅度下降，这时合成必然超过分解，直至身体恢复彻底。这种不断的大量消耗身体内能量物质，又不断地恢复，特别是形成的超量恢复是我们人体进行运动健身的重要生理学依据。

超量恢复的生理机制十分复杂，在生理学上主要是一种刺激与反应的关系而形成的，在一定的生理范围内，运动强度（刺激）越大，造成能量短缺，而

理论知识篇

引起相应的反射性能量补充，同时身体其他器官的机能状态也是如此。超量恢复是客观存在的规律，人体在进行运动健身、训练和比赛过程中，如何正确运用和掌握这个规律，是目前正在不断探讨的课题之一。

（三）超量恢复

1. 影响"超量恢复"的因素

从运动过程中能量物质的消耗和恢复的三个阶段特点可以看出体育锻炼的效果与以下三个因素有关：

（1）运动负荷

一定范围内，运动强度越大、肌肉活动量越大、消耗过程越剧烈，超量恢复就越明显，体育锻炼的效果越好。运动量过小，效果不明显；运动量过大，易导致消耗过多，不易恢复。

（2）锻炼的时机

运动应注意控制下次运动的时间在超量恢复期，才能达到提高体能，增强体质的目的。相反，在肌体能量物质尚未恢复到原有水平（如，在大量消耗的"下降期"或运动后较短时间中，肌体能量物质尚处恢复期）时就又开始锻炼，则会导致体能不同程度的下降。

（3）运动项目

由于不同运动项目能量供应特点不同，则能量消耗后其恢复时间也不同，因此最佳间隔练习时间当然不同，应区别对待。力量练习通常隔日训练效果最好；长距离跑，如马拉松消耗能量太大，需要的恢复期相对较长；球类项目通常可以每日进行。

实践中，还应不断总结经验，根据运动项目的不同，因人而异，灵活运用，才能使超量恢复能达到更高程度，体质不断获得增强，运动水平得以提高。

2. 超量恢复的生理与实践意义

（1）能正确运用超量恢复原理，能使身体锻炼、训练的效果更佳。一般来讲，在超量恢复阶段进行下一次锻炼或训练效果最好，运动成绩提高最快。因为在这个阶段体内能量物质最充足，机能水平也高，并可以适当加大运动负荷，形成更高一层次的超量恢复。下次运动时间过早或过晚都会影响运动效果，甚至是无效。

（2）在一定生理范围内，可以最大限度提高人体机能和健康水平。运动负荷是施加于身体的一种综合刺激，根据刺激与反应的生物学原理，在一定的生理范围内，运动负荷越大，人体的机能反应也越大，能量也消耗的越多，引起的超量恢复越明显，锻炼或训练效果就越好。所以，超量恢复是人体从事大运动负荷（极限负荷）的十分重要的生理学依据。

（3）不同性质的身体运动，可以引起不同营养物质和机能的超量恢复。力量性练习，主要是促使肌肉中蛋白质的超量恢复，肌纤维增粗，力量增大；速度性练习，主要促使肌肉中磷酸的超量恢复，肌纤维的收缩速度加快；耐力性练习，主要促使肝糖元的超量恢复，可以提高身体机能的耐久力。上述三种能源物质中，肌肉中的磷酸肌酸出现超量恢复最快，因此速度素质有时候提高较快，但消失也快；肝糖元较磷酸肌酸超量恢复慢；蛋白质的超量恢复出现最慢，但消失的速度也最慢。

3. 超量恢复的运用及其注意事项

（1）身体进行不同性质的运动时或运动之后，要注意有严格的间歇时间。要强调是在超量恢复阶段进行下一次身体运动。有资料证明，跑 100 米后磷酸肌酸在 2~5 分钟时可出现超量恢复；在进行大负荷耐力练习后，肌糖元约在第 15 分钟时便出现超量恢复；力量练习后蛋白质到第 3~4 天出现超量恢复；马拉松跑后，脂肪要在第 3~4 天出现超量恢复；大负荷的游泳练习后，整个身体机能在第 5~8 天才会出现超量恢复。

（2）并非是无原则的运动负荷越大，超量恢复越明显。无论是哪种性质的身体运动都要在生理"极限"范围内进行大负荷练习，负荷过小，则练习无效果；负荷超生理"极限"，则可能伤害身体，影响健康。生理"极限"要根据个人的特点，做到心中有数。

（3）身体运动后的恢复手段要正确。如果运动后恢复手段不得力，一方面形成不了超量恢复，另一方面可能形成疲劳积累，出现明显的机能下降，影响锻炼效果和身体健康。

（4）初次起步参加身体运动，特别是青少年身体基础较差者，不得急于求成。在这种条件下，首先要掌握一些超量恢复的原理和相关知识；另外在追求超量恢复效果时，要注意循序渐进，掌握各种练习技能。

4. 促进能量物质与机能恢复的方法

（1）做好整理放松活动

做整理放松活动，可以使人体更好地由紧张的身体活动过渡到安静状态。就像汽车要停车必经过减速过程一样。人体剧烈运动时，肌肉紧张、缺氧、血压高、心跳快等，若不进行放松，可能造成静脉血（下肢的）回流受阻，脑部贫血、缺氧等，产生"重力休克"。因此，整理放松活动不是可有可无的。整理活动主要包括一些深呼吸运动和缓和身体及松弛肌肉的活动，让身体逐步过渡到安静状态。

（2）加强营养补充

人体参加运动后必须要通过饮食中的营养物质来补充所消耗的能量，这是帮助身体恢复，使运动奏效的重要途径。要根据不同性质的身体练习补充不同的食物，如耐力性练习后要注意糖的补充；力量性练习后注意蛋白质的补充等。一般来讲还要注意无机盐和维生素 B1、C 等的补充，有利于调节体内代谢过程恢复与平衡。

（3）物理方法

主要是采用按摩、洗热水澡、冷水刺激皮肤、电兴奋、用甜或酸的水漱口、闻芳香气味等，可以促进恢复过程。

（4）心理调节方法

心理调节主要是采取自我暗示、谈笑话、听相声、听音乐等帮助身体恢复。

体育锻炼是人们有意识地促进人体系统的功能反作用于身体结构，通过运动负荷这一外界约束，促使人体系统远离平衡状态，通过各组织器官的非线性相互作用机制，使人体系统调整到更为有序的分支上，从而提高人体系统的有序结构，提高人体系统的功能，达到增强体质的目的。了解人体在体育锻炼中的能量代谢与恢复，有利于更好地、更科学地制订锻炼计划，增强体质。

第二节　体育锻炼的负荷、时间和频度调控

为了能让我们有一个健康的身体，人们需要采用的是安全并且有利于身体健康的适当的运动量。由于体力、性别、年龄、活动经验、健康状态等身体条件的不同，适当的活动强度也是有所不同的。我们把从运动量的最低线得到的运动效果说成是"有限界限"。实现这两个大致目标的基础是适当的活动强度，我们所谓的活动强度除了跑步、游泳这样的活动项目之外，还和"强度"、"时间"以及"频度"这三个要素有着密切的关系。适当的运动量由这三个要素组成，并且这三个要素成为了判断运动量的基本标准和大致目标。

一、运动量

运动强度是指在单位时间内的运动负荷程度，也就是通常所说的运动激烈程度。一般来说，为达到改善心肺功能及肌肉各项能力，应该遵循适量负荷的原则，即应有适合自己体质基础的一定的运动负荷。如果负荷过大，则会适得其反，容易造成过度疲劳，甚至损伤某些器官；而如果负荷过小，不足以形成对肌体的良性刺激，达不到锻炼的效果。组成运动负荷（"运动量"只是一种通俗的叫法）的主要因素是"量"和"强度"。在进行体育锻炼时，要注意将量和强度的关系处理适当。强度越大，则量就要相应减少，强度适中，则量可以相应加大。而作为以健身为目的的锻炼者，则应将重点放在运动量方面。

除了强身健体，运动训练的另一个最终目的是提高竞技水平和在比赛中取得优异成绩，而竞技体育运动的核心是负荷强度，运动员之间是负荷强度的较量，而不是负荷量。只有平时高强度的训练积累，才能适应比赛对肌体的强烈刺激，使肌体所能承受的负荷强度不断提高。

那么，如何掌握运动强度呢？除了密切关注自我感觉，还可以通过以下几种方法：

1. 通过心率来控制。衡量运动强度的指标，最方便、常用的方法是测定心率。对一个身体正常的人，有一个运动中允许达到的心率，测量运动中的心跳次数来掌握运动强度是最简便的方法。

理想的运动强度计算公式：运动时的合适心跳数＝〔（220－年龄）－安静时心率/分〕×（60%～75%）＋安静时心率/分。

个人的最高心率直接测量比较困难，一般男女均可用220减年龄来估算每分钟的最高心率（也有人建议女子用210减年龄来估算）。例如某人20岁，其锻炼过程的运动强度应控制在心率为：（220－20）×（70%～85%）＝140～170（次/分）的范围内，这被称为有氧锻炼的适宜负荷量。或者用接近极限运动量的心率（一般假定每分钟200次）减去安静时的心率（这里假定每分钟60次）的70%，再加上安静心率基数60次，即运动时的心率为（200－60）×70%＋60＝98＋60＝158（次/分）这是对身体影响最佳的运动强度。

2. 通过精神状态来控制。锻炼后应该是精神饱满，精力充沛，没有困倦疲劳症状。相反，则说明锻炼负荷过大。

3. 通过锻炼的出汗量来控制。一般来讲，进行锻炼达到刚出汗或出小汗的程度较为合适。不出汗说明负荷量不够，大汗淋漓说明运动量过大。

4. 通过锻炼后的饮食来控制。锻炼后如果食欲很好，食量也略有增加，表明其负荷量较为恰当；相反，则说明运动量过大。

5. 通过工作效率来控制。通过体育锻炼，体质增强，记忆力加强，学习与工作的效率提高，表明运动量恰到好处。如果身体消瘦，多病，学习与工作效率下降，则说明锻炼的运动量掌握不恰当，应及时加以调整。

二、运动时间

运动时间是指一次运动持续的时间长度，也可以是一天中运动时间的累加。一般来说，一次运动的持续时间以30分钟最为适当，而其中达到靶强度的时间不应少于10分钟。不过，也必须考虑根据年龄、强度等因素进行适当调整，所以，15至60分钟都应该是合理的。另外，对于上班族，日常运动难以集中整段时间，也可以"化整为零"把运动时间分解成若干个5至10分钟进行。

三、运动频率

运动频度是指每星期运动的次数（天数）。为了要达到健身效果，必须从事规律、有恒的运动。运动不可只限于双休日的突击性锻炼或随心所欲的休闲式活动，而必须有一定的频度。每周如能实施三次持续30分钟以上的运动，且能达到运动时间的理想心跳数，并持之以恒，一定能体会运动所带给你的好处。

根据自身的情况制定合理的运动量，安排适宜的运动时间。保持稳定的运动频率，有益于大学生身心的健康发展。

第三节 运动疲劳的产生与消除

疲劳是人们都经历过的一种生理现象。自从 1880 年生理学家莫索研究人类的疲劳开始，对人类疲劳的研究已经整整一个多世纪。通过不断的研究，人们对疲劳的认识也随之得到了不断地深化和提高。人体在身体锻炼一段时间后，必然会产生疲劳，疲劳是一种生理现象，任何体育锻炼都会产生疲劳，人体只有通过体育锻炼产生疲劳，才能出现身体机能的超量恢复。但是，疲劳的不断积累也可能造成身体的过度疲劳，会对肌体产生不利影响。所以，了解体育锻炼时疲劳产生的原因，掌握疲劳诊断和消除方法，对提高锻炼效果具有重要意义。

一、运动疲劳的产生

运动疲劳是指人体在运动过程中，运动能力及身体功能暂时下降的正常生理现象。运动后出现的正常疲劳对身体并无损害，而且它是对身体的一种保护性信号或称保险阀。它提示人们注意不要过度疲劳。

疲劳是由多方面原因引起的。运动性疲劳是一个复杂问题，由于体育锻炼的形式不同，产生疲劳的原因也不同。疲劳产生的原因主要有以下几种：体内能源物质消耗过多会引起疲劳；肌肉运动收缩时产生的某些代谢产物的积聚会引起疲劳；长时间工作，大脑神经细胞转为抑制会引起疲劳；长时间运动时出汗过多，体内水、盐代谢紊乱及内环境稳定性失调也会引起疲劳的发生。

生理学家通过研究发现，运动疲劳是一个综合性的复杂过程，它与人体多方面的因素及生理变化有关。

（一）运动能力与身体素质的变化是导致运动疲劳的元素

人体的运动能力、身体素质与身体各器官、系统功能紧密相关。身体素质就是人体各器官、系统的功能在肌肉工作中的综合反映，各器官功能的下降，必然影响运动能力与身体素质。譬如，长时间肌肉活动导致肌肉功能下降时，力量与速度必然会下降，于是在完成各种运动练习时，往往会感到力不从心而感觉疲劳，而耐力性运动中如果心肺功能下降，承受耐力负荷的能力当然会降低，肌体就会产生疲劳而降低工作能力。

（二）体内能源贮备的减少和身体各器官功能的降低是导致疲劳的重要原因

供给肌体消耗的能源物质主要是三磷酸腺苷（ATP）、磷酸肌酸（CP）、糖原和脂肪，其中在运动中发挥重要作用的是 ATP、CP 和糖原。如果运动中这些能源物质大量消耗，体内能源物质供给不足，就可能造成身体机能下降。不少实验研究表明，当人体从事运动导致疲劳时，往往伴随体内能源物质消耗较多的现象，在 10 秒以内的短时间大强度运动造成的疲劳主要是 CP 的大量消耗所致，肌肉内的磷酸肌酸可降低至最低点；而在长时间耐力性持续运动中造成肌肉的疲劳主要原因是肌糖原及血糖含量在大幅度下降。能源贮备的消耗与减少，会引起各器官功能的降低，加上肌肉活动时代谢产物的堆积及水、盐代谢变化等影响，肌体工作能力就会下降而出现疲劳。

精神意志因素也与疲劳密切有关，当身体疲劳到达一定程度时，往往主观上会出现疲劳的感觉，这种疲劳感也可以说是疲劳的主观信号。运动中人体各器官、系统的活动都是在神经系统指挥下完成的，神经系统功能的降低，神经细胞抑制过程的加强都会使疲劳加深。此时人的情绪意志状态与人体功能潜力的充分动员关系极大。事实上，人体在感到疲劳时，肌体有很大的功能潜力，能源物质远未耗尽，良好的情绪意志因素可起到动员肌体潜力，推迟疲劳发生的作用。因此，进行运动时，应该全身心投入，保持积极高涨的运动情绪，这对推迟疲劳发生，提高锻炼效果有重要的作用。

体育锻炼的项目多种多样，不同运动项目导致疲劳原因的侧重面会有所不同。短距离跑项目，导致疲劳的原因可能主要是大脑运动区域神经细胞的保护性抑制；缺氧程度较深的中距离跑项目，导致疲劳的主要原因可能是代谢产物堆积过多及环境稳定性失调；超长距离跑等耐力项目，则可能主要是体内能源物质消耗过多而引起的疲劳。

（三）代谢产物堆积

在体育锻炼过程中，伴随着能量物质大量消耗的同时，体内的代谢物急剧增加，代谢产物的堆积可造成体内的代谢紊乱。在所有的代谢产物中，乳酸是造成身体疲劳的主要物质。乳酸是糖元在缺氧状态下的分解产物，乳酸在体内的堆积可使肌肉和血液的 pH 值下降引起脑和肌肉工作能力的下降，特别是在无氧工作中，乳酸被认为是疲劳产生的重要原因。除此之外，脂肪代谢产生的酮体，蛋白质代榭产生的氨类物质在体内堆积都可以使身体疲劳。

（四）水盐代谢紊乱

在炎热的天气进行体育锻炼，身体大量排汗而不注意补充水，或补水不科学，都可造成体内的水盐代谢紊乱，使血浆渗透压改变，引起细胞内外水平衡失调，造成身体机能下降。

（五）保护性抑制

人体的各种体育锻炼都是大脑细胞发放神经冲动所支配的，神经细胞长时间兴奋，也会导致神经细胞本身的工作能力下降。为了避免进一步消耗，神经细胞会产生保护性抑制，因而造成整体工作能力下降。另外，大脑细胞对单调刺激更容易产生疲劳，所以，在长跑等体育锻炼中，两腿周而复始的机械运动对大脑皮层的单调刺激极容易使神经细胞产生保护性抑制。

二、疲劳的判断

科学地分析体育锻炼的疲劳症状，及时判断疲劳的出现是防止过度疲劳，提高锻炼效果重要保障，对体育锻炼者来说，应掌握一些常用的疲劳判定方法。

（一）简易生理指标测定法

生理指标测定法主要有形态变化测定法、肌力测定法、神经系统机能测定法、感觉机能测定法、循环机能测定法、唾液 pH 变化测定法和心理测定法。其中，肌力是常用的生理指标之一，体育锻炼后肌肉力量不增加，反而下降，说明肌体产生疲劳，肌肉力量持续下降说明身体疲劳程度较深。心率是判断疲劳最简单的生理指标，体育锻炼后心率恢复时间延长，或者第二天清晨安静时心率较以前明显增加，表示肌体产生疲劳。

（二）主观感觉

主观感觉是自我判定身体疲劳的重要依据。如果体育锻炼后虽然工作能力下降，但却感到身体轻松、舒畅，食欲和睡眠情况较好，并有一种舒服的疲劳感，说明这种疲劳是体育锻炼的正常反应。如果体育锻炼后，感到头昏、恶心、胸闷，食欲减退，身体明显疲劳，甚至厌恶体育锻炼，说明身体疲劳程度较重，应及时调整活动量，或停止锻炼。

（三）一般观察

在科学仪器的测试条件不具备的情况下，观察法的应用比较普遍。体育锻炼后可以让家人和同伴观察锻炼者的肌体反应。运动后锻炼者面色苍白、眼神无光、反应迟钝、情绪低落，说明锻炼者的疲劳较重。

三、如何推迟运动疲劳的出现

在体育锻炼时，如果运动疲劳出现得迟一些，对提高锻炼效果是有益的。而推迟疲劳的出现，则一般要从下列几个因素考虑。

1. 平时注意坚持经常地体育锻炼和运动训练，努力提高自己的身体素质。

2. 体育锻炼或运动训练时，应该注意运动内容的合理安排。避免因局部负担过重产生局部疲劳，而过早导致全身整体工作能力的下降。因此，在平常锻炼时，运动内容要交替选择，以使身体各部位活动负荷合理变换，从而有助于推迟疲劳的出现。

3. 注意发展与运动项目相适应的供能能力。不同的运动项目，供能系统各有特点。如短跑主要供能系统是 ATP—CP 系统（磷酸原系统），中跑主要是乳酸能系统，长跑主要是有氧代谢系统等。发展不同的供能系统的练习方法各有特点，在锻炼中如能了解这些特点，着重发展该系统能力，则对从事该运动项目时疲劳的推迟会有帮助。

4. 加强意志品质训练，提高心理素质，有利于疲劳时精神意志因素的改善，从而有助于推迟疲劳的出现。

5. 饮食营养的合理安排，对体内能源的充分贮备有积极意义。

四、结束语

实践证明，只有真正了解疲劳产生的生理变化特征，准确地了解人体在运动过程中，疲劳产生的部位和原因，制定行之有效、切实可行的预防措施，正确地选择消除疲劳的方法，做到有的放矢，才能够不断地提高运动技术水平。

读 一 读

过度疲劳的症状

1. 运动后第二天肌肉非常疼痛。
2. 肌肉的疼痛感随着锻炼的次数逐渐加强。
3. 体重不正常地持续下降。
4. 已能完成的练习任务现在完不成了。
5. 安静时心率增加 8～10 次/分。（相同时间和状态下测量）
6. 对运动锻炼感到厌倦。
7. 感冒、头疼等病状增多。
8. 食欲下降。
9. 颈、腋、腹股沟部的淋巴结肿大。
10. 便秘、腹泻。

第四节　体育锻炼基本内容

一、心肺适应能力的锻炼

（一）心肺系统简介

心肺系统是指在功能上有密切联系的循环系统和呼吸系统。心肺系统负责把氧气和营养物质运输到组织，同时把代谢废物（如二氧化碳等）排出体外。体育锻炼时，骨骼肌代谢增强，需氧量大增，肌体通过调节，使心肺系统活动加强以满足运动的需要。

1. 循环系统

循环系统是由心脏和血管组成的管道。心脏实际上是由两个分开的血泵构成：右心，泵血通过肺，称肺循环；左心，泵血通过身体其他各部分，称体循环。

体循环把含氧丰富的动脉血送至身体各部分，并通过毛细血管与组织进行气体（氧气和二氧化碳）和营养物质的交换，交换后动脉血变为静脉血，通过静脉回流至心脏。肺循环把静脉血泵至肺，在肺部静脉血结合氧气，排出二氧化碳，重新成为动脉血并回流至左心。

心脏每分钟所泵出的血量称心输出量，正常成年男子安静时的心输出量约为 5 升/分，剧烈运动时可达 20 升/分，而训练良好的马拉松运动员可高达 35—40 升/分。心输出量受心率（心脏每分钟跳动的次数）和每搏输出量（心脏收缩一次的射血量）的影响。体育锻炼时，心输出量会因心率或每搏输出量的增加而增加。无论男性还是女性，最大心输出量在 20 岁以后都开始下降，这主要是由于最大心率的下降引起的，不同年龄人群的最大心率可由下式获得：

$$最大心率（Hrmax）= 220 - 年龄（年）$$

如 20 岁时最大心率为 200 次/分（$220 - 20 = 200$），60 岁时为 160 次/分（$220 - 60 = 160$）。

血液通过动脉时对血管壁造成的压力称为血压。血压通常用血压计在肱动脉处测量。心脏收缩时血压达最高值，称为收缩压；心脏舒张时血压达最低值，称为舒张压。高血压是指收缩压高于 140mmHg 或舒张压高于 90mmHg。

2. 呼吸系统

呼吸系统的主要功能就是进行气体交换，吸气时，空气进入肺，氧气扩散至血液，二氧化碳由血液扩散至肺并通过呼气排出体外。

人体运输和利用氧的最大能力称最大摄氧量。最大摄氧量是反映心肺适应最有效的指标。在不同强度下运动时肌体耗氧量是不同的，在摄氧量未达到最大摄氧量之前，摄氧量与运动强度呈线性关系，因此常用最大摄氧量的百分比（% VO2max）表示运动强度。最大摄氧量代表心肺系统输氧能力的生理极限。

（二）体育锻炼时心肺系统功能的生理变化

体育锻炼时肌体需氧量增加，循环系统和呼吸系统通过不同调节机制增加摄氧量以满足对氧的需求。

1. 循环系统

为了满足体育锻炼时对氧的需求，运动时肌肉的血流量会增加，运动时肌肉血流量的增加是心输出量增加和血液再分配的结果。血液再分配是指运动时内脏血流量减少，而运动肌肉却血流量增加；心输出量的增加可包括心率的加快和每搏输出量的增加。

在未达到最大摄氧量之前，心率同摄氧量一样，与运动强度也存在线性关系，即运动强度越大心率越快。由于心率很容易测定，因此测量心率被认为是确定运动强度的标准方法之一。体育锻炼时收缩压也增加，但舒张压变化不大。收缩压的增加可加快血液向运动肌肉的流动，不仅可以运输更多的氧，而且可带走更多的代谢废物。

2. 呼吸系统

呼吸系统的功能就是维持动脉血内氧和二氧化碳的恒定。身体运动时呼吸频率加快，以摄入更多的氧和呼出更多的二氧化碳。当运动的强度小于50% VO2max 时，呼吸频率与运动强度都按比例增加；当超过50% VO2max 后，呼吸频率迅速增加以摄入更多的氧和呼出大量的二氧化碳。

（三）心肺适应能力的锻炼

1. 心肺适应能力的概念

心肺适应能力指一个人持续身体活动的能力。心肺和血管的功能对于氧和营养物的分配。消除体内垃圾具有重要的作用，尤其是在进行有一定强度的活动时，良好的心肺功能则显得更加重要。心肺功能越强，走、跑、学习和工作就会越轻松，进行各种活动保持的时间也会越长。

提高心肺功能适应水平常用的耐力练习方法包括综合练习、持续练习、间歇练习和法特莱克练习等。耐力练习通常指以提高心肺功能适应水平为目的的低强度体育锻炼方法（如跑步、步行、骑自行车、游泳等）。研究表明，耐力练习能有效控制体重，降低患心血管疾病的危险性。运动生理学家认为，心肺功能适应是与健康密切相关的最重要生理指标之一。

2. 锻炼心肺功能适应力的方法

发展心肺系统的有氧锻炼方法很多，如骑自行车、爬山、健美操、健步行走和慢跑，有氧锻炼效果最好的方法——健步行走和慢跑。

（四）心肺适应力锻炼应注意的事项

1. 每次锻炼前要做好充分的准备活动，使心率体温逐渐加快与升高，并增加肌肉的血流量，使肌体逐渐适应剧烈的运动。锻炼结束后要做整理活动。以促进血液回流心脏，避免血液过多分布在四肢而造成头晕和昏厥。

2. 锻炼者必须根据自己的实际情况确定运动负荷的大小，运动负荷应由小到大逐渐提高。开始从事练习或中断练习后恢复练习时，强度减小，时间短不要急于求成。

3. 要注意提高人体已经适应的运动负荷，使心肺耐力保持不断增长的趋势，但要加强自我监督。监控心率，密切注意身体机能的不良反应，感觉不适时要减少练习和运动量。

4. 不应经常在硬地上跑，特别是柏油马路。服装要宽松适体吸汗，鞋袜要轻柔透气，以保持良好的锻炼心情。

（五）心肺功能适应的运动处方

心肺功能适应的意义是多方面的。心肺适应水平高的最明显益处就是减少患心脏病的危险性，延年益寿。其次为减少患 II 型糖尿病的危险、降低血压和增加骨骼密度。

心肺适应水平越高，精力和体力就越充沛，不仅能完成更多的工作，而且不易疲劳。另外，心肺适应水平高者，睡眠质量也会更好。

1. 每次锻炼运动处方的基本组成

在制定运动处方之前，必须了解自己的心肺适应水平和健康状况。运动处方中的每次锻炼都应包括以下三个主要组成部分：准备活动、锻炼模式和整理活动。

（1）准备活动

准备活动的目的是加快心率、升高体温，并增加肌肉的血流量。准备活动通常是进行 5 至 15 分钟舒缓的运动，这可使肌体逐渐适应剧烈的运动。选择不同方式锻炼时，准备活动的具体内容有所不同。如选择跑步作为锻炼方式，可按以下步骤进行准备活动：

1）1 至 3 分钟轻松的健身操（或类似的活动）练习。

2）1 至 3 分钟的步行，心率控制在高于平时的 20 ~ 30 次/分。

3）2 至 4 分钟的拉伸练习（可任意选择）。

4）2 至 5 分钟的慢跑并逐渐加速。

如果选择其他的锻炼方式而不是跑步，在按照以上步骤的同时以相应的活动方式替代步骤 2 和 4 即可。

（2）锻炼模式

锻炼模式是运动处方中最主要的组成部分，它包括锻炼方式、频率、强度、持续时间等。

1）锻炼方式

常见的增强心肺适应能力的锻炼方式有步行、慢跑、骑自行车、游泳等，凡是有大肌群参与的慢节奏的运动都可以作为锻炼方式。

在选择锻炼方式时，首先应选择你喜欢的运动，只有从事喜欢的运动，你才容易坚持下去；其次要考虑到可行性和安全性。冲击力强的运动（如跑）比冲击力小的运动（如游泳和骑自行车）更易引起锻炼者受伤。对于容易受伤的人来说，最好选择冲击力小的锻炼方式，而很少受伤的人可以任意选择锻炼方式。

以往，人们常常只选择单一的锻炼方式，这不仅枯燥无味而且容易受伤。建议你采用综合性的锻炼方式，最好一次锻炼包括不同的练习内容。

2）锻炼频率

一周进行 2 次锻炼就可获得心肺适应能力，锻炼 3 至 5 次可使心肺达到最大适应水平，且受伤的可能性减小，但一周锻炼超过 5 次并不能引起心肺适应水平的进一步提高。

3）运动强度

运动强度接近 50% $VO_2 max$ 时即可获得心肺适应能力，故常把这一强度称为锻炼阈。目前推荐的运动强度范围为 50% 至 85% 最大摄氧量。

在确定运动强度时，心率指标比最大摄氧量指标更实用，因此常用心率间接地表示运动强度。只有超过一定强度的运动才能有效地引起肌体的适应，该强度所对应的心率称目标心率。目标心率常以最大心率的百分比表示，50% 和 85% 最大摄氧量的运动强度所对应的心率值分别为 70% 和 90% 最大心率，因此目标心率是 70% 至 90% 最大心率，如年龄为 20 岁的大学生目标心率的计算方法如下：

最大心率＝220－20＝200 次/分，200×70%＝140 次/分，200×90%＝180 次/分

4）持续时间

提高心肺适应水平最有效的一次锻炼时间是 20 至 60 分钟（不包括准备活动和整理活动）。起初每个人的适应水平和运动强度不同，所以锻炼持续的时间应有区别。对于一个适应水平较低的锻炼者而言，20 至 30 分钟的锻炼就可提高心肺适应水平，而适应水平高的锻炼者可能需要 40 至 60 分钟。低强度的锻炼要求练习的时间长于大强度的练习时间，如以 50% VO2max 的强度进行锻炼，需要 40 至 50 分钟才能有效地提高心肺适应水平；而以 70% VO2max 强度进行锻炼，仅需 20 至 30 分钟即可。

（3）整理活动

每次完整的锻炼都应包括整理活动。整理活动的主要目的是促进血液回流至心脏，以避免血液过多分布在上肢和下肢而造成头晕和昏厥。整理活动还可减轻剧烈运动后的肌肉酸痛感和心律失常。整理活动至少应包括 5 分钟的小强度练习（如步行、柔韧性练习等）。

2. 个体运动处方的制定

每个锻炼者提高心肺适应水平的运动处方通常包括三个阶段：起始阶段，渐进阶段和维持阶段。

（1）起始阶段

许多人开始锻炼时热情有余，期望很高，以至于锻炼初期运动量过大，结果导致肌肉酸痛和过度疲劳，以致影响了坚持锻炼的信心。因此，在锻炼初期目标不能太高。锻炼起始阶段最重要的是让肌体慢慢适应运动，可根据不同适应水平持续 2 至 6 周。

起始阶段的每次锻炼同样包括准备活动、锻炼模式（强度不应超过 70% 最大心率）和整理活动。起始阶段锻炼时应注意以下几点：

1）在以某一强度锻炼时应比较轻松。

2）感觉不适时不要延长运动时间。

3）有疼痛或酸痛感时应停止运动，让肌体充分恢复。

（2）渐进阶段

渐进阶段时间较长，约持续 10 至 20 周。在这一阶段，锻炼的强度、频率和持续时间应逐渐增加。虽然每个人设置的目标不同，但锻炼频率应达到 3 至 4

次/周，每次锻炼持续时间不短于 30 分钟，强度应达到 70% 至 90% 最大心率。

（3）维持阶段

锻炼者通过 16 至 28 周的锻炼即进入维持阶段。锻炼者在这一阶段已经达到锻炼目标，没有必要再增加运动量，但怎样才能维持已有的锻炼效果，即多大的运动量可防止心肺适应水平的下降。维持心肺适应水平的主要因素是运动强度，若运动强度和锻炼时间都维持在渐进阶段最后一周的水平，以及锻炼频率降至 2 次/周时，心肺适应水平也无明显降低；若保持渐进阶段的锻炼频率和强度，锻炼时间可减至 20 至 25 分钟，相反，在锻炼频率和时间都不变的情况下，强度减少 1/3 就可使心肺适应水平明显降低。因此在运动强度不变时，适当减少锻炼频率和时间仍然可保持锻炼效果。

心肺功能适应的益处包括降低患病的危险性、更好地胜任日常学习和增强自尊感。增强心肺适应能力可以为大学生更好的学习生活创造条件。

二、肌肉力量和耐力的锻炼

（一）肌肉力量与肌肉耐力的概念

1. 肌肉力量

肌肉力量是肌肉收缩产生的张力，张力是一块肌肉或肌肉群一次竭尽全力抵抗阻力的活动能力。所有的身体活动都是由肌肉收缩克服阻力产生的，均需要用力量，力量被认为是一切体育活动的基础，肌肉强壮有助于预防关节的扭伤、肌肉的疼痛和身体的疲劳。如果腹肌力量较差，往往会导致驼背现象。需注意的是，不应该在强调某一肌肉群发展的同时而忽视另一肌肉群的发展，否则会影响身体的结构和形态。肌肉力量在人体生命活动和体育锻炼过程中起十分重要的作用

2. 肌肉耐力

肌肉耐力是指一块肌肉或肌肉群在一段时间内重复进行肌肉收缩的能力，与肌肉力量密切相关。一个肌肉强壮和耐力好的人更易抵御疲劳的发生，因为这样的人只需花相对少的力气就可以重复收缩肌肉。

（二）发展肌肉力量、耐力的意义

大多数人认为，加强肌肉力量和耐力练习可增加肌肉体积和提高运动成绩，但他们并不真正知晓其健康价值，即减少脂肪和体重的重要意义。增加肌肉力量和耐力对人的一生都有益处，研究表明，随着年龄的增加，人的基础代谢率下降，能量消耗减少，体重和体脂会慢慢地增加。由于肌肉总量呈下降趋势，人的基础代谢率每 10 年下降 3%。不喜好运动的成年人每年约减少 0.35 千克的肌肉，增加 0.25 千克的脂肪。60 岁的人比 20 岁的人基础代谢率约下降 12%，一位 60 岁的普通人比 20 岁的人处于休息时每天约少消耗 280kcal 的热量，每 12 ~13 天少消耗约 0.5 千克脂肪的热量，每月近 1.5 千克，每年约 15 千克，基础

代谢率下降虽少，但脂肪和体重的增加却很明显。

比较两位体重相同，肌肉相差5千克的正常人，肌肉含量高的人基础代谢率也明显地高。一些专家研究指出，每0.5千克肌肉每天约多消耗30~40kcal的热量。换句话讲，增加0.5千克肌肉每年消耗掉的额外热量约相当于1.5~2千克脂肪的热量。通过节食和服用减肥药能迅速减轻体重，这并不利于健康，并且皮肤会变得松弛。而力量练习不仅能达到减轻体重的目的，还可以使皮肤保持弹性，但这种锻炼效果并非一日之功，应根据自己的年龄和当前的身体状况，需12个月或更长时间有计划地进行有氧练习、肌肉力量、耐力练习以及合理的饮食，才会明显地减少体脂，皮肤才有足够的时间恢复弹性。所以，有规律地锻炼和合理的饮食比节食减肥更有利于健康。

力量练习还可以加强关节周围肌肉的力量，防止肌肉、肌腱和韧带的损伤，困扰许多中老年人的腰痛病，可以通过增加腰部和臀部伸肌的力量和柔韧性而得到缓解。

（三）影响肌肉力量和耐力的因素

1. 影响力量的主要因素

（1）肌肉体积

肌肉体积与肌肉力量有着密切的关系，肌肉体积的大小可用肌肉横断面积的大小来表示。肌肉横断面积越大，肌肉的体积就越大，肌肉力量也就越大，而且这种关系不受年龄、性别的影响。体育锻炼或体力劳动在提供肌肉力量的同时总是伴随着肌肉体积的增加。肌肉生理横断面增大是由于肌纤维增粗造成的，而肌纤维的增粗则主要是收缩性蛋白质含量的增加。因而两种蛋白质微丝收缩滑行时产生的力量就增大。负重肌肉力量练习对增大肌肉生理横断面有良好效果

影响肌肉体积的因素主要有两个：一是单个肌纤维的直径，二是肌肉中肌纤维的数量。体育锻炼，特别是有针对性的力量练习可以促进体内蛋白质的代谢，增加蛋白质的合成，提高肌肉蛋白质的含量，通过增加单个肌纤维的直径而使肌肉体积增加，也可以通过增加肌纤维的数量，使肌肉体积增加。

（2）肌群的协调能力

在现实生活中，常见到两个人肌肉发达程度相似，但力量并不相同，这是由于肌肉中肌纤维的动员程度及各肌肉群之间的协调能力的差异造成的。一个不经常锻炼的人，最大用力时大约只能动员60%的肌纤维参加活动，而经常训练的运动员，则可动员90%的肌纤维参加活动，力量当然就大。

（3）肌肉收缩前的初长度

肌肉收缩时的力量大小，与肌肉收缩前的初长度有关。在一定范围内，肌肉收缩前的初长度越长，收缩力也就越大，如果肌肉收缩时已经处在缩短状态，则不能发挥最大力量，只有当肌肉收缩时肌肉处在适宜的预先拉长状态，才能

有利于最大力量的发挥。正确的运动技术多包含这一因素，如投掷标枪前的引枪，跳跃前的预蹲，踢球前腿的后摆等，都是为了调节工作肌初长度的动作，用以发挥更大的力量。因此，掌握正确规范的运动技术动作，也是发挥最大肌肉力量的重要条件。

（4）肌肉收缩的代谢适应

肌肉的收缩放松有赖于能量的供应，肌肉中毛细血管网的分布，三磷酸腺苷酶、肌激酶的活性、肌糖元的储备与供应、肌贮氧能力等，直接影响肌肉力量的发挥。肌肉活动时，这些物质条件的保证，主要靠心血管系统与呼吸系统的功能输送供给。因此，心血管系统与呼吸系统机能的提高，对肌肉力量的发挥非常重要。经常进行力量锻炼，能使肌肉产生一系列代谢适应性变化，如肌肉中毛细血管网增加，保证氧气及养料的供给，肌肉中能源物质含量增加，肌肉内各种酶活性提高等，可以保证肌力的发挥。

（5）肌纤维类型

骨骼肌的肌纤维可分为红肌纤维和白肌纤维两种类型。白肌纤维收缩产生的力量大，红肌纤维收缩产生的力量小。肌肉中肌纤维类型的比例受遗传因素的影响，肌肉中白肌纤维比例越大，肌肉收缩力量也就越大。力量和速度练习可以增加肌肉中白肌纤维比例。

（6）神经调节

肌肉收缩的力量，除决定于肌肉本身的形状、机能特点外，还与神经系统的调节机能有关。神经系统可以通过两种方式调节肌肉力量：一种是通过发放强而集中的兴奋，动员尽量多的肌纤维参与收缩，以增大肌肉力量，有些人在肌肉最大收缩时也仅能动员 60% 的肌纤维参与收缩，而有些人则可动员 80% 以上的肌纤维参与收缩，显然在其他条件相同的情况下，后者的肌肉力量更大；二是通过增加神经中枢发放神经冲动的频率增加肌肉力量，神经冲动频率越高，肌肉力量越大。神经系统对肌肉力量的影响作用可以解释为什么有些人看上去虽然肌肉体积并不大，但肌肉力量却较大的现象。

（7）年龄、性别、体型、力量机械因素等，也是影响肌肉力量不可忽视的因素。

2. 影响耐力的主要因素

1）大脑皮层运动中枢机能的稳定性。特别是周期性运动耐力练习，因长时间单调的本体传入冲动，会引起大脑皮层兴奋性的降低。大脑皮层对单调刺激的耐受性，即大脑皮层运动中枢的机能稳定性，在一定程度上是决定一般耐力的重要因素。此外，大脑皮层运动中枢兴奋与抑制的集中和准确性也与一般耐力素质有关，而耐力练习可使运动中枢的兴奋和抑制更加集中和准确，因而，肌肉就更加省力，能量消耗出现"节省化"，使运动中枢神经元及肌纤维有交替休息的机会，从而能推迟疲劳的出现，提高耐力。

2）肌肉本身的解剖生理特点。肌肉组织中慢速纤维（亦称红肌纤维）的数量多，耐疲劳性能强，是发挥耐力素质的重要条件。

3）肌肉中能源物质的储备量的多少，与耐力素质有一定的关系，特别是肌糖元的含量。

4）力量、步频、年龄、性别、体型、肺活量、温度等，也是影响肌肉耐力不可忽视的因素。

（四）增加肌肉力量，耐力练习的原则

1. 渐增阻力原则

渐增阻力原则是超负荷原则在肌肉力量、耐力练习中的应用。尽管超负荷原则与渐增阻力原则可以相互替换，但在力量练习中，更常用渐增阻力原则。渐增阻力原则指肌肉力量、耐力因超负荷训练而增加，但由于力量、耐力的增长，原来的超负荷则变成了非超负荷或低负荷，此时如果不增加负荷，力量、耐力就不能增长，因此力量练习必须遵循渐增阻力原则。

2. 专门性原则

肌肉力量、耐力练习中要充分考虑不同的运动项目对专项力量、耐力的需求程度。首先，得到锻炼的肌肉应该是在耐力和力量方面需要改善的肌肉，如腰痛，就应该增强腰部力量，若锻炼上肢力量则对腰痛的缓解没有多少益处。其次，提高肌肉的力量和耐力应采用不同的运动强度。大强度运动（举重物时仅能重复 4 ~ 6 次）能增加肌肉的力量和体积，但不能增加肌肉的耐力。采用低强度重复次数多的练习（能举轻的负荷 15 次或者更多）可提高肌肉的耐力，而肌肉力量增加不明显。

3. 系统性原则

根据用进废退的原理，力量练习应系统地安排。研究表明，练习频率高，肌肉力量增长很快者，停止练习后消退也快；而练习频率较低、训练时间较长，肌肉力量缓慢增长者，力量保持的时间则相对较长。

许多研究结果显示：每周进行 3 ~ 4 次的力量练习，可使肌肉力量明显增长。

（五）提高肌肉力量的方法

由于肌肉有等张和等长两种收缩形式，因此，肌肉力量可分两大类：等张力，即动力性力量。等长力，即静力性力量。肌肉力量是在加大阻力的条件下增加的，练习肌肉的抗阻能力，就是肌肉收缩时给予负荷以增强肌肉力量，如较重的体力劳动、抵抗外部阻力的运动、克服本身体重的运动，对抗性运动等。由于力量素质的性质不同，练习方法也分为等张力练习法、等长力练习法与等动力练习法三类，此外还有点刺激法。

（六）发展肌肉耐力的方法

发展肌肉耐力，一般采用轻重量，多次重复，持续时间长，尽量达到极限负荷为止的练习，并随着训练的进程，不断增加次数和练习时间。如采用各种轻重量、多次数、长时间的力量练习，穿沙衣或者带沙袋的长跑，多次跳跃练习等。

（七）影响肌肉力量、耐力练习效果的若干因素

1. 强度

强度即负重抗阻的大小。一般讲，用极限负荷85%以上的重量为大强度，60% ~80%为中等强度，50%以下为小强度，通常以竭尽全力只能做1~3次的重量为大强度，6~12次为中强度，15次以上为小强度。负重抗阻练习是增强肌肉力量的基本手段，而肌肉力量练习的效果又与训练组间间隔时间有关，力量练习各组间的间隔时间，一般以肌肉能完全恢复为准。肌肉在练习后的3~5秒时已恢复50%，2分钟时完全恢复。如果练习目的是为了增强肌肉力量，练习的时间间隔不太重要，一般在1分钟左右；如果是为了增加肌肉的耐力，在6~8周训练中，练习时间间隔应从2分钟减少到30秒。

2. 每次锻炼时间间隔

对于一般锻炼者来说，没有必要每天都进行力量训练，即使是为了专门发展肌肉力量，采用隔天力量练习，也足以取得理想效果。如果每天都进行力量练习，不仅提高肌肉力量的效果不明显，而且还会造成整体机能的不协调发展。如果是进行全身的肌肉练习，每隔一天进行练习会获得最佳的锻炼效果。倘若休息时间较短，身体不能完全恢复，锻炼效果也会较差。假如每天坚持力量练习，你每天应训练不同的肌肉群。例如，星期一、三、五练习上肢力量，二、四、六练习下肢力量。但应注意恢复时间不能过长（4天或4天以上），否则，练习获得的力量和耐力便会消退。

3. 负荷

在进行力量练习时，应根据自己的实际情况选择合适的负荷，但无论选用什么样的负荷，都要遵循由小至大的原则，切勿突然增加运动负荷造成运动损伤。

4. 运动速度

只要进行动力性肌肉力量练习，就存在动作速度问题。负荷和速度之间有着密切关系，负荷越大，速度就越小。锻炼者要根据练习的要求合理安排。

（八）注意事项

1. 练习前应充分做好准备活动。

2. 不论用何种方法，肌肉力量增长后，必须随之加大负荷量，以继续提高极限负荷能力，从而继续提高肌肉的收缩力量。

3. 练习时间的安排，即两次练习的间隔时间。有人做了试验，把参加试验的人分成两组，一组隔日训练，一组每天训练，内容方法相同，两组力量增长比较：隔日训练组增长率为77.6%，日日训练组增长率只有47%。原因主要是由于大负荷力量练习，使每日训练组疲劳没有充分消除，影响了训练效果，特

别对初练者更宜采用间隔练习。

4. 重视肌肉随意放松能力的培养，肌肉放松能力的提高，不仅有助于肌肉力量的发挥和增长，同时也能防止肌肉出现僵硬现象。

5. 力量练习应注意安全，避免受伤，练习结束应充分整理放松或者按摩。

读一读

不同的重量、次数、组数和间歇时间的组合，引起不同的锻炼目的和效果。

1. 大重量、少次数、高组数、长间歇——主要用于提高绝对力量。

2. 中大重量、中次数、中组数、中间歇——主要用于增加肌肉

3. 中重量、中次数、高组数、短间歇——主要用于突出肌肉线条。

4. 中小重量、高次数、中高组数、短中间歇——主要用于加强耐力和心肺血管功能。

5. 小重量、超高次数、高组数、长间歇、配合合理节食——主要用于减肥。

三、柔韧性的锻炼

（一）柔韧性概念

柔韧性是指身体各个关节的活动幅度或活动范围，跨过关节的肌肉、肌腱、韧带、皮肤的弹性和伸展能力，可以通过经常性的身体练习而得到提高。柔韧性是绝大多数的锻炼项目所必需的体能成分之一，对于提高身体活动水平、预防肌肉紧张以及保持良好的体态具有重要作用。在健美操、武术等活动中，都要求肌体具备一定的柔韧性，对于女青少年来说，柔韧性就显得更为重要。

（二）柔韧性的种类及特点

柔韧性和柔软性不能混为一谈，虽然两者都可用肢体活动幅度的大小来衡量，可它们实质上是有区别的。从字义上讲，柔韧是既柔又坚韧，即柔中有刚，刚柔相济；而柔软只是柔而不硬，即柔中无刚，刚柔不济。从性能上看，柔韧是在幅度中含有速度和力量因素，即在做大幅度动作时，肌肉仍能快速有力地收缩；而柔软只是幅度大，却缺乏速度和力量，做动作时软绵绵的，打得开却收不拢。

体育锻炼是发展柔韧性而不是柔软性。柔韧性的分类有如下几种：

1. 柔韧性从其与专项的关系看，可分为一般柔韧性和专项柔韧性。一般柔韧性是指为适应一般技能发展所需的柔韧性体能；专项柔韧性是指专项锻炼所需的特殊柔韧性，由于专项柔韧性具有较强的选择性，因此，同一身体部位具有的柔韧性由于项目的需求不同，在幅度、方向等表现上也有差异。

2. 柔韧性从其外部运动状态上看，可分为动力柔韧性和静力柔韧性。动力柔韧性是指肌肉，肌腱、韧带根据动力性动作需要，拉伸到解剖学允许的最大

限度范围，随即利用强有力的弹性回缩力来完成所要完成的动作。所有的爆发力前的拉伸均属于动力柔韧性。静力柔韧性是指肌肉、肌腱、韧带根据静力性动作的需要，拉伸到动作所需要的位置角度，控制其停留一定时间所表现出来的能力。动力柔韧性建立在静力柔韧性的基础上，但必须要有力量素质的表现。静力柔韧性好，动力柔韧性不一定好。

3. 从完成柔韧性练习的表现上看，可分为主动柔韧性和被动柔韧性。主动柔韧性是人在主动运动中表现出来的柔韧水平。被动柔韧性则是在一定外力协助下完成或在外力作用下（如同伴协助做压腿练习）表现出来的柔韧水平。主动柔韧性不仅可反映对抗肌的可伸展程度，而且也可反映主动肌的收缩力量。一般来说，主动柔韧性要比被动柔韧性要差，这种差距越小，说明柔韧性的发展水平越均衡。

4. 从柔韧性的身体不同部位上看，可分上肢柔韧性、下肢柔韧性和腰部柔韧性。

（三）发展柔韧性的锻炼方法

提高关节柔韧性的主要方法是做牵拉练习。牵拉练习可分为两种，一种是动力性牵拉，一种是静力性牵拉。动力性牵拉主要是进行节奏较快并多次重复同一动作的练习，如连续踢腿、摆腿等。动力性练习可以提高关节在运动中的活动幅度，以适应专项体育活动的需要。静力性牵拉主要是一些缓慢的牵拉练习，在做高柔韧性练习时，最好两种方法相结合使用。

发展关节的柔韧性，应根据参加锻炼项目的特点，有目的、有选择地进行练习。柔韧性练习一般在适当的热身运动以后进行，也可安排在每次锻炼的结束部分进行。为了防止受伤，应先采用静态伸展肌肉法，然后才能进行弹性伸展法。

（四）柔韧性练习强度、时间和次数

柔韧性练习应采用缓慢、放松、有节制和无疼痛的练习，只有通过适当的努力，柔韧性水平才会提高。肌肉的伸展会有酸胀的感觉，但不应过分伸展而引起不适，拉伸的强度随关节的活动范围增加而改变。随着柔韧性在锻炼过程中的提高，练习强度应逐渐加大，做到"酸加、痛减、麻停"。

柔韧性练习的时间由采用的伸展方式决定，它主要取决于重复的次数和伸展位置上停留的时间。每个姿势持续的时间和次数是逐渐增加的，应从最初的10秒至过一段时间的练习增加至30秒，重复次数在3次以上。如果是平时体育锻炼时进行柔韧性练习，5~10分钟的时间就足够了；如果是专门为了提高柔韧性的练习或运动员的训练，则必须要有15~30分钟的时间安排。

在一生中应当不间断地进行柔韧性练习，这不仅能保持肌肉的放松柔韧、加大关节活动幅度、提高灵活性、增强运动能力，还能防止关节僵硬、消除受伤后的疼痛、减少运动后肌肉酸痛的可能性，让人拥有一种积极、健康、有质量的生活。要保持关节柔韧性，需要不间断地进行有规律的伸展练习。同其他的体能锻炼一样，科学、合理地制订出短期和长期的柔韧性锻炼计划，对提高关节柔韧性十分重要。值得注意的是，柔韧性练习是体能锻炼中最易被忽视，但又是最简单易行、最易见效的。柔韧性练习不需要任何特殊器械，可以在任何时间、任何地方进行。合理地制订出每周 3 ~ 5 次的柔韧性锻炼计划，执行所制订的练习时间表，记录下每次的练习情况及进步，你就能养成坚持锻炼的习惯，将会终身受益。

四、控制体重

作为人类文明进步的主要标志之一，科学技术在人们日常生活及工作中的含量越来越高。人们休闲时间的增加，食品的选择也更加丰富，但身体活动的时间减少，体力消耗的比例下降，这样就出现了所谓的"现代科技双刃剑"，即现代科技一方面使人的生活更加舒适，另一方面又使人的能量收入盈余，表现为身体体重增加，甚至出现肥胖。特别是儿童少年，在该年龄段的肥胖将导致成年时体脂过多。尽管目前我国少年儿童的平均身高也在增加，但是体重的增加量更大，并且主要是身体的脂肪比例提高。研究表明，15 ~ 69 岁的肥胖男性其死亡率高出正常体重男性50%，每高出正常体重10%，其寿命可能减少一年。肥胖个体的生活质量也会因体重的关系受到影响。在你了解了身体成分、能量平衡、体育锻炼与饮食营养在减轻体重方面的作用等知识后，就能在日常生活中科学地控制自己的体重，以适应现代社会对我们的挑战。

（一）体重控制相关指数

1. 体重指数（BMI）测试

BMI 测试是一种辅助性的测定身体成分的方法，体重指数反映了个人身体成分的状况。其计算公式为：体重指数＝体重（kg）／身高（m）^{2}。

计算出你的 BMI 后，既可评价体脂程度，低百分比体脂者的 BMI 也低。中国肥胖问题工作组，根据 20 世纪 90 年代中国人群有关数据的汇总分析报告，首次提出了适合中国成人的肥胖标准：体重指数大于 24 为超重，大于等于 28 为肥胖；20 ~ 24 为正常体重。

研究表明，对男性而言，理想的体脂在10% ~ 20%范围之内；对女性而言则是15% ~ 25%，此体脂范围称最适范围。在这个范围内，与体脂有关的各种疾病的发生率较低。体脂高于最适范围，就容易产生疾病。体重指数每增加2，冠心病、脑卒中、缺血性脑卒中的相对危险分别增加15.4% 、6.1%和18.8%。

2. 根据身高与体重的关系推算标准体重

常用公式：

标准体重（kg）＝身高（cm）－100（身高155cm 以下者）

标准体重（kg）＝［身高（cm）－100］×0.9（身高155cm 以上者）

在标准体重上下 10% 范围内为正常体重；超过标准体重 10% ~ 19% 为超

重，超过 20% 为肥胖。

肥胖程度的划分：体重超过标准体重的 20%～30% 为轻度肥胖；超过标准体重的 31%～50% 为中度肥胖；超过标准体重的 50% 以上为重度肥胖。应注意：对于那些举重运动员、投掷运动员不能采用这种方法判定肥胖，因为他们只是肌肉发达导致体重增大，但不代表是肥胖。

3. 体脂测定

测试方法有水下称重法、皮褶测量法、阻抗法等。

男性体脂百分比的正常标准为 15%，女性为 22%。男性超过 25%、女性超过 30% 为肥胖。体重是指身体成分的总重量，而身体成分又是指组成人体各组织、器官的总成分，其生理模型由体脂（脂肪体重）和去脂体重（瘦体重）两部分组成。

体重 = 瘦体重（LBM）+ 脂肪体重（BF）

其中，瘦体重包括肌肉、骨骼、器官、体液及皮肤等非脂肪组织，它与体力、有氧能力及最大吸氧量成正相关。因此，在控制体重时，要尽可能地去除多余的脂肪，并使瘦体重得以保持。在运动生化中身体成分通常以体脂百分数来表示，即：

体脂百分数 = 体脂重量 ÷ 体重 × 100%

合理地控制体重的实质就是合理地控制体脂百分数，即控制脂肪在体重中的含量，所以抑制脂肪的合成和促进脂肪的分解是控制体重的关键。

（二）体重控制的原理

1. 成人体脂分布

脂肪存在于所有体细胞中，然而有一种特殊的细胞，它专门贮存脂肪，被称为脂肪细胞。体脂具有保护组织器官及贮存能量的作用。一般来讲，人类体脂分布在腹部的较多，女性的臀部和大腿部较男性有更多的脂肪。

成人的体脂分布与遗传因素和激素的分泌有关。近年的一些研究证据表明，女性成年人的体脂分布常见于臀部、大腿上部和上肢背面，而腹部的分布却相对显得较为适中。由于激素的作用，女性身体脂肪的分布更趋于躯干的下面。减体重或者通过体育运动来消耗体脂主要是针对蜂窝状组织，即臀、大腿上部、上臂等体脂。

2. 能量平衡的评估

如果你的身体重量一直保持相对恒定，那么一定是你的摄入能量和消耗能量之间保持着平衡，即摄入食物中所含能量与身体各系统所消耗的能量相等。因此，若要建立一套科学的减体重和增体重的系统方案，在各种复杂的因素中充分考虑卡路里的绝对值是极其重要的。科学地评估卡路里的摄入量和消耗量是体重控制过程中的重要环节。

如果要减轻体重就要改变一下生活方式，多进行一些体育运动，即多消耗一些卡路里；如果增加体重，就请多吃一些食物，即增加一些卡路里的摄入。总之，卡路里就是增加或减轻体重的关键所在。

3. 体育运动与能量消耗

无论是竞技性的体育比赛还是娱乐性的体育运动，其结果都将导致身体能量的消耗增加。如果在坚持体育运动的同时，控制饮食中得到的能量，即身体能量的消耗大于饮食营养的摄入，则身体重量就会下降。

体育运动中的能量消耗量主要取决于运动类型、负荷强度、运动持续时间以及个体的身体大小，见表 7-1 所列。

表 7-1

运动类型	运动时间及对应消耗能量	
项　　目	kcal/kg 体重	时间（s）
蛙泳	0.163	25
自由泳	0.156	26
篮球	0.139	28
高强度有氧舞蹈	0.134	30
慢跑（72 分/千米）	0.134	30
足球	0.132	31
爬山	0.121	33
网球	0.11	36
中等轻度有氧舞蹈	0.104	38
自行车	0.099	40
羽毛球	0.097	40
远足	0.093	43
乒乓球	0.068	59
排球	0.051	79
散步	0.042	96
台球	0.04	100

可见，只要你参与体育运动，就会涉及科学健身的问题。在运动中的运动类型、强度、时间及自身的状况，都与体育运动的目的和效果密切相关。

4. 体重控制的"置点"理论

人体具有精确调节自身各种机能的内在系统。身体重量就是这种调节过程的目标之一，每个人的身体重量似乎都在一个已经设置了的生理恒值（设置点），肌体将抵抗各种试图增加或减少已设置重量的各种因素，以保持其原有的体重范围。这就是为什么在艰苦地增加或减少体重的几个月或数年后，身体重量依旧恢复如初的缘故。如果依靠节食减肥，在最初的 2 小时之内，身体的代谢率就会相应下降 5%～20%，这就意味着能量消耗自动减少，而能量贮存则自动增加。长期效应表现在，如果肥大的脂肪细胞萎缩，就会有信号反馈给中枢神经系统，其结果是饮食行为发生变化，强烈的饥饿感促使人们摄入更多的卡路里来恢复体内业已设置好的重量。这就好像日常生活中的空调一样：一旦温度设置完毕，它就通过制冷或制热来保持这一"置点"。克服这个"置点"被证明是困难的。仅靠意志去忍受饥饿带来的痛苦是不能有效地减肥的。研究结果告诉我们：减肥—复原—再减肥—再复原的模式最终会导致体内"置点"的提高，其结果可能超出原有体重，而且更大的副作用在于肌肉组织减少，脂肪组织增加。每周 4～5 次的有氧体育锻炼辅以科学的饮食方案就可以调低"置点"，使体重减少并保持在较低水平。

（三）控制体重的措施与方法

最佳的降低体重的方法就是体育运动与节制饮食相结合，这比只运用一种方法更能有效地降低体重。从长远的眼光看，要想成功持久地控制体重，避免降体重后的"反弹"，必须养成体育运动和节制饮食的良好习惯，形成一个崭新的、充满生命活力的生活方式。

1. 膳食控制法

饥饿感主要指一个人先天的生理反应过程，而食欲则主要指一个心理感受过程。我们常常会遇到这样的情形，在不饿的时候，出现对某种食物的偏爱而产生食欲，而在对任何食物都无欲望的时候，往往要忍受饥饿的折磨。因此，饥饿是一个主动的体验，而食欲则是一个被动过程。了解饥饿、食欲及控制食物摄取的相关因素对帮助人们控制体重是非常重要的。

令人遗憾的是，身体内调节食欲的机制目前仍然有许多谜团。研究者正在试图从中枢神经系统、肝脏、消化道等外围向中枢的反馈过程，激素的分泌活动以及日常饮食中蛋白质与碳水化合物的比例中去寻求一些答案。现代研究成果可以概括为以下几点：

（1）保持胃中以低卡路里的食物充盈；

（2）提高血糖的水平；

（3）增加流食特别是水的摄取；

（4）蔬菜汁或果汁是较好的选择；

（5）在吃正餐前食入一些糖果；

（6）在食入同等量的食物时，尽量延长进餐时间。

通过控制饮食来减轻体重时，其结果是身体的代谢率下降以及能量贮存的增加，如果这时体重变轻往往不是脂肪的减少而是水分和肌肉的减少。因此，利用膳食控制体重时，需注意要使每天摄取的热量低于消耗的热量，使热能负平衡。但热能的减少必须缓慢而持久，逐步诱导体内实现新的热能平衡，才能逐步促使体内脂肪消耗。节食也要适可而止，以免妨碍蛋白质、维生素、钙、铁等微量元素摄入。

在实施膳食控制法减轻体重时，也要注意自己的生活方式，要实现"以静为主"向增加体育活动的生活方式转变，积极参与体育活动，改变不良生活习惯，如睡懒觉、吃饭狼吞虎咽等。

2. 运动控制法

体育锻炼是健康乐观生活方式的基本组成部分。与其在生活中长期忍受饥饿感的折磨，还不如去参加体育锻炼。体育锻炼在控制体重方面的作用主要表现在以下几个方面：

（1）体育锻炼可降低食欲

体育锻炼可以降低食欲，因此能减少体脂，控制体重。甚至小学年龄段的儿童也存在着体育锻炼与食欲的负相关。体育锻炼一方面增加了能量消耗，一方面通过降低食欲来减少能量从食物中的摄入。

（2）体育锻炼能最大限度减少体脂以及保持肌肉组织的重量

减轻体重与减少体脂是完全不同的两个概念。单纯的节食或禁食，体重丢失部分 70% ~ 80% 是脂肪组织，20% ~ 30% 是肌肉组织。而科学的饮食计划与体育锻炼相结合，体重丢失部分 95% 是脂肪组织，只有 5% 或更少是肌肉组织。

（3）体育锻炼能增加能量代谢率以消耗更多的能量

在运动过程中不仅能量消耗增加，而且由于运动引起的代谢率提高。在运动结束后至少 20 分钟内，能量消耗仍然高于正常状态。4.8 千米的慢跑可以消耗 250 ~ 300 千卡的能量，在运动停止以后数小时内，还要额外消耗掉 25 ~ 40 千卡的能量。力量练习既可以增加肌肉重量也可以增加代谢率。据估算，每增加 0.5 千克的肌肉组织，24 小时内将增加代谢率 30 ~ 40 千卡。如果 6 个月中增加 2.5 千克的肌肉组织，每天将增加代谢率 200 千卡，每个月将增加 6000 千卡的能量消耗，相当于接近 1 千克的脂肪被消耗掉（3500 千卡 ≈ 0.5 千克脂肪）。所以，最佳控制体重的方法是适当的饮食习惯结合你喜欢的某种能终身体育锻炼的方法。在选择体育锻炼的方案时应考虑以下几点问题：

1）自己喜欢的运动项目和运动方式；

2）中等强度的锻炼，持续时间在 30 ~ 90 分钟；

3）发展心肺功能的体育锻炼效果更佳；

4）制定一个起点，然后逐渐提高适应能力的水平。

（4）体育锻炼能防止骨质疏松

由于衰老和减体重的缘故，人体的骨骼不断丢失钙和其他无机盐而变得脆性增加。应该增加钙的摄取量及加强体育锻炼，使骨密质增加，防止骨质疏松。

（5）体育锻炼改变身体脂肪的处理方式

体育锻炼可以降低血浆中低密度脂蛋白质含量，增加高密度脂蛋白含量。高密度脂蛋白的含量增加与心血管疾病的发病率呈负相关。

通过运动锻炼来降低体重，应做到以下几点：

（1）选择适宜的运动方式

降低体重的最佳体育运动方式有：

1）耐力性的项目：如耐力跑（慢）、健美操、游泳、自行车等持续的周期性运动。

2）运动量大、激烈的对抗性项目，如足球、篮球、羽毛球和网球等消耗体力大、热量多，能较好地调节体内热能平衡。

3）其他感兴趣的运动方式，如跳绳、爬山、滑冰、滑雪、划船等。

另外，大肌肉群参与运动能够消耗更多的热量。在锻炼时，要尽量使四肢和躯干的肌肉参与运动，避免只有局部小肌肉群参与运动。具体的锻炼项目有篮球、排球、羽毛球、网球、游泳等。

（2）运动次数、时间要适宜

1）每周运动次数：每周要有 3 次以上的运动次数。运动的次数越多消耗的热量就越多，反之则达不到降低体重的目的。

2）每天运动次数：对于体重超重的人，每天早晨和下午各运动一次比每天只进行一次较长时间运动所消耗的热量更多。

3）运动时间选择：下午 4~5 点钟，大多数人身体的基础代谢都处于超低的水平，这时是最好的运动时机，不但能较多消耗身体热量，同时还可以提高身体 20 分钟至数小时的基础代谢率，使热量得到进一步地消耗。

（3）负荷强度是决定降低体重的关键

在开始运动时，应以小强度长时间的运动方式为宜。当体重有所下降，体质健康水平得到一定程度提高后，运动量再加大些，时间再长些，逐步加大负荷强度，这样能够更多地消耗体内的热量，但负荷强度一定要控制在适宜的范围之内。

（4）持续运动的时间对降低体重尤为重要

持续运动是指运动时身体不休息，始终保持在运动的状态。一般运动持续时间应保持在半小时以上，一小时以内。

通过体育锻炼达到减肥的目的。应注意以下几点：

1）有氧运动降低全身的脂肪比例；

2）各种运动方式均可达到其目的；

3）每周 3~4 次才有明显的效果；

4）低强度运动比高强度运动更有效；

5）高强度力量练习能有效减少脂肪、增长肌肉和增加肌力。

人们试图通过体育锻炼的方法去减肥，特别是针对那些特定部位的脂肪。不幸的是，体育锻炼所需要的能量来自于全身各处脂肪的"燃烧"，而绝不是某个特定的活动部位。但是，体育锻炼却可以增大特定活动部位的肌肉及增加其肌力，进而改善全身的健康状态。用单纯的体育锻炼方法进行减肥与用单纯的饮食控制法一样难以达到目的，但是它却可以增加呼吸循环系统的耐力，增强肌肉力量，强壮骨骼组织，提高身体的柔韧性。

3. 运动加饮食控制法

这种方法既减少能量摄入，又增加能量消耗，是最合理、最有效的减肥方法。此外，还可采用气功锻炼或药物疗法作为辅助治疗手段。

人体的能量消耗由3部分组成：（1）维护基础代谢，它占每天能量总消耗的60%~75%；（2）肌肉活动所消耗的能量，其占总能量消耗的比例视体力活动强度而定，非重体力活动者一般为15%~20%；（3）由于食物与环境温度导致的产热，占总能量消耗的15%~20%。

能量消耗与摄入量均需要进行科学合理的测试与统计，根据每人每天训练量的测算，制定出各种运动能量消耗模式，然后按消耗模式制定出每天能量摄入模式，依据训练量大小进行上下浮动，使能量摄入与消耗量保持在该运动项目的正常平衡状态。

随着国民经济的发展，人民生活水平不断提高，从儿童少年到中老年人有越来越多的控制体重群体出现在我们的社会中，控制体重的根本在于一种科学生活方式的选择，并需一生坚持。控制体重是一个长期过程，不要指望一夜之间发生什么奇迹。选择一种积极向上的生活方式并终身去保持它，这才是问题的关键。

如果你的体重一直保持相对稳定，那么一定是你的摄入能量和消耗能量之间保持着平衡，即摄入食物中所含能量与身体各系统的能量使用所消耗的能量相等。如果你正试图去增加体重，就需要从食物中摄入比你消耗还要多的能量（正能平衡）。相反，如果你要去减少体重，你就需要消耗比你从食物中摄入的更多的能量，此时身体就不得不动用其贮存的脂肪去满足各种生理活动的能量消耗（负能平衡）。由此可见，若要建立一套科学的减体重和增体重的系统方案，在各种复杂的因素中必须充分考虑卡路里的绝对值。这个绝对值发生改变，身体脂肪组成比例就将相应发生变化。对于这种变化来说，摄取食物的种类和数量固然重要，但是体育锻炼的作用更大。研究表明，脂肪过多的人往往是那些不喜欢体育锻炼的人，所以出现正能平衡，导致体脂堆积。人的行为和生活方式可以改变食物消化后的卡路里贮存及能量的支出。身体活动减少，卡路里支出下降。随着肌体的衰老过程，其基础代谢率下降的原因是由于肌肉组织的总量减少。年龄超过25岁，每10年其卡路里需要摄入量相应要减少2.5%。为了避免肥胖，你要么选择降低卡路里摄入量，要么选择体育锻炼，鉴于日常生活中适量的体育锻炼增加你的卡路里支出，所以请你运动起来。无论是竞技体育的比赛还是娱乐性的体育锻炼，其结果都将导致身体能量的消耗增加。如果在坚持体育锻炼的同时，控制饮食中得到的能量，即身体能量的消耗大于饮食营养的摄入，则身体重量就会下降（出现负能平衡）。一般来说，以健身为目的的体育锻炼，主要消耗的是糖、脂肪和蛋白质，而维生素和矿物质丢失较少。体育锻炼中的能量消耗量主要取决于运动类型、运动强度、运动持续的时间以及个体的身体大小。如果我们知道了运动时间和某种运动中单位体重在单位时间内的能量消耗，我们就可以了解该单元体育锻炼的能量消耗。结合饮食摄入中各种食物的卡路里含量，我们就能相对精确地掌握日常生活的能量平衡，从而达到有效控制体重的目的。

思考题

1. 生活中应注意哪些问题才能预防高血压？

2. 人为什么会肥胖？

3. 如何通过体育锻炼去控制体重？

读一读

人发胖之前有哪些预兆

科学家研究发现，身体发胖前往往会出现一些异常现象，如能及时注意，或可防患未然。人发胖前的预兆主要有：

◆ 贪睡。只要不是得了糖尿病、甲亢类疾病，胃口突然增大，特别喜欢喝水和饮料，大多都是发胖的前兆。

◆ 变懒。已经睡了足够的时间还想睡，或者经常哈欠连天（排除疲劳）。

◆ 劳累。与平时相比，近来甚感到疲劳，多活动几下就气喘吁吁、汗流满面。假若不存在什么病痛，有可能是发胖的预兆。

◆ 怕动。爱运动的人如果渐渐地不想再动了，甚至感到参加运动是一种负担，也可能是一种发胖的信号。

减肥误区

◆ 节食减肥——最常用的减肥方法。节食虽能使体重下降，但脂肪减少的同时也减少了非脂肪组织。节食导致体内水分大量丧失，同时导致血红蛋白含量降低，易引起缺氧，出现头晕目眩，乏力易倦等现象。

◆ 节水减肥——常听说"喝水多就会长胖"。其实，饮水不足更容易积聚脂肪，还可能引起人体新陈代谢功能的紊乱。"节水"不但达不到减肥目的，反而还会对身体健康造成更为严重的损害。

◆ 发汗减肥——表面看来，发汗减肥见效快。其实发汗减肥无非是利用一些致使身体大量出汗的方法来达到减体重目的，但它只能减"重"并不减"肥"。常见的发汗减肥方法有蒸气浴、利尿药等。

第八章　体育锻炼的效果评价

第一节　体育锻炼效果评价的原理

体育锻炼是人们获得健康的重要手段，体育锻炼的效果如何是人们非常关心的问题。对体育锻炼效果进行评价，是指导体育锻炼的关键。

体育锻炼效果评价是以自身为主，定期检测运动效果，使自己经常看到锻炼的结果和进步，增强（减少）运动负荷，保证身心处于适宜状态；遵循持之以恒的原则逐步养成自我锻炼习惯，使体育锻炼成为生活的组成部分；根据全面锻炼的原则发展身体的全面机能。

人体运动到什么程度才能达到最佳的锻炼效果，世界各国有关机构和人员经过十几年的研究证明：运动使身体达到最大摄氧量和最大心输出量的程度，健身效果最好。但上述两项指标在人体运动中很难准确测定，为了便于掌握和运用这两项指标，他们研究了与这两项指标相关的运动负荷量，通过实验分析证明：最佳锻炼效果是自身最大运动负荷的 70%，如果用心率来表示的话，就是先测出你的最大心率（如：180 次/分），那么你的有效健身负荷为 180×70%=126 次/分。你就可以根据这一指标选择运动项目，进行体育锻炼。

读一读

俄罗斯学者兹玛诺夫斯基提出一个长寿公式：

健康长寿＝（经常运动+情绪稳定+合理饮食）／（懒惰+嗜酒+嗜烟）

第二节　体育锻炼效果评价的方法、内容

一、评定锻炼效果的安静状态

用于评定体育锻炼效果的安静状态可分为两种，一种是指平时不运动的一般安静状态，另一种是指清晨起床前的安静状态。

（一）一般安静状态

一般安静状态是指人体相对不运动的状态，是评定运动效果常用的一种机能状态。为评定体育锻炼效果而要测定某项生理指标时，应排除运动、情绪波动、疾病等因素的影响，而且最好不在体育锻炼前后进行，以避免由于体育锻炼后恢复时间的不同对测定结果产生影响。对于一些受心理因素影响较大的指标，如呼吸频率、血压等，最好控制其影响因素。

（二）清晨安静状态

清晨安静状态是指人体在早晨清醒、空腹、起床前的安静状态。由于在这种状态下十分接近人体的基础状态，所以在测定人体的各种生理指标时，受内、外环境的影响因素比较小，因而更能客观反映体育锻炼对人体生理机能的影响。

二、安静状态下评定体育锻炼效果的指标

（一）心率

体育锻炼后安静时心率下降是身体机能良好的反应。这是由于体育锻炼增加了心脏的收缩力量，使安静时心脏每次收缩射出的血量增加，在心输出量变化不大的情况下，心脏每分钟收缩的次数就会减少，这种变化对心脏的工作是有利的。一些优秀的耐力性运动员安静时心率为 50~60 次/分，最低者仅为 30 次/分。在安静时心率下降的同时，表现为心脏的收缩功能强、潜力大。但应用这一指标评定锻炼效果时，仅适合从事以有氧运动为主的人，进行力量和速度锻炼的人，身体机能提高，但安静时心跳频率并不一定下降。

（二）血压

体育锻炼对不同人血压的影响有所不同，在评定体育效果时应考虑这一特征。一般来说，体育锻炼后安静时收缩压和舒张压下降是生理机能的良好反应，血压下降说明体育锻炼提高了血管弹性，使血管缓冲血压变化的能力增强，这对于老年人来说尤为重要。同时，体育锻炼可以使一些低血压患者血压增高，这主要是由于体育锻炼增加了心脏收缩力量的作用。所以，体育锻炼可对血压具有双向调节作用。

（三）肌肉体积

评定体育锻炼效果的运动系统的主要指标是肌肉体积。经过体育锻炼后肌

纤维增粗，肌肉体积增大，说明体育锻炼对肌肉产生良好影响。测定肌肉体积变化的简单指标是测定臂围和腿围的变化，但具体测定时可能会由于体育锻炼减少了皮下脂肪含量而使肌肉体积增加不明显。所以，应用肌肉体积评定锻炼效果时，最好同时测定体重、臂围和肌肉力量等指标的变化，进行综合评定。

肌肉力量是指肌肉收缩产生的张力。不同肌肉群、不同关节角度和不同收缩速度产生的肌肉力量不同。但对人体的某一块肌肉来说，一般情况下肌肉力量是相对恒定的。以肌肉力量作为评定体育锻炼效果的指标时，多用简单的肌肉力量测定计测定其肌肉群的最大肌力，也可测定身体承受一定负荷的重复次数。

肌肉力量是一项比较敏感的指标，一段时间体育锻炼后，特别是有针对性的力量练习后，肌肉力量就会明显增加。因此，肌肉力量可用于短时间体育锻炼的运动效果评定指标。应用肌力指标评定锻炼效果，最好在力量练习的几天或一周后进行，因为在力量练习后的第二天，可能会由于身体疲劳或肌肉疼痛而影响评定效果。

（四）肺活量

肺活量是衡量肺通气功能变化的一项理想指标，对评定少年儿童的生长发育尤为重要。体育锻炼后肺活量增加是机体机能反应的适应性变化。同时，可测定胸围差的变化，胸围差是指吸气末胸围和呼气末胸围的差值，胸围差越大，说明呼吸功能的潜力越大，表明体育锻炼的效果越好。

（五）呼吸频率的测定

体育锻炼后呼吸频率的变化可以在很大程度上反映肺通气功能的变化，人体安静时呼吸频率为 12～15 次/分。体育锻炼时呼吸频率明显增加。呼吸频率可以通过胸廓的起伏次数测定。

呼吸频率受心理因素的影响较大，如果直接告诉受试者测定呼吸频率，往往会由于受试者注意力过于集中而有意识地控制呼吸频率。所以，在测定呼吸频率时最好通过转移注意力的方法测定。如在测量心率的同时，测定呼吸频率，或在受试者不知道的情况下测定，以免由于心理因素的干扰而影响测定结果。

（六）体育锻炼时间的评定

评定体育锻炼的运动时间一般是指在一次性体育锻炼过程中从活动开始到身体感到疲劳而停止运动的时间，一般主要是通过锻炼者的主观感觉去判断疲劳、终止运动。由于这一指标是通过锻炼者自己去感受，所以，锻炼者在应用时，应做到前后一致，以保证客观性。

用运动时间评定体育锻炼效果也是比较敏感的，一般通过短时间（两周左右）的体育锻炼，运动时间就可延长。另外，在应用这一指标时，也可用同样的锻炼时间而身体不同感觉评定锻炼效果，如果同样的运动时间，而身体的疲劳反应程度小，说明身体机能有所提高。

三、定量负荷时体育锻炼效果的生理评定

(一) 常用的定量负荷形式

安静状态下，体育锻炼对身体机能的良好影响并不能完全显示出来。因此，为了客观、全面地评定体育锻炼效果，在评定运动效果时应施加一定的运动负荷，而且最好是活动强度不大的定量负荷。用于评定体育锻炼效果的定量负荷形式主要有以下几种。

1. 30 秒 20 次蹲起

这是评定体育锻炼效果时常用的一种定量负荷形式。预备姿势时，要求锻炼者身体直立，呈立正姿势；听到开始口令时，以 1 次/1 ~ 5 秒的频率做蹲起动作，下蹲时膝关节呈 90°夹角，连续做 20 次，体育锻炼后即刻测受试者的脉搏、血压、呼吸频率等，以评定受试者的身体机能。也可在体育锻炼时间内连续测定，根据恢复时间评定运动效果。

2. 台阶试验

受试者以一定的频率上下特制的台阶，频率和台阶高度可根据锻炼者的具体情况而定。一般台阶高度在 40 ~ 50cm 之间比较合适，如果一旦确定了台阶试验的频率、高度和时间，就应该保持前后测定方法一致。这里推荐一种评价心血管机能的哈佛台阶实验：受试者以 30 次/分的频率上下 50cm 高的台阶 5 分钟，运动停止后立即坐下，测量体育锻炼后第 1 ~ 1.5 分钟的脉搏。

代入公式：身体功能指数=运动时间×100/5.5×脉搏数（30 秒）

其结果按下列标准评定身体机能：

50 以下，差。

50 ~ 80，中。

80 以上，良好。

3. 习惯的体育锻炼方式

体育锻炼者可以选择体育锻炼中常用的运动方式。如长跑者可在规定时间内跑 3 000m，健美爱好者以一套健美操为单位，在体育锻炼后测定受试者的各项身体机能。但在确定运动负荷时，强度不能过大，一般相当于自己最大能力的 60%，不同时期的运动强度应该是一致的，强度过大就失去了定量负荷的意义。

(二) 定量负荷时评定体育锻炼效果的生理指标

1. 心率

经常参加体育锻炼的人，当完成定量负荷时，心率增加比不参加体育锻炼的人心率增加的幅度要小，这是基于两个原因：一是由于经常参加体育活动，身体机能提高后，在完成定量负荷时，定量负荷对身体机能的影响相对较小，使心脏本身的反应就小；二是经常参加体育锻炼的人在体育锻炼时主要靠增加

每搏输出量适应肌肉工作，而没有体育锻炼习惯的人主要靠增加心率适应肌肉工作，而心率的过分增加反而会使心输出量下降。所以，在定量负荷后心率下降是心脏功能提高的表现。

2. 血压

在定量负荷运动后血压的变化有不同的反应，其中以收缩压升高、舒张压下降、脉压差增加为锻炼效果最好。收缩压升高，表明心脏收缩力量增加；舒张压下降，说明外周阻力减小；脉压差增加，表示流向肌肉等外周组织的血流量增加。运动后收缩压、舒张压都上升，但脉压差升高，也是心血管机能提高的表现。如果定量负荷后，脉压差下降则说明身体机能较差。

3. 肺通气量

通过体育锻炼后，在完成同样的运动负荷时，肺通气量不变或下降，这表明身体机能提高。在进行定量负荷后，身体出现了机能节省化，即用比以前小的机能反应就能完成跟以前一样强度的工作。而且，身体机能提高后，在完成运动负荷时，呼吸深度增加明显，而呼吸频率适度增加。

4. 恢复时间

体育锻炼提高人体生理机能的另一个表现是在完成定量运动负荷后，各项生理指标的恢复速度明显增加。在进行运动效果的生理评定时，可选择部分简单的指标，如心率、血压等。如果经过一段时间体育锻炼后，恢复时间缩短，则表示体育锻炼提高了人体的生理机能。

四、评定体育锻炼效果时应注意的问题

（一）活动项目的特点

不同体育活动项目对身体机能的影响不同，所以在评定体育锻炼时应考虑到体育锻炼项目的特点。力量性体育活动主要是发展肌肉力量和肌肉体积，对心血管系统的影响不明显。长跑锻炼主要是发展心肺功能，锻炼后安静时可能出现心率下降的现象，而健美操运动后身体机能提高可能不出现安静时心率下降的现象。在评定锻炼效果时，应选择与体育锻炼形式相适应的、较敏感的生理指标。

（二）体育锻炼年限的特点

有些生理指标，经过短时期体育锻炼后就发生较明显的变化，如肌肉力量；另一些指标，需要经过长期的锻炼才出现变化，不要用短时间的运动效果评定。

（三）评定方法的一致性

在评定锻炼效果时，不同时期测定生理指标的方法要前后一致，包括测定时间、运动负荷、测定部位等。因为只有测定方法统一，才能用于前后客观地比较。

保健十六宜

发宜多梳，面宜多擦，目宜常运，耳宜常弹，舌宜抵腭，齿宜数扣，津宜数咽，浊宜常呵，背宜常暖，胸宜常护，腹宜常摩，谷道宜常撮，肢节宜常摇，足心宜常擦，皮肤宜常沐浴，大小便宜闭口勿言。

第三节　提高体育锻炼效果评价客观性的策略

大量的研究表明，体育活动对发展体能、增进健康的作用不是绝对的，不是任何形式、强度的运动都能达到锻炼身体的效果，只有科学的体育锻炼才真正有助于健康。鉴于此，提高体育锻炼效果评价的客观性对于体育锻炼参与者整个锻炼过程至关重要。只有体育锻炼效果的评价客观性强才能够准确反映个体体育锻炼的目标制定地是否合理，锻炼强度以及运动量是否适宜，锻炼行为和方法是否恰当，锻炼效果是否良好。

在论证锻炼效果时，应对人体各器官、系统的形态、结构和生理生化以及生物时间结构的变化进行综合研究，并参考运动成绩和运动技术等教育学指标以及运动医学指标等，才能以比较充分的依据对整体的生理机能做出评定。在对锻炼效果进行生理学评定时，要着眼于远期效果，它是日常锻炼效果的积累所产生的质的飞跃。因此，为了获得远期的锻炼效果，就必须经常定期地检查评定锻炼效果，并对锻炼计划与方案实行反馈调整，这样才能保证获得远期的锻炼效果。

一、确立体育锻炼效果评价的指标体系内容

在锻炼开始时，根据锻炼的目的选择能够反映状况的指标，进行准确的测量，作为锻炼内容、方法及运动量大小的依据。经过一段时间的锻炼，效果究竟有多大，是否达到目的，应从以下指标体系进行自我评价。

表 8－1　体育锻炼效果综合评价指标体系

Ⅰ级指标	Ⅱ级指标	Ⅲ级指标
体适能	身体形态	身高、体重、血压、脚围、体脂重量、去脂重里、体脂百分比、骨密度
	身体机能	最大摄氧量、心电图、血压、心率、脉搏；肺活量体重指数、免疫球蛋白、血糖、血乳酸
	体能素质	50 米、100 米、500 米（女）、1000 米（男）、俯卧撑（男）、立定跳远、仰卧起坐（女）、握力、肺活量
运动参与	锻炼参与	锻炼时间、锻炼频率、锻炼强度以及运动量
	参与意识	社会体格焦虑、身体形象、身体自我意识、体育知识积累
	体育欣赏	竞技体育欣赏能力、观看体育比赛的热情
	运动能力	体育锻炼能力、运动技术的应用能力以及 VOZoax、12 分钟跑、台阶实验、上肢、下肢以及腰腹部肌肉力量和力量耐力、Goodbalance 测试、坐位体前屈、反应时、运动时
运动技能	运动技术	运动技术的理解、运动技术的掌握
心理和社会适应	心理过程	心理状态评价量表、运动兴趣和运动习惯评价量表、生活幸福感量表、主观锻炼体验表、体育锻炼自评量表
	与人交际能力	社会适应能力评价量表
	健康行为	作息情况、饮食习惯、个人卫生情况、爱护公共卫生情况、体育练习惯、健康自测评价量表

江栗，季浏．对上海市高校大学生课外体育锻效果评价的实验研究，2009。

二、确立体育锻炼效果评价的基本原则

（一）全面性原则

体育锻炼评价体系的内容选择应能够全面反映个体身心健康的各方面机能、各种身体素质和基本活动能力。在具体指标内容选择上，个体应充分考虑到自身的实际情况。

（二）主体性原则

要充分发挥个体的主体作用，通过评价的过程中逐渐养成主体意识，积极参与评价。及时了解自身体质健康状况和体育锻炼效果。

（三）激励性原则

要充分发挥评价的导向作用和激励作用。通过评价认识自己的身体健康状态，发现长处和不足，找准自己的努力方向，使评价成为激励自己进一步提高和发展的驱动力，达到更高的成长目标，最终养成终身体育锻炼的意识与习惯，真正体现体育锻炼效果评价的作用和价值。

（四）易操作性原则

在不影响全面性的基础上，选择的指标内容应尽可能简化，实践中易于操作，指标所需要的数据容易采集与统计。

（五）正确看待体育锻炼效果评价的功能

在个体进行体育锻炼效果评价的过程中，评价主体只有持有正确的观念，才能够对体育锻炼效果的评价做到客观。体育锻炼效果评价既是一个锻炼过程的结束，又是下一个锻炼过程的开始。评价的意义在于服务，为了使评价有利于服务对象，评价者就应该首先关注服务对象所关注的问题、兴趣和焦点。体育锻炼效果评价发挥了评价的鉴定与选拔、检查与监控功能，又起着反馈与交流、导向与激励等作用。体育锻炼效果评价的功能主要体现在以下三个方面：

📖 **鉴定功能**

通过对体育锻炼进行效果评价，对参与锻炼个体的体育水平、能力和体育综合素质进行全面的鉴定。

📖 **反馈与调控功能**

通过对体育锻炼效果进行客观的评价，评价主体依据评价内容和评价方式对自己的体育行为过程进行调整，以适应自身的价值判断与价值取向。根据从评价中获得的反馈信息从而对自己参与体育活动的不同过程加以调控，进而以实现评价的功能和目的。

📖 **激励与目标导向功能**

对体育锻炼活动的效果进行价值判断时，其价值取向和评价的目的、内容等朝着实现评价目标的方向努力，以促进个体调整自己的行为方式以符合评价的价值取向，这就是效果评价的激励与目标导向功能。

读 一 读

人体运动到什么程度才能收到最佳的健身效果？

人们通过体育锻炼，希望获得健康，而这又取决于体育锻炼的效果。那么人体究竟运动到什么程度才能收到最佳的健身效果？

健身锻炼的效果主要取决于适宜运动负荷，中等运动负荷对于健身效果最好；过小的运动负荷对健身无效果；过大的运动负荷对身体有害。所以，人们将对健身效果最好，对健身最有价值的运动负荷区域称为"价值阈"。

表 8-2　健身锻炼适宜负荷脉搏表

英国	男	30~40 岁	41~50 岁	51~59 岁	60 岁以上	
	女	15~35 岁	36~45 岁	46~55 岁	56 岁以上	
	适宜脉搏	140~150 次/分	130~140 次/分	120~130 次/分	110~125 次/分	
中国	女	20 几岁	30 几岁	40 几岁	50 几岁	60 几岁
	安全心率	125~165 次/分	120~160 次/分	115~150 次/分	110~145 次/分	110~135 次/分

克内格晾雷斯，陈家琦。

第九章 体育锻炼的安全与防护

第一节 安全体育锻炼的保障措施

一、运动前要做好准备活动

准备活动是指在体育锻炼前所进行的一系列身体练习，其目的在于使身体各器官系统机能迅速地进入工作状态。准备活动的作用在于提高中枢神经系统的兴奋性；扩大肌肉、肌腱和关节的活动范围；克服内脏器官机能的惰性，加强心血管和呼吸器官的活动能力，使肌体各方面的功能达到适应锻炼或训练时的要求，预防或减少肌肉、关节和韧带的损伤。准备活动量的大小和时间的长短，应根据锻炼项目、内容、强度以及季节、气候的不同而有所差异。一般达到微微出汗，身体各大肌肉群和韧带、关节都得到适量的活动，感到灵活、舒适即可。

二、运动后要做整理活动

运动结束时，应做些身体放松的练习，这样可使人体更好地从紧张的运动状态逐渐过渡到相对的安静状态。整理活动是促进体力恢复的一种有效措施，因为运动对身体所引起的一系列生理变化，并不会随着运动的停止而同时消失。如呼吸和血液循环等机能变化，在运动停止后还会维持在较高的水平上，它们需要有一个恢复过程。通过整理活动，可以改善肌肉的血液循环，使肌肉中血液畅通，有利于偿还氧债，排出二氧化碳和清除代谢产物，以减轻肌肉酸痛和消除疲劳。

三、饭后不宜剧烈运动

有些人常常放下饭碗就去打球或从事一些剧烈的运动，这是不符合卫生要求的。饭后胃肠道已开始紧张的

工作，毛细血管开放，大量血液流入消化器官。此时进行剧烈的运动，大量的血液就要从胃肠道流进骨骼肌，使消化机能减弱。长此以往，轻则引起消化不良，重则导致消化道慢性疾病，如胃炎、胃溃疡等。此外，饭后胃内已充满了食物，进行剧烈运动时，由于食物的重力和剧烈运动的颠簸作用，会牵拉肠系膜，容易引起腹痛。因此，应当避免饭后进行剧烈运动。

四、运动饮水卫生

参加体育锻炼时，由于出汗多，需要补充水分，不然会造成机体缺水，影响正常生理机能活动，导致全身无力、口唇发干、精神不振和疲劳等现象。但剧烈运动时和运动后，均不宜一次性大量饮水。如果在运动中大量饮水，会使胃部膨胀，妨碍膈肌的活动，影响呼吸，不利于运动；大量饮水也会使血液量增多，增加心脏、肾脏的负担，有碍健康。运动时的饮水应以少量、多次为原则，同时应饮接近于血浆渗透压的盐开水或饮料，以保持体内水盐的平衡。

五、运动衣着卫生

服装能保护人体免受外界环境的各种不良影响。服装的保温性、透气性、吸湿性、溶水性和其他性能，均具有重要的卫生作用。因此，运动时穿的衣服要轻便、舒适。经常从事体育锻炼的人，要勤洗勤换运动衣裤，尤其是内衣裤，以免汗液和细菌污染损害机体健康。

鞋子的尺寸应以合适为原则。鞋码大了，运动不便，容易发生踝关节扭伤；鞋码小了，挤压足部血管，会影响足的正常功能和发育。从卫生学的观点看，运动鞋应当轻便、富有弹性、具有良好的透气性，不要穿硬底鞋锻炼。另外，穿的袜子应当透气良好，吸汗性强，而且干净、柔软、有弹性。

第二节 运动性疾病的预防及处理

运动性疾病是由于锻炼、运动训练或比赛安排不当而出现的疾病或异常。

一、运动性疾病的原因

造成运动疾病的原因是多方面的，既与锻炼者的运动基础、体质水平有关，也与运动项目的特点、技术难度以及运动环境等因素有关。其主要原因有以下几点：

1. 思想麻痹大意；
2. 不做准备活动或准备活动不充分；
3. 身心状态不良；
4. 运动负荷过大；
5. 运动技术不合理；
6. 运动场地、器材及服装未达到安全要求。

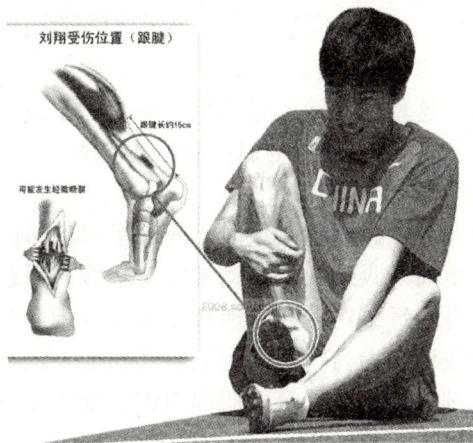

二、运动性疾病的预防

1. 加强运动安全教育，克服麻痹思想，提高预防损伤意识；

2. 认真做好准备活动，对可能发生运动损伤的环境和易伤部位及时做好预防措施；

3. 合理组织安排锻炼，合理安排运动量，防止局部运动器官负担过重；

4. 加强保护帮助，特别要提高自我保护能力。

三、常见的运动性疾病

（一）运动中腹痛

1. 原因和征象

由于人体进入运动状态后下腔静脉压力上升，血液回流受阻，致使腹部内脏器官功能失调，引起腹疼；也有的因运动前吃得过饱，饮水过多，以及腹部受凉引起胃肠痉挛，导致疼痛。运动性腹痛多数发生在中长跑运动时。

2. 处理和预防

出现上腹疼，如果没有器质性病变迹象，一般可采用减慢速度，加深呼吸，按摩疼痛部位或变速跑一段距离等方法处理，疼痛可减轻或消失。如疼痛不减轻，甚至加重就应停止运动。

合理安排运动时间，饭后至少1小时后才能进行运动，做好准备活动，运动量要循序渐进，并注意呼吸节奏。夏季运动要适当补充盐分，对于患有各种慢性疾病者，在病愈之前应在医生和体育教师指导下进行锻炼。

（二）肌肉酸痛

不经常参加体育锻炼的一些同学，在一次活动量较大的锻炼以后（如长跑、爬山、外出旅游等）或者是隔了较长时间未锻炼，刚开始锻炼的一段时间常常出现运动后肌肉酸痛。这种酸痛，不是发生在运动之中或运动后即刻，而是发生在运动后1~2天，这种酸痛也称为肌肉延迟性疼痛。

1. 原因及征象

肌肉酸疼是由于肌肉一次活动量大时，或隔了较长时间未锻炼而刚恢复锻炼时，肌肉对负重、负荷及收缩放松活动未完全适应，引起局部肌纤维及结缔组织的细微损伤，部分肌纤维产生痉挛所致。由于这种肌纤维细微损伤及痉挛是局部的，因而就整块肌肉而言，仍能完成运动功能，但存在肌肉酸痛感。酸痛后，经过肌肉局部细微结构的修复，肌肉组织会变得比以前强壮，再经历同样负荷就不易发生损伤或酸痛。

2. 处理及预防

当已出现肌肉酸痛后，采取以下方法能使酸痛得以缓解和消除。

1）热敷。可对酸痛的局部肌肉进行热敷，促进血液循环及代谢过程，有助于损伤组织修复及痉挛的缓解。

2）按摩。按摩能使肌肉放松，促进肌肉血液循环，有助于损伤的修复及痉挛的缓解。

3）口服维生素。维生素C有促进结缔组织的中肌元合成作用，有助于加速损伤的结缔组织修复，从而减轻和缓解酸痛。

4）针灸。针灸、电疗等手段对缓解酸痛也有一定的作用。

预防肌肉酸痛的发生可以注意以下几点：

1）根据锻炼者的不同体质和健康状况，科学地安排锻炼负荷。负荷不要过大，也不宜过快。

2）锻炼时尽量避免长时间集中练习身体某一部位，以免局部肌肉负担过重。

3）准备活动中，注意对即将练习时负荷较重的局部肌肉活动得更充分些，对损伤有预防作用。

4）整理活动除进行一般性放松练习外，还应重视进行肌肉的伸展练习。这种伸展性练习有助于预防局部肌纤维痉挛，从而避免酸痛的发生。

（三）肌肉痉挛

肌肉痉挛俗称抽筋，是肌肉不自主地突然性强直收缩并变得异常坚硬。运动中最容易发生痉挛的是小腿腓肠肌，其次是足屈拇肌和屈趾肌等。

1. 原因和征象

在剧烈运动中，由于肌肉快速连续性收缩，导致肌肉收缩与放松的协调交替破坏。特别在局部肌肉处于疲劳时更易发生肌肉痉挛。肌肉受到寒冷的刺激或因情绪过于紧张、准备活动不够、肌肉猛力收缩或收缩与放松不协调时，都可导致痉挛的发生。肌肉痉挛时，肌肉突然变得坚硬，疼痛难忍，而且一时不易缓解。

2. 处理与预防

1）处理。立即对痉挛部位的肌肉进行牵引。如腓肠肌痉挛时，应伸直膝关节，并做足部背伸动作；当屈拇、屈趾痉挛时，应用力将足趾背伸直。最好有同伴协助，但切忌施力过猛。配合按摩、揉捏、叩打以及点压（委中、承山、涌泉穴等），促使痉挛缓解和消失。

2）预防。运动前做好准备活动，对容易发生痉挛的肌肉，可事先进行按摩。夏季进行长时间运动时，要注意补充盐分；冬季锻炼时，要注意保暖。游泳下水前，应先用冷水淋浴，游泳时间不宜过长。疲劳或饥饿时，不要进行剧烈运动。

（四）运动性昏厥

1. 原因和征象

1）原因。运动中，由于脑部供血不足。氧债不断积累并达到一定程度时，即可发生一时性知觉丧失，这一现象称为运动性昏厥。

2）征象。全身无力，眼前一时发黑，面色苍白，失去知觉，突然昏倒，手足发凉，脉搏慢而弱，血压降低，呼吸缓慢等。

2. 处理和预防

1）处理。立即将患者平卧，足略高于头部，并进行向心方向按摩，同时指压人中、合谷等穴位。如有呕吐，应将患者头偏向一侧，以利呼吸道畅通。如停止呼吸，应立即进行人工呼吸。轻度休克者，由同伴搀扶慢走，并进行深呼吸，即可消失症状。重症患者，经临场处理后遵医治疗。

2）预防。不要在饥饿情况下参加剧烈运动，疾跑后不要立即停下来，久蹲也不要突然起立，平时要加强体育锻炼。只要遵循上述要求，运动性昏厥是可以避免的。

（五）运动性贫血

我国成年健康男性每 100 毫升血液中血红蛋白量为 12.5～16 克，女生为 11.5～15 克，若低于这一生理数值，则被视为贫血。因运动引起的这种血红蛋白量减少称为运动性贫血。

1. 原因和征象

1）原因。由于运动时。肌肉对蛋白质和铁的需求量增加，一旦需求量得不到满足时，即可引起运动性贫血。另一种原因是人体在运动时，脾脏释放的溶血卵磷脂能使红细胞的脆性增加，加上剧烈运动时血液加速，易引起红细胞破裂致使红细胞的新生与衰亡之间的平衡遭到破坏，从而导致运动性贫血。

2）征象。运动性贫血发病缓慢，其症状表现有头晕、恶心，呕吐、气喘、体力下降以及运动后心悸、心率加快、脸色苍白等。

2. 处理和预防

运动中出现头晕、无力、恶心等现象时，应适当减小运动量，必要时暂停运动，并补充富含蛋白质和铁的营养物质。

（六）运动性中暑

1. 原因与征象

（1）原因

由于体温调节系统在运动时超载或衰竭所致。

（2）征象

身体高热，中枢神经系统功能障碍，皮肤发热、干燥呈粉红色，头晕、无力、恶心、身体虚脱。

2. 预防及处理

（1）处理

1）将患者扶送到荫凉通风处休息，解开衣领，额部冷敷作头部降温，喝些清凉饮料。

2）严重患者，经临时处理后，应迅速送医院作进一步治疗。

（2）预防

1）避免在烈日下长时间锻炼；

2）在高温炎热季节锻炼时，应适当减少运动量和锻炼时间；

3）在室内锻炼时，应保持良好通风并备有低糖含盐的饮料。

体育锻炼虽能延长生命之时钟，但事物的存在和发展必然有其两重性，体育亦然。体育锻炼也常有运动性损伤、运动性疾病，甚至运动猝死的发生。因此，体育锻炼本身是一把双刃剑，运用得好，人们受益匪浅；运用不当，适得其反。学习运动性疾病的预防和处理，对我们安全健康的进行体育运动有重要的作用。

读一读

早晨空腹长跑的危害

长跑是锻炼身体的好方法，但早晨不宜空腹长跑。早晨刚从睡眠中醒来，全身还处于静止的状态，猛地进入剧烈运动状态，心脏会突然负担过重。由于空腹，体内主要能源靠"脂肪燃烧"，在没有糖的情况下，"脂肪燃烧"不充分，会产生不完全燃烧物——酮。没有糖，大脑也不能正常工作，这就需要肝脏高强度工作，同时也需从肌肉分解一部分糖分。所以，空腹长跑时越需要能量，就越消耗脂肪和肌肉，心脏负担就越重。故长跑者为了达到健康的目的和取得应有的锻炼效果，晨跑前应稍喝一些蜂蜜或葡萄糖等，以避免消耗肌肉，防止肝脏的过度疲劳。

第三节　运动损伤的预防及处理

一、软组织损伤

（一）原因和征象

1. 有明显受伤史：由于外力撞击、过度牵拉引起肌肉、韧带或肌腱等组织的拉伤。

2. 疼痛及烧热：出现大面积疼痛和刺痛点。

3. 局部功能障碍：关节和肌肉损伤，局部不同程度伸屈受限。

4. 肿胀及淤血：局部组织被破坏，毛细血管破裂所致。

5. 异常改变：肌肉肌腱完全断裂，伤部可见明显凹陷等。

（二）处理

1. 若是开放性软组织挫伤

1）小面积擦伤：先消毒，然后涂抹药水。

2）大面积擦伤：冲洗伤口、敷药、包扎。

3）裂、刺、切伤：清创、敷药、包扎，伤口大或深，要服用抗生素防止感染。

2. 若是闭合性软组织挫伤

1）停止活动：停止患肢活动或局部固定。

2）冷敷：用冷水或冰敷 30 分钟左右。

3）加压：摁住患处或加压包扎。

4）抬高患处。若损伤严重，经上述处理后送医院。

二、骨折

（一）原因和征象

1. 有外伤史：外伤性骨折，有明显外伤史。

2. 无受伤史：疲劳性骨折，无明显外伤史。

3. 疼痛：骨折会有明显疼痛

4. 淤血和肿胀：骨折会造成骨表面和附近软组织损伤及血管破裂，导致淤血和肿胀。

5. 功能丧失：不能完成基本动作，且活动异常。

6. 畸形：使肌体畸形。

（二）处理

1. 抢救休克和昏迷：出现休克或昏迷，应找出原因。如紧张造成，应注意放松抢救，可摁压百会、人中等穴位；如缺氧造成，应注意通风；如失血过多造成应尽快止血并送医院抢救。

2. 止血：如引起开放性创口，有出血，可用干净布料加压包扎。

3. 固定：就地取材，用木棍、纸板、木板加柔软的衣或布进行固定，使患部不活动。

4. 送医院处理。

三、关节错位

（一）原因与征象

1. 有受伤史：有明显受伤史，大多由一次性暴力所致。

2. 疼痛：关节错位损伤神经导致疼痛。

3. 淤血和肿胀：错位会使毛细血管破裂，造成局部范围肿胀。

4. 畸形、功能丧失。

（二）处理

1. 固定：用三角巾或布及衣服等临时固定，尽快送医院复位。

2. 止血：可采用常规方法止血。

读一读

"冷敷"、"热攻"治扭伤——常见运动损伤的紧急处理方法

对于经常参加健身运动的人们来说，各种各样的意外运动伤害都有可能发生。伤害发生后，"冷敷"和"热攻"是两种较常见的处理方法。

"冷敷"就是冷冻疗法，可利用比人体温度低的冷水、冰块等刺激患处进行初期治疗，有止血、退热、镇痛、麻醉和消肿的作用。具体方法是将毛巾浸透冷水后放在伤部，两分钟左右换一班；或者将冰块装入塑料袋内进行外敷。在遭到挫伤、关节韧带扭伤、早期肌肉拉伤等急性闭合性软组织损伤时，通过这种方法可以使血管收缩，减轻局部充血，缓解症状。

"热攻"是一种通过热疗，促使局部血管扩张，改善血液和淋巴循环，促使血和渗出液吸收的方法，具有消肿、散淤、解疼、镇痛、减少粘连和促进损伤愈合的作用。具体方法是将毛巾浸透热水或热醋后放于伤部，每次敷30分钟左右。热敷法适用于急性闭合性软组织损伤的中期、后期和慢性损伤。

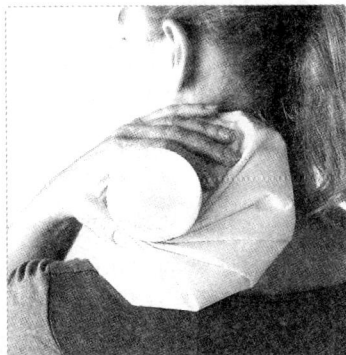

第十章　营养、膳食与健康

第一节　营养本质

字义上讲"营"的含义是"谋求"，"养"的含义是"养生"，"营养"就是"谋求养生"。用现代科学的语言具体的描述"营养"为：营养是肌体摄取食物，经过消化、吸收、代谢和排泄，利用食物中的营养素和其他对身体有益的成分构建组织器官、调节各种生理功能，维持正常生长、发育和防病保健的过程。

人需要食物，最重要的原因是食物中含有人体必需的营养素。营养素是食物中所含有的能维持人体正常生理功能、生命活动和生长发育的物质。目前已知有 40～45 种人体必需的营养素存在于各类食品中。一般将营养素分为 6 大类：蛋白质、脂肪、碳水化合物、矿物质、维生素和无机盐。现在，营养学家把食物纤维列入第七类营养素。

一、人体需要的热能来源（蛋白质、碳水化合物、脂肪）

人体每日所需的总热能是由基础代谢（机体完全处于休息状态下，其生理活动的能量代谢）、体力劳动或脑力劳动的消耗以及食物的特殊动力的消耗三部分组成。一般来说，大学生的基础代谢所需热能约 1 500 千卡（女生略低于男生），脑力和体力劳动约需 1 600～2 000 千卡，食物特殊动力的消耗一般约需 150 千卡。食物中供给热能的只有蛋白质、碳水化合物和脂肪三类。

（一）生命之源——蛋白质

蛋白质是组成人体的主要物质，是生命活动的基础。人体的一切细胞、组织和器官的构成和修补，都是以蛋白质为基本成分和主要原料的。人体体液的重要成分如酶、激素、抗体和血浆蛋白质等都直接或间接来自蛋白质。

蛋白质营养价值的高低，由其所含氨基酸的种类和其含量比例决定。并且，在不同食物中蛋白质的含量也不尽相同。如果人体蛋白质出现供应不足时，身体将消耗自身结构的蛋白质来补偿，此时就会出现人体生长缓慢、体重减轻、疲劳乏力、免疫功能降低等一系列蛋白质缺乏的症状。

（二）能源来源——碳水化合物（糖类）

人的一切生命活动都离不开能量，而碳水化合物是三大产能营养素中最主要最经济的能量来源，更为重要的是，大脑工作时所需的唯一直接来源是一种叫"葡萄糖"（碳水化合物中的一种）的物质，这是其他营养素无法替代的。碳水化合物也是构成肌体组织的主要成分，除此以外，它还有一项很重要的生理功能，就是能促进消化道的运动，防止便秘，预防肠道肿瘤的发生。

食物中的碳水化合物分成两类：人可以吸收利用的有效碳水化合物如单糖、双糖、多糖和人不能消化的无效碳水化合物如纤维素。膳食缺乏碳水化合物将导致全身无力、疲乏、血糖含量降低，产生头晕、心悸、脑功能障碍等，严重者会导致低血糖昏迷。当膳食中碳水化合物过多时，就会转化成脂肪贮存于体内，使人过于肥胖而导致各类疾病如高血脂、糖尿病等。

碳水化合物的主要食物来源有：蔗糖、谷物（如大米、江米、挂面）、水果（如甘蔗、甜瓜、西瓜、香蕉、葡萄等）、坚果、蔬菜（如胡萝卜、番薯等）等。

（三）活力源泉——脂肪

脂肪是由甘油和脂肪酸组成的。它不仅是一种高热值的营养素，也是构成人体细胞尤其是脑细胞的主要成分。

根据人体需要，分为必需脂肪酸和非必需脂肪酸，人体中含有的某些必需脂肪酸，只能从含脂类食物中获得，如肌体摄入不足，便会使组织细胞发生某些异常变化，比如皮肤损伤以及肾脏、肝脏、神经和视觉方面的多种疾病。脂肪的另一重要功能是参与体内性激素的合成与代谢，如摄入不足，将直接导致性激素含量下降，进而影响生长和发育，可引起生长迟缓，生殖障碍。另外，脂肪类食物还可以协助体内某些脂溶性维生素（如维生素 A、D、E、K）的吸收和利用。

脂肪的主要来源是烹调用油脂和食物本身所含的油脂。果仁脂肪含量最高，各种肉类居中，米、面、蔬菜、水果中含量较少。

二、无机盐与微量元素

无机盐在维持正常生理功能中具有多方面的作用，如钙、磷、镁是构成肌体组织、骨骼和牙齿的重要材料，磷、硫是构成组织蛋白的成分。无机盐可与蛋白质协同维持组织细胞的渗透压，维持体内酸碱平衡，保持体内环境的稳定，维持神经、肌肉的正常运转。缺铁可使人体血红蛋白含量下降，出现缺铁性贫血。碘是组成甲状腺素的重要成分，甲状腺素能调节人体热能代谢以及蛋白质、脂肪、糖类的合成和分解，促进肌体生长发育。缺碘可致甲状腺肿大。锌是多种金属酶的组成成分和酶的激活剂，在蛋白质、脂肪、糖、核酸代谢中有重要作用。缺锌可导致蛋白质利用率降低、创伤愈合不良、生长停滞等。钠、氯一般均由食盐中供给，一般成年人每日食盐量应限制在 10 克以下。钾广泛存在于多种食物，正常人每日约需 2～3 克。镁在豆类、干果、谷类和绿叶蔬菜中含量较多，成人每日约需 200～300 毫克。铁存在于动植物食品中如动物内脏、瘦肉和蛋黄中，铁在体内能被重复利用，排出量少，健康成人每日需要量为 12 克，月经期妇女约为 15 克。钙成年人每日需要 0.6 克，生长发育的青少年需要 1.0～1.2克，钙的主要来源为奶类及水产品，蛋类和动物的骨质，植物中绿叶蔬菜、豆类也含量较多。磷在动物食品中含量较多，正常成年人每天需 1.5 克。

三、维生素

维生素是维持肌体正常生理功能及细胞内特异代谢反应所必需的一类微量低分子有机化合物。维生素缺乏使机体降低了对疾病的抵抗力，降低了工作效率和生活质量。常出现的症状为食欲差、视力降低、容易疲乏等，由于这些症状不明显，往往被人们忽略。维生素 A 缺乏最明显的一个结果是眼干燥症，患者常感眼睛干燥、怕光、流泪、发炎。其食物来源是各种动物肝脏、奶、禽蛋等以及深色蔬菜和水果。

维生素 D 缺乏导致肠道吸收钙和磷的减少，肾小管对钙和磷的重吸收减少，影响骨钙化，造成骨骼和牙齿的矿化异常。缺乏维生素 D，青年人常表现为肌肉痉挛、小腿抽筋、惊厥等。维生素 D 主要存在于海水鱼、肝、蛋黄等动物性食品及鱼肝油制剂中，经常晒太阳是人体廉价获得充足有效的维生素 D 的最好来源。

维生素 E 缺乏可使细胞抗氧化功能发生障碍而引起细胞损伤。这一功能与其抗动脉硬化、抗癌、改善免疫功能及延缓衰老等过程有关。长期缺乏维生素 E，血浆浓度可降低，红细胞膜受损，红细胞寿命缩短，出现溶血性贫血。维生素 E 在自然界中分布甚广，一般情况下不会缺乏。维生素 E 含量丰富的食品有植物油、麦胚、坚果、种子类、豆类及其他谷类、蛋类。

维生素 C 又名抗坏血酸。维生素 C 严重摄入不足可患坏血病，症状有牙龈肿胀出血，眼球结膜出血，机体抵抗力下降，伤口愈合迟缓，关节疼痛及关节腔积液，同时也可伴有轻度贫血以及多疑、抑郁等神经症状。维生素 C 主要存在蔬菜和水果中。

维生素 B 又称硫胺素。维生素 B 缺乏会得脚气病，主要损害神经血管系统，常有疲倦、烦躁、头痛、食欲降低、便秘和工作能力下降等现象。维生素 B 广泛存在于各类食物中，其良好来源是动物的内脏和瘦肉、谷类、豆类和坚果。

四、水

机体中含量最多的是水，约为体重的 2/3。血液中 90% 以上是水，水在体内起着极为重要的生理作用。水是体内各种营养物质的载体，各种营养成分的运输都是通过水来实现的。食物的消化和吸收离不开水，水能吸收较多的热量，所以可保持体温不发生明显波动。水又是润滑剂，机体各关节和体腔均分泌各种润滑液。水对人体的重要性在一定意义上超过食品，人禁食或绝食而不禁水，还可生存数周，但禁食又禁水只能维持短短数天。成人一般每天需要 2400 ~ 4000 毫升水，相当于体重的 1/20。

五、膳食纤维

（一）营养功用

食物纤维是指一切不能为人体消化酶所分解的多糖，包括存在于豆类、谷类、水果、蔬菜中的果胶、纤维素、半纤维素和木质素等。他们虽然不能被人体消化和吸收，但在维护健康、预防疾病方面有重要作用，是必需的营养物质之一。因此，营养学家把它列为人类的"第七类营养素"。

（二）生理作用

膳食纤维不经消化就进入大肠，由于纤维、果胶有强吸附水的能力，故能使粪便变硬，体积增大，从而刺激蠕动，有助于排便和控制肥胖。膳食纤维还具有预防结肠癌、心血管疾病的生理功能。

（三）供给量和来源

成人的食物纤维供给量为 4~12 克/天。适量食用杂粮和蔬菜水果，不吃过分精致的食物，一般均能满足身体需要。含食物纤维较多的食物有：麦麸、鲜豆荚、嫩玉米、草莓、菠萝、花生、核桃等，生吃蔬菜可增加食物纤维的摄入量。食物纤维摄入量过多，会影响钙、镁、锌、铁等无机盐和维生素的吸收，还可引起刺激性腹泻，有胃肠溃疡的患者要注意。

由上可知，每一类营养素都是人体必不可少的，为了保证营养充足、均衡，进食食物要力求多样化，绝不能偏食。

各种食物的消化时间不同，糖类食物消化最快，蛋白质次之，脂肪最难消化。在大运动量训练和紧张比赛时，消化机能较弱，应吃较易消化的食物，少吃脂肪性食物，以免增加消化道的负担，影响训练和比赛。合理的烹调方法加工出来的食物不但容易消化，而且还能减少营养素的损失。

第二节 营养健康的标准

人体健康，营养为本。健康的基石之一是合理营养。通过合理膳食达到均衡营养，增强机体免疫力，减少各种疾病的发生，增强体质，促进人体健康，延长寿命，提高生活质量。营养健康的标准主要体现在膳食平衡。膳食平衡是指膳食中所含的营养素种类齐全、数量充足、比例适当，膳食中所供给的营养与机体的需要保持平衡。人体所需的各种营养，必须通过每天所吃的食物不断得到供应和补充。那么究竟应该吃什么，吃多少，在这里面就有一个食物的配比关系，即在人体的生理需要和膳食营养供给之间建立平衡的关系，就形成平衡膳食。

一、膳食中应该有多样化的食物

人们知道，人体需要各种营养素，不是几种食物就能包含人体所需的全部营养素。如果只吃一两种或少数几种比较单一的食物，就不能满足人体对多种营养素的需要，长期吃较单一的膳食会对生长发育和身体健康造成伤害。各种食物中所含的营养素不尽相同，只有吃多类食物，才能满足人体对各种营养的需求。

二、膳食中各种食物的比例要合适

人的身体需要各种营养素，而各种营养素在人体内发挥作用又是互相依赖、互相影响、互相制约的。例如，人体需要较多的钙，而钙的消化吸收必须有维生素 D 参与完成，维生素 D 是脂溶性维生素，如果肠道里缺少脂肪，它也不能很好地被肠道吸收。只有在吃维生素 D 的同时，吃一定数量的脂肪，维生素 D 才能被吸收。而脂肪的消化吸收，必须要胆汁发挥作用，胆汁是肝脏分泌的，要使肝脏分泌胆汁，必须保证另一种重要营养素——蛋白质的供给。那么，蛋白质、脂肪、糖这三大营养素又是怎样相互作用的呢？如果人吃的糖和脂肪不足，体内的热量供应不够，就会分解体内的蛋白质来释放热量，补充糖和脂肪的不足。但是，蛋白质是构成人体的"建筑材料"，体内缺少了它，会严重影响健康。如果在吃蛋白质的同时，又吃进足够的糖和脂肪就可以减少蛋白质的分解，用它来修补和建造新的细胞和组织。由此可见，各种营养素之间存在一种非常密切的关系，为了使各种营养素在人体内充分发挥作用，不但要注意各种营养素齐全，还必须注意各种营养素比例适当。

许多国家的健康机构对健康膳食提出指导性意见，具体如下。

1. 保持理想的体重；
2. 增加多糖的摄入，其摄入>58%的总能量；
3. 减少脂肪的摄入，其摄入<30%的总能量（饱和脂肪<10%）；
4. 减少胆固醇的摄入，其摄入<200毫克/天；
5. 减少膳食中单糖的摄入；
6. 减少钠的摄入，其摄入<3000毫克/天。

三、平衡膳食的基本要求

除出生至 6 个月之内的婴儿用母乳喂养可以达到平衡的膳食外，可以说没有哪一种单一的天然食物能称得上是人类的平衡食物，只有互相匹配的多种食物才可以构成实际生活中的平衡膳食。应该说，平衡膳食是人类理想的膳食，其基本要求如下：

（一）三大热能营养素平衡

蛋白质、脂肪和糖是人体的三大能源物质，其中最主要的是糖和脂肪对蛋白质的节约作用，即足够的糖和脂肪可以减少蛋白质作为能源而消耗的部分。碳水化合物、脂肪、蛋白质均能给肌体提供热量，故称为热能营养素。当这几种物质摄入量适当时，各自的特殊作用方可发挥并互相起到促进和保护作用，这种情况称为热量营养素构成平衡，反之将会对机体产生不利影响。

通过动物试验和对人体的观察，认为碳水化合物、蛋白质、脂肪三者摄入量的合适比例为 6.5：1：0.7，这样在体内经过生理燃烧后，分别给机体提供的热量为：碳水化合物占 60%～70%、蛋白质占 10%～15%、脂肪占 20%～25%，即称为热量营养素平衡，反之则可出现不同的后果。当膳食中碳水化合物摄入量过多时，热量比例会增高，破坏三者平衡，出现体重增加，增加消化系统和肾脏负担，减少摄入其他营养素的机会。当膳食中脂肪热量提供过高时，将引起肥胖、高血脂和心脏病。蛋白质热量提供过高时，则影响蛋白质正常功能发挥，造成蛋白质消耗，影响体内氮平衡。相反，当碳水化合物和脂肪热量供给不足时，就会削弱对蛋白质的保护作用。三者之间是互相影响的，一旦出现不平衡，将会影响身体的健康。

（二）氨基酸平衡

食物蛋白质营养价值的高低，很大程度上取决于食物中所含的 8 种必需氨基酸的数量及比例，只有数量与比例同人体的需要接近时，才能合成人体的组织蛋白质，反之则会影响食物中蛋白质的利用。世界卫生组织提出了一个人体所需 8 种必需氨基酸的比例，比例越与之接近，生理价值越高。生理价值接近100 时，即 100% 被吸收，就称为全部氨基酸平衡。能达到氨基酸全部平衡的蛋白质被称为完全蛋白质。利用这个标准，可以对各种食物的蛋白质进行氨基酸评分。鸡蛋、牛奶的氨基酸比例与人体极为接近，因此可称为氨基酸平衡的食品。而多数食品均属氨基酸构成不平衡，致使蛋白质的营养价值就受到影响。如小米中精氨酸过高，影响了赖氨酸的利用。因此，以植物性食物为主的膳食，应注意食物的合理搭配，纠正氨基酸构成比例的不平衡。如将谷类与豆类混食，制成黄豆玉米粉、黄豆小米粉等，可提高蛋白质的利用率和营养价值。

（三）脂肪酸平衡

脂肪酸平衡指的是不饱和脂肪酸和饱和脂肪酸的平衡。人体的必需脂肪酸都是不饱和脂肪酸，其在植物油中含量较高。

（四）无机盐之间的平衡

人体在物质代谢中每天有一定量的无机盐排出体外，必须从食物中得到补充，以保持体内动态平衡。

（五）维生素和其他营养之间的平衡

为了达到平衡膳食，必然要求膳食能全面地提供各种比例合适的营养素，使其相互配合而受益。供给平衡膳食应包括 7 大类食物：谷类、食用脂肪类、肉类（如肉、鱼、蛋等）、根茎薯类、牛奶（如奶制品）类、水果类和蔬菜类。而各类食物的数量和质量，应根据儿童、青少年消耗量合理搭配供给，必须注意食物的多样化及某些容易缺乏的营养素的补给。应该指出的是，平衡膳食的前提是无毒、无害，合乎卫生要求。

（六）酸碱平衡

正常情况下人的血液由于自身的缓冲作用，酸碱度初值保持在 7.3～7.4 之间。人们食用适量的酸性食品和碱性食品，将会维持体液的酸碱平衡，但食品若搭配不当，则会引起生理上的酸碱失调。常见的酸性食品有：蛋黄、大米、鸡肉、鳗鱼、面粉、鲤鱼、猪肉、牛肉、干鱿鱼、啤酒、花生等。常见的碱性食品有：海带、菠菜、西瓜、萝卜、茶叶、香蕉、苹果、草莓、南瓜、四季豆、黄瓜、藕等。当食品搭配不当，酸性食品在膳食中超过所需的数量时，导致血液偏酸性、血液颜色加深、黏度增加，严重时还会引起酸中毒。另外，还会增加体内钙、镁、钾等离子的消耗引起缺钙，这种现象称为酸性体质，会影响身体健康。

此外，体育运动与膳食营养的结合在增强体质和改善健康水平中的作用日益突出。膳食营养和适量体育运动对防治一些严重威胁健康的疾病，如冠状动脉硬化、高血压、糖尿病、肥胖症、骨质疏松等效果显著。只有在膳食营养的前提下，体育锻炼才能达到增强体质和增进健康的目的。

读一读

在炎热季节吃清淡食物的 10 点建议

① 不必吃热饭，冷菜也可以保证营养。例如，在大热天吃一盘什锦沙拉也很有味道，它有很多维生素和矿物质，却很少热量。

② 夏季喝冷汤。冷的水果羹和冷的蔬菜汤可以解除饥饿感而且不会制造热量。

③ 值得推荐的是多吃水果、蔬菜，特别是多吃水分多的品种，如西瓜、黄瓜和西红柿。这些水果和蔬菜热量少但可以恢复人的精神，可在两顿饭之间吃。

④ 矿泉水、冷茶、牛奶、苹果汁是理想的解渴饮料，这些饮料热量最少；相反，啤酒很快能在肚皮上显出效果来。

⑤ 少吃多餐不会像一天吃三餐那样加重机体的负担。例如，吃饱了饭就不愿去游泳了，人们吃正餐后往往要等2h才能进游泳池，而吃一点小吃只需要等半小时就可以游泳或进行其他的健身运动。

⑥ 吃清淡食品不一定放弃野餐和花园烧烤宴。例如，人们可以用清淡的西红柿沙拉代替面条沙拉，可以用鱼和土豆来代替香肠或肉，变个花样，做烤蔬菜串和水果串也是很有意思的。

⑦ 至少应在休假开始时吃一些少油的或少脂肪的菜。

⑧ 特别要小心肉馅菜肴和水（特别是冰块）的卫生，水果和蔬菜在食用前应用洁净水清洗，削皮吃更好。

⑨ 一般来说，在热天喝酒要少。如果要饮用啤酒、葡萄酒和自家制的混合果酒、水酒、米酒等，建议选择在晚上天气凉快时。

⑩ 热天一般来说干什么事都要有节制。这就是说，干什么都要小心并且都不要多。晒太阳是如此，喝冷饮、喝酒和吃东西也是如此。

如果人们考虑这10条建议，就可以保证自己既安全又健康地度过夏天。

第三节　大学生健康膳食指导

人体的生长发育离不开营养。大学生处于生长发育终末期，生长发育尚未停止。青年人代谢旺盛，精力充沛，活动量大，各种营养物质的需要也最大。如不及时适当补充，可导致营养缺乏，有害身体健康。因此，通过合理的膳食，向机体提供足够数量的热能和各种营养素，才能保持营养之间的数量平衡，以满足大学生正常的生理需要，保持人体健康。

一、大学生常见的不良饮食习惯

（一）纵欲式的进食方式

有时暴饮暴食，有时忍饥挨饿。饥饿多半是因为睡懒觉，错过了早餐时间空腹去上课，或夜间看书学习过久；暴饮暴食则多发生在亲朋聚会、过生日野餐等场合。早餐不吃就去上课，随着大脑和其他器官机能活动所需能量的消耗，血糖就会下降。当血糖含量降低到每100毫升血液中不到45毫克时，就会严重影响脑组织的机能活动，全身乏力，注意力分散。暴饮暴食，会使消化器官的功能发生紊乱，从而使机体代谢功能失去平衡，产生许多疾病。

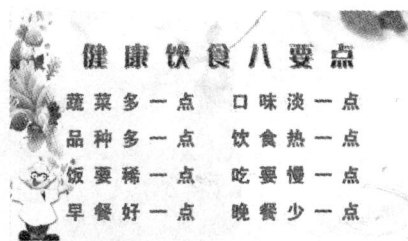

（二）盲目节食

这种情况女大学生多于男大学生，她们的主要目的是减肥。限制饮食虽然可以使人消瘦，但体内的营养物质也随之越来越匮乏，势必出现种种功能障碍或疾病，轻则头昏眼花、四肢乏力，重则出现贫血、低血糖、月经失调等情况。有的学生明知道过分限制饮食对身体有害，但仍乐此不疲，甘愿付出巨大代价。这就不是单纯的缺乏知识，而涉及现代大学生的心态问题。如由于"肥胖恐惧"心理导致的饮食紊乱，其不良后果包括病理性肥胖及危险的体重过低，表现为神经性厌食和饥饿症，这些人对于形体瘦弱表现为一种病理性的需要，他们摄入的热量仅能维持其生存，而不能满足生长的需要，还会严重影响其学业，造成终身遗憾。

（三）追求高蛋白、高脂肪饮食

盲目追求西餐高能、高蛋白饮食，大量食用牛奶、鸡蛋、面包，向欧美模式靠拢。其实东西方饮食习惯的差异历史已久，东方式饮食所含的能量和蛋白质，虽比西方饮食明显低，但东方人的体形和需求也少，体内酶含量和消化液分泌量已与饮食结构适应。盲目模仿，很容易造成消化不良和营养素的失衡。现在西方发达国家已经认识到，营养过剩会引起心血管病、结肠癌、糖尿病、胆结石病等许多所谓的"富裕病"。东西方饮食模式各有利弊，彼此可以取长补短，但需根据自身体质状况逐渐适应，并以科学的分析监测来指导，这样才能使饮食科学化、合理化。

（四）偏食

一部分大学生片面认定某些食物是高营养食物而长期偏食，导致营养摄取的不平衡和一些营养元素缺乏。如有的学生不肯吃肉，结果身体不能及时补充蛋白质，造成发育迟缓或发育不良；有的不吃蔬菜，引起多种维生素和矿物质的缺乏，这给成年后患高血脂、高血压、动脉硬化留下隐患。特别是一些女生为怕胖，这也不敢吃那也不敢吃，结果面黄肌瘦，弱不禁风，学习时注意力不能集中，不能保持精力充沛。

（五）偏爱营养补品

听信广告对营养补品作用的夸大，甚至以此代替食品，认为营养补品可以补救一切营养缺乏。其实，营养补品仅仅提供一小部分营养素，而且只能对缺乏某些营养素的人起作用，是补药，不是人人皆宜的强化剂，更不能替代食物。

二、大学生健康膳食

（一）热量摄入保持平衡

大学生的脑力和体力活动强度较大，应保持足够的热量摄入，以应付热量的输出，并有一定的热量储存。大学生每天的平均热量需要，男生为15 000kJ，女生为13 400kJ，每日摄入的总热量应达到推荐供给量的90%～100%。热量摄入低于需要量的 80% 为不足，如长期热量不足，会导致疲劳、消瘦、抵抗力下降，影响身体正常的生长发育以及体力、学习和运动技能的发挥。相反，热量摄入长期超过推荐量的 50%，过量的热能在体内以脂肪的形式储存起来，可引起肥胖。

（二）合理的膳食指标组成

我国营养学家参照 WHO 的建议和我国的具体情况，提出我国人民膳食组成应达到下列指标：平均每人每月谷类 15kg，薯类 3kg，蔬菜 15kg，大豆 1kg，肉类 1kg，鱼类 500g，蛋 500g，食油 300g，在此基础上再摄入一定量的乳、禽、糖和水果等。

（三）良好的饮食习惯。

合理的膳食包括进餐的次数、时间和热量的分配。因为混合性食物在胃内排空的时间是 4～5 小时，所以白天一日三餐的安排是合理的。三餐的热量分配为早餐占 30%，中餐占 40%，晚餐占 30%。一日三餐是人类古已有之的饮食制度，据调查资料表明，有 20%～30% 的大学生不进早餐或简单应付，他们宁可把早餐的时间用来睡觉也不重视早餐，起床后即匆忙赶去上课，致使上课时血糖浓度降低，疲劳很快出现，使得学习效率降低，身体也受到损害。不吃早餐的学生自以为可以利用第二节课后去补充食品，殊不知这样正好打乱了自己生物钟的节奏，其结果是午餐没了食欲，不能很好地进食，导致下午不是饥饿就是腹胀，肠胃功能出现紊乱。这是许多大学生肠胃功能不好，胃病发病率高的主要原因。因此，注重正常的饮食制度，吃好三餐，对保持身体健康有良好的功效。

（四）注意饮食卫生

"病从口入"是人人皆知的常识。注重饮食卫生可以减少各种疾病的发生。从注意饮食卫生的角度讲，在饮食前不仅要判定食品的洁净程度和养成饭前洗手的好习惯，还要做到以下几点：

第一，禁吃已经变质的花生、黄豆、玉米、核桃以及各种干果等食物，它们含有大量有毒的黄曲霉素，这类霉素可以在肾脏、胃、直肠、乳腺和卵巢中引起癌肿。

第二，禁吃过期或变质食品。

第三，少吃腌制品食物。

第四，少吃油炸、含糖过多和可能使身体肥胖的食物。

第五，少吃茴香、花椒等辛辣调味品，这些调味品的过量食用可能促使癌细胞的增生，加速癌变。

第六，少喝含酒精的饮料，以防止消化道的癌变。

（五）节食减肥不可压缩维生素的摄入

为减肥而进行节食，不要压缩含有丰富维生素的食物摄入，例如水果和蔬菜。为了促进沉积脂肪燃烧和防止肌肉总量减少，同时还要参加运动锻炼。

（六）大运动量时的饮食

参加耐力性运动的人，当运动量较大时，可适当补充一些碳水化合物食品。一般的健身运动，则只需多加一杯低糖饮料即可。

合理的营养意味着机体能够摄入保持身体健康所必需的所有营养成分，能促进生长发育、增强体能、增强免疫功能、预防疾病、提高工作效率和运动能力。因此，了解和掌握一定的营养知识对大学生更好的学习生活有很大的帮助。

读一读

"吃"的十条"黄金定律"

世界卫生组织关于"吃"有10项建议，被称为"黄金定律"。

① 食物一旦煮好就应立即吃掉。食用在常温下已存放4~5h煮过的食物最危险，因为许多有害细菌在常温下可大量繁殖扩散。

② 未经烧煮的食品通常带有可诱发疾病的病原体，因此，食物必须煮熟才能食用，特别是家禽、肉类和牛奶。所谓彻底煮熟是指使食物的所有部位的温度至少达到70℃。

③ 应选择已加工处理过的食品；例如，选择已加工消毒的牛奶而不是生牛奶，选择用紫外线照射过的新鲜冷冻的家禽。

④ 食物煮好后常常难以一次吃完。如果需要把食物存放4~5h，应在高温（接近或高于60℃）的条件下保存。常见的错误是把大量的、尚未冷却的食物放在冰箱里，这时食物内部的温度还很高（10℃以上），细菌仍然可以繁殖传播。

⑤ 存放过的熟食必须重新加热（70℃）才能食用。

⑥ 不要让未煮过的食品与煮熟的食品互相接触。这种接触无论是直接的（如把生家禽掺进煮熟的食品中）或间接的（如在切生鸡后又用同一块未经洗刷的切板和菜刀切煮熟的鸡），都会使煮熟的食品重新带上细菌。

⑦ 保持厨房清洁，烹饪用具、刀叉餐具等都应用干净的布揩干擦净。这块抹布的使用不应超过 1 天，下次使用前应把抹布在沸水中煮一下。

⑧ 处理食品前先洗手，上厕所或为婴儿换尿布后尤其应洗手，手上如有伤口，应避免伤口与食品接触，应用绷带包扎起来。

⑨ 不要让昆虫、兔、鼠和其他动物接触食品，动物通常都带有致病的微生物。

⑩ 饮用水和准备食品时所需要的水应纯洁干净。如果怀疑水不清洁，应把水煮沸或进行消毒处理。

第四节　中国人膳食指南

一、膳食模式

膳食营养是通过合理的膳食，向机体提供足够的热能和各种营养素，并保持营养之间的数量平衡，以满足机体正常的生理需要，保持人体健康。膳食即人们日常食用的饮食，由多种食物组成。食物是营养素的载体，膳食是含有多种营养素的多种食物的混合体，构成居民膳食的主要食物种类、数量及其比例称为膳食模式，也称为膳食组成或食物结构。

膳食模式受很多因素影响，其中包括社会经济状况、人口和农业资源状况、农业和食品生产水平、居民消费能力、人体营养需要和饮食习惯等。由于国情不同，膳食模式也有所不同。根据动、植物性食物在膳食中所占的比重，以及能量、蛋白质、脂肪和碳水化合物的摄入量，可将膳食模式大体上分为三种类型。

（一）"三高一低"类型

以高能量、高脂肪、高蛋白质、低膳食纤维为特点，动物性食物为主，谷物消费量少的类型，此类型容易发生营养过剩。

（二）"两低一高"类型

此类型以植物性食物为主，蛋白质和脂肪摄入不足，动物性食物缺乏。能量基本能满足需要的类型，此类型易导致营养不良、体质低下。

（三）合理膳食类型

该类型结合了东西方膳食的特点，能量、蛋白质、脂肪摄入量基本符合营养要求，动、植物性消费量比较均衡，水产品摄入量较大。

二、平衡膳食宝塔

中国营养学会根据营养学原则并结合国情制定了"中国居民膳食指南及平衡膳食宝塔"。它把平衡膳食的原则转化成各类食物的重量，并以直观的宝塔形式表现出来，便于在日常生活中实行。

平衡膳食宝塔共分五层，包含我们每天应吃的主要食物种类。宝塔各层位置和面积不同，这在一定程度上反映出各类食物在膳食中的地位和应占的比重。谷类食物位居底层；蔬菜和水果占据第二层；鱼、禽畜肉、蛋等动物性食物位于第三层；奶类和豆类食物合占第四层；第五层塔尖是油脂类。

中国居民平衡膳食金字塔：

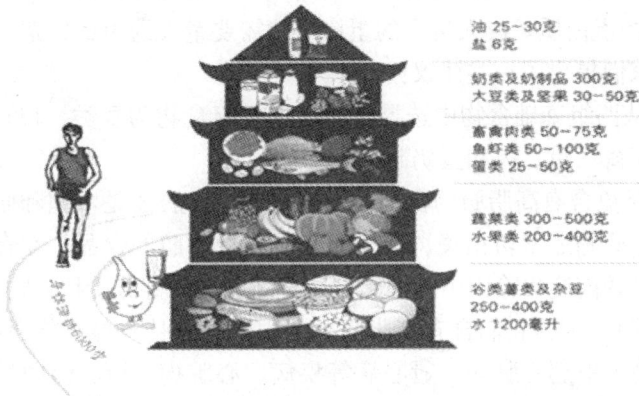

油 25~30克
盐 6克

奶类及奶制品 300克
大豆类及坚果 30~50克

畜禽肉类 50~75克
鱼虾类 50~100克
蛋类 25~50克

蔬菜类 300~500克
水果类 200~400克

谷类薯类及杂豆
250~400克
水 1200毫升

平衡膳食宝塔建议的各类食物摄入量是一个平均值的比例。大学生每日膳食中应当包含宝塔中的各类食物，各类食物的比例也应基本与膳食宝塔一致。

平衡膳食宝塔要求谷类食物每人每天应吃 250~400 克；蔬菜和水果每天应吃 300~500 克和 200~400 克；鱼、禽畜肉、蛋等动物性食物每天应吃 125~200 克（鱼虾类 50 克，畜、禽肉 50~75 克，蛋类 25~50 克）；奶类和豆类食物中每天应吃奶类及奶制品 100 克，豆类及豆制品 50 克；油脂类每天不超过 25 克。但是，日常生活无需每天都样样照着宝塔推荐量吃。例如，烧鱼比较麻烦，就不一定每天都吃 50 克鱼，可以改成每周吃 2~3 次鱼。每次 150~200 克较为切实可行。实际上，平日喜欢吃鱼的可多吃些鱼，愿吃鸡的多吃些鸡都无妨，重要的是一定要遵循宝塔各层、各类食物的大体比例。

膳食中用平衡膳食宝塔可达到两个重要目标：一是将可能产生疾病的相对膳食比例减少到最小；二是将营养丰富的食物增加到最大。通过与平衡膳食宝塔的比较，你可以得到一个含三大营养素和微量营养素的合理的平衡膳食。

在应用平衡宝塔时要注意几个要点：

1. 确定自己的食物需要；

2. 同类可互换，调配丰富多彩的膳食；

3. 要合理分配三餐食量；

4. 要养成习惯，长期坚持。

三、营养素与健康

在膳食中合理地选择三大营养素和微量营养素是非常重要的，以下我们就此提出一些指导性建议，以促进合理饮食的形成。

为满足机体所需要的三大营养素，一个人应该摄入大约58%糖（48%的多糖和10%的单糖）+30%左右的脂肪（其中10%的饱和脂肪和20%的不饱和脂肪）和12%的蛋白质。成人每日的蛋白质的需要量大约为0.8克/千克体重。

膳食专家们提出了一些建议：

1. 认为从四组基础食物中选择食物，这四组食物为豆类、粮食和坚果，水果和蔬菜，家禽、鱼、肉和蛋奶制品。

2. 应该避免含有高脂肪的食品，无论是饱和脂肪还是不饱和脂肪都与心脏病、肥胖和某些癌症密切相关、选择无脂肪或低脂肪的食品。在食用瘦肉、鱼和家禽时，烹调前应去除肉中的油脂，减少膳食中大部分冷切食物（如咸猪肉、香肠和热狗等），因为它们含有高脂肪。胆固醇是维持身体功能所必需的物质，但胆固醇太高可引起心脏病、冠心病等疾病。心脏病、冠心病的发生率与膳食中胆固醇含量密切相关，减少1%的食物胆固醇摄入可降低2%的冠心病的发生率。

3. 盐（氯化钠）是必需的微量营养素，但机体的每日需要量较小。排汗量较大时，其需要量可适当增加。世界卫生组织建议每人每日食盐用量不超过6克为宜，人体应该避免过多的摄入盐，因为高盐是引起高血压的一个很重要的原因。膳食中少盐的国家，其国民高血压的发生率极低，因此，即使没有患高血压，也应该在膳食中控制盐的摄入量。

4. 一般人每天膳食中摄入的食糖是以蔗糖这样的糖形式摄入的。蔗糖是用来做糕点、糖果、冰淇淋、甜饮料、甜食品和其他食物的。过多摄入这些单糖与许多健康问题（儿童多动症、糖尿病）密切相关：大量的食糖增加了膳食中的热能，这就容易发生肥胖，而肥胖则又可导致许多健康问题（如糖尿病）；其次，食糖也易产生龋齿，尽管吃过甜食后刷牙可以防止这些问题的产生，但是它不能解决其他摄糖过度所带来的问题。

5. 和蔗糖一样，长期饮酒将导致机体贮存的某些维生素消耗，会引起严重的维生素缺乏症，因此应该限制酒精的摄入。

四、热能与健康

膳食中摄入一定数量热量物质对发展良好的膳食习惯是非常重要的。如前所述，膳食中出现的大部分问题，不是缺乏营养素，而是能量物质过剩。因此，应该检查自己总能量物质的摄入，防止膳食能量的摄入过高。

在检查自己膳食能量时，应注意两点，一是避免从单、双糖中摄入过多的能量。大部分膳食中的双糖是蔗糖。单糖的主要营养问题：一是不含有丰富的营养素，单糖含有高热能，却几乎不含微量营养素；二是限制膳食中能量物质脂肪的摄入量。脂肪是高能量物质，同时也含有高胆固醇，每克脂肪所含的能量是每克糖和蛋白质的两倍（1 克脂肪含 9.1 千卡热能，1 克糖含 4.6 千卡热能，1 克蛋白质含 4.6 千卡热能）。限制膳食中的脂肪摄入可减少心脏病发生的危险和能量过剩导致的肥胖。

随着社会经济的发展和医学科学的进步，我国居民的生存状况有了很大改善，膳食结构正从温饱型向营养型转变，营养健康的生活已成为人们改善生理功能、提高工作效率、防病保健和治病康复的一个重要前提。

读一读

牛奶与健康

牛奶是世界上公认的超级食品，它的营养和保健价值被公认为是"最接近完善的食品"，是人类一生必需的食品之一，并且在预防和缓解疾病中有着极为重要的作用。研究表明，牛奶具有下列多种生物学功能。

（1）牛奶含钙量最丰富，可促进机体骨骼发育，可以为机体提供钙、磷、维生素 D 等微量元素，牛奶是最安全、最理想的补钙食品。每天喝 2~3 杯鲜牛奶，可以提供 750mg 的钙，能有效预防儿童佝偻病、青少年儿童和青年男女缺

钙及中老年人骨质疏松。

（2）牛奶可提供优质蛋白质，而且利用率高。牛奶中的免疫球蛋白可增加人体的免疫功能，提高机体抗病能力，克服营养不良。

（3）对胃十二指肠溃疡的病人来说，喝牛奶有中和胃酸、止血、止痛及保护胃粘膜，促进溃疡愈合的功效。对于肺结核病人喝牛奶可促进结核病灶的钙化，促进康复。

（4）牛奶中的乳清酸对内脏器官有很好的保护作用，可防止动脉粥样硬化，睡前喝杯牛奶，对神经衰弱、睡眠障碍患者可以起到镇静催眠作用。

（5）牛奶可以减轻癌症病人由化疗、放疗引起的副作用。对糖尿病、痛风病、肝脏病及肾病，牛奶都是有一定疗效的理想食品，牛奶中的钾可预防中风，使中风的危险减少一半。

（6）牛奶中的酪氨酸可促使机体"快乐激素"的产生。牛奶中的碘、锌、卵磷脂可提高大脑工作效率，锌可以加速伤口愈合，维生素B2可提高视力等。

美国科学家指出，多喝全脂牛奶有助于预防癌症。牛奶脂肪中含有特种脂肪酸（CLA脂肪酸），可在预防血癌、乳癌、大肠癌，卵巢癌及前列腺癌等方面发挥作用。

随着营养科学的进步，人类对牛奶营养价值的研究也逐渐深入，并采用强化技术开发出多功能的奶产品。如应用维生素AD、碘、牛黄酸或复合营养素研制的多种强化奶已占据市场。目前已研制出用甲肝、乙肝病毒及幽门螺旋杆菌等3种以上的疫苗注入奶牛体内，使奶牛产生抵抗病症效果明显、无毒副作用、无抗药性的药用食用鲜奶。因此，世界上正在兴起一场营养与健康的"白色革命"。

第十一章 体育文化

第一节 体育文化概述

体育文化，大而言之，指体育运动本身所蕴含的、围绕体育运动所形成的一切物质文明与精神文明的总和；小而言之，又可指体育运动某一方面的文明因素。

一、体育文化的定义

在近 20 年国内兴起的体育文化讨论中，人们除了考察国外和我国近来的各种体育文化的概念之外，也都从各自不同的角度去界定体育文化，几乎每一位论者在谈论体育文化时，都不可避免地要在现存的体育文化的诸义中做出自己的选择或提出自己的看法，以至于这个时期国内提出的体育文化定义有数十余种。

（一）用物质与精神的二元关系来定义体育文化

持这一观点的学者认为体育文化是有关体育运动的物质文明和精神文明的总和，即一定社会中的人们通过长期的体育实践所创造物质财富和精神财富总和。

（二）用狭义的文化概念来界定体育文化

这类观点把体育文化限定在体育精神现象或与体育活动相关的社会意识形态以及与之相应的制度和组织机构等范畴之内，也称为狭义体育文化说。狭义体育文化论者主张把体育文化概念的外延限定在精神领域，认为体育文化就是在以身体的活动为基本形式，以身体的竞争为特殊的手段，以身体的完善为主要目标的体育活动过程中有关人的精神生活的那些方面。

体育文化究竟应该如何定义？体育文化的主体是人类，是人类特有的社会文化现象和文明成果，泛指人类在体育历史发展过程中所创造的物质和精神财富的总和。

二、体育文化起源的历史背景

自古以来，人们把文化分为东方文化和西方文化；世界文化又大致可分为四大体系，即汉文化体系、阿拉伯和伊斯兰文化体系和欧洲文化体系。在这四大文化体系中除欧洲文化外，其他三大文化体系都在世界的东方。

人类对文化的研究开始与 19 世纪中叶，东方文化有着极其悠久的历史和深刻丰富的内涵。黑格尔在评论世界文化发展时指出，当黄河、长江流域已经孕育精美辉煌的古代文化时，泰晤士河、密西西比河、莱茵河上的居民还在黑暗的原始森林里徘徊。然而，在几百年的历史演变中，东方文化发展缓慢，甚至停滞不前，在很长一段时间内东方文化滞后于西方文化。

体育的历史与人类历史一样悠久，在人类文明的历史长河中，体育文化是一个逐渐发展的过程，是人类整个文化的重要组成内容。然而人类在与自然的斗争中，在很长一段时间里对体育文化的认识处在不知不觉之中。

三、体育文化的产生与发展

关于体育文化的产生和发展有很多说法，但比较集中的有以下几种，其中包括：

（一）劳动起源论

早期人类在求生存中学会了奔跑、跳跃等技能，并在追捕猎物等活动中，发展了速度、耐力、力量、灵敏等各种身体素质。这个时候的体育鲜明的体现在以生存为直接目的，进行着各种能力的训练。

（二）军事起源论

这是由于个人之间为争夺狩猎得来的猎物而产生的冲突到后来发展到部落之间的武装冲突，各部落为了提高自己的力量进行了有组织的身体训练。

（三）游戏起源论

当原始人在获得丰富猎物后，特别是当丰收之后，聚集在一起以游戏欢舞的方式庆贺，表明了体育是在跑、跳、投等劳动形态中演化出来，并以欢唱和舞蹈表达内心的喜悦。

（四）宗教起源论

原始社会后期，原始人为求助于自然恩施，祭祀天地而形成的原始宗教活动，并以体育形势进行求助祭拜。

（五）教育起源论

生产劳动的发展以及在军事、游戏中演变出来的运动技能、技巧，以劳动教育的方式传授给后代。既发展了上述各种技能和身体素质，又逐步脱离了动物野性，向人性方向进化，形成了具有文化内涵的体育生活。

综上所述，体育文化的产生是在人类从动物野性变为人性的过程中，在上述因素相互综合演化的结果。

四、体育文化的内涵

体育文化和其他文化一样反映了一个时代、一个国家或民族的特征，并规范着人们的体育行为，也影响着人们的价值观念。

东方，特别是中国体育文化，在儒家文化的长期影响下形成了以追求"统一"、"中和"、"中庸"，重在修身养性的内向性、封闭性、圆满性为主要特色的体育文化。

体育文化是一切体育现象和体育生活中展现出来的一种特殊的文化现象，人们在体育生活和体育实践过程中，为谋求身心健康发展，通过竞技性、娱乐性、教育性等手段，以身体形态变化和动作技能所表现出来的具有运动属性的文化。从以上涵义中可以看出体育文化反映了以下特征：

1. 体育文化总是与人的体育生活紧密联系在一起。

2. 反映本民族的、传统的体育特征，这些传统的体育文化规范着本民族的体育行为，也影响着人们不同的体育价值观念。

3. 体育文化又总是和一个地域或民族的社会文明、物质文明以及自身的发展产生具有互动发展的关系。

4. 从科学分类看，体育文化是一门自然科学和社会科学相结合的综合性科学；从文化学角度看，体育文化是人类整体文化系统中的一个分支，但是体育文化有着它特有的个性，它的产生和发展有着自身的变化规律，因此它具有独立性的一面。

五、体育文化的价值

现代体育教育和世界教育发展潮流是一致的。一百多年来，不但极大地丰富了体育文化，提高了体育在社会中的地位和价值，而且在促进人的"全面发展"、"协调发展"、"完善发展"中起到了重要作用。

（一）奥林匹克运动文化的价值

现代奥运会经过一百多年的发展，已经成为世界上无与伦比的最广泛的社会文化现象。现代奥运会精神文化的设计，是对古代奥运会的继承和发展。竞技场上的优胜者不仅受到橄榄桂冠、棕榈花环和塑像等奖励，更重要的是他们像英雄一样受到故乡人民的崇拜，为他们举行盛大庆典。

奥林匹克的格言是"更高、更快、更强"，它激励青年人奋发向上、超越自我，向着更高的目标迈进。

奥林匹克最终目的是：为建立一个和平美好的世界做出贡献。

现代奥运会的五环设计要比20世纪二三十年代又推进了一大步，体育文化的任务由感性深入到理性，从形体美深入到心灵美。这种深入的心灵美，是一种更高层次的体育文化的理性价值。

（二）竞技体育文化的价值

人类创造了体育，也创造了体育文化，体育文化是一种竞技运动文化。正是人类对这一种竞技运动文化进行了改造，经济、文化才不断的获得创新与发展。然而这些创新与发展，是在众人不断的实践中完成的，并经历了与西方学者的社会变革的历史里程相对应的三个阶段，即宗教体育文化阶段、科学体育文化阶段和正在进行中的艺术体育文化阶段。

（三）大众体育文化的价值

在人类文明的进程中，出于人类的共同需要，对人类自身生存、发展、享受的追求和关注一刻也没有停止过，正是这种大众体育文化在教育全球化的浪潮中的推动力最大，影响最为广泛，也最为深刻。这是因为大众体育文化给人类带来快感和美感，并给社会带来健康和活力。

（四）中国传统体育文化的价值

中国传统文化有着历史悠久、博大精深的光辉篇章，也是中华民族自强不息的象征。

自古以来，中国传统体育都是围绕"养生"为主开展的，人与自然的结合在与通过与自然的交换排除身体内部的浊气、吸取真气、五脏通达、六腑调和，并认为决定健康和长寿的根本在于人体的内部而不在于外部；中国传统体育文化在体育形态上强调整体观和意念感受、动作简单而内涵深刻，很少有强烈的肌肉运动，因此缺少激进和冒险行为。随着东西方文化的交往，中国传统体育文化这种整体修炼和内在和谐之美，正在和现代科学相结合，形成新的独特风格而走向市场。

（五）校园体育文化的价值

校园体育文化作为学校教育的重要组成部分，校园体育文化的宗旨主要是培养学生体育精神、体育意识和体育技能，提高体育文化素养，增进学生身心健康，并在此宗旨指导下开展多种多样的校园体育文化活动。

读一读

★ 运动的作用可以代替药物，但所有的药物都不能替代运动。

法国医学家——蒂素

★ 身体虚弱，它将永远不全培养有活力的灵魂和智慧。

德国诗人——卢梭

★ 世上没有比结实的肌肉和新鲜的皮肤更美丽的衣裳。

俄国诗人——马雅可夫斯基

第二节　竞技体育运动文化

一、基本概念

竞技体育（sport）起源于原始社会狩猎人、采集人、农耕人在闲暇时间里所进行的娱乐活动，而后发展为古代奥林匹克的祭奠竞技。在中世纪，祭奠竞技遭到禁止，文艺复兴割断了神学的锁链，使古希腊文化得以再生和发展，竞技体育也随之得以恢复和发展，演进成为一种世界性的体育文化。

"竞技体育指的是一种活动，它有正式的历史记载和传说，它是在正式组织起来的体育群体的成员或代表之间进行的，是以打败对手来获取有形或无形的价值利益为目标，强调通过竞赛来显示体力与智力。这种竞赛是在正式的规则所设定的限度之内进行的，而规则要对参加者的职责和位置做出明确的界定"（爱德华兹）。

二、基本特征

竞技体育与其他社会文化现象相比，有着许多明显的特征。这些特征是竞技体育存在于社会的前提条件。

1. 竞争是竞技体育的灵魂，竞赛是竞争的完成过程，是一种较为普遍存在的社会现象。竞赛是优胜劣汰的基本形式。竞技体育中的竞赛是社会竞争的一种基本形式。竞赛的目的是为了击败某种对立物。对立物可以是一个具体事物，如一座山、一条河流，也可以是一项纪录、一个人或一个队伍。

2. 竞赛的过程具有强烈的排他性，其结果只产生一个优胜者，这就要求参加竞赛各方要通过训练，不断提高自己的身体技能、战术意识、团队精神以及把握机遇的能力。

3. 竞技体育中的竞赛过程不同于以灭绝对方为目的的战斗方式的"竞争"，也不同于以获得更大经济利益为目的的经济方式的"竞争"。在整个过程中是以公平作为前提，提倡公平竞争精神，即 Fair play。法国公平竞争委员会，曾对公平竞争做出了如下的规定：

（1）认为对手是运动交往中的最佳伙伴。

（2）参加者需要具备以下的精神与态度：

1）坦率与光明正大的精神；

2）不拘胜败，尊重对方；

公平竞争

3）尊重裁判；

4）谦虚的运动员风格；

5）当对手或观众不公平时，取断然的态度；

6）胜利时保持谦逊，失败时保持平静。

4. 具有能使对手产生温暖的人际关系的宽容精神

奥林匹克精神所表达的"重要的不是获取胜利是参加"，我国竞赛场上的座右铭"友谊第一、比赛第二"都是对竞技体育竞争现象的一种理论上的平衡，是对竞争与协作这对矛盾的理想化描述。

5. 竞赛的结果具有预先不可确定性

竞技体育的各种比赛其结果具有预先不可确定的性质特征，这是竞技体育有别于其他领域各种活动而独具魅力所在。

比赛结果的不确定性增加竞赛的公平性和竞争性，它可以给每一个参与者以平等的机会进行尝试较量。其结果是否有效与公正，往往取决于它的公开性，也就是所谓的"透明度"。竞争的公平性是社会民主进步的主要标志。竞争如果不能向民众公开，就或多或少地带有阴谋的性质，取而代之的是掠夺性和非法性。而竞技体育的竞赛过程恰恰就是在众月睽睽之下进行，是一种体现了高度民主精神的竞争。

6. 具有竞赛规则、裁判与仲裁的法律保障

竞赛规则，是保证竞技体育开展公平竞争、合法竞争的法律文件，它是以"法律面前人人平等"的基本原则为基础构成的。竞赛规则的核心是对等。它不承认除身体，心理技术以外的任何不平等。种族、财产、地位、阶级、运动经历等等，在竞技体育的比赛中都是没有意义的。竞赛规则和任何法律一样，首先必须明确规则适用的条件。

罗伯斯用手阻碍刘翔被取消比赛成绩

7. 竞技体育追求既定的功利目标

竞技体育,强烈追求明确的功利目的,而且这些功利目的是公之于世的。竞技体育的功利主要具有以下特征:第一,它产生和确定于同等对抗中,经过一定形式的社会承认,因此结果不容置辩;第二,它的确定过程直接而又迅速。一个竞赛过程结束,功利结果立见分晓。

竞技体育直接参与者的功利追求,只有和观众、体育迷的功利追求相吻合时,才能产生巨大的社会价值(轰动效应)。例:甲方的观众和舆论对乙、丙两方的比赛,功利兴趣不会很大,而当甲方参与其间,或甲方的名次取决于乙、丙之间的胜负和比分时,甲方的观众就会有明显的倾向性。

8. 完整的组织体系和严格的规章制度

国际上,有以国际奥委会为统领的各种体育组织,各国也都设立了竞技体育的管理机构。各国由于国情的不同都确定了不同的训练体制和竞赛体制,形成了不同的运动员成材途径,同时还颁布了一系列有关运动员、教练员、裁判员的等级制度、奖励制度。竞技体育中的"职业化"已是一种发展的大趋势,随着北京成功举办2008年奥运会的强劲东风,"职业化"的竞技体育体制将会加大前进的步伐。

第三节 群众体育运动文化

群众体育是指以健身、健美、娱乐、保健、医疗、康复等为目的的人民大众的体育活动。人们经常提到的娱乐体育、休闲体育、余暇节育、养生体育、医疗体育均可列入此范畴。群众体育的对象是广大民众,包括男女老幼及病残弱者,活动领域遍及整个社会及至家庭,所以堪称是活动内容最广、表现形式多样、适应性较强、参加人数最多的一类体育活动。现代社会的生产、工作和

生活节奏的加快，要求人们必须保持健康的身体和旺盛的精力；另外，现代科学技术既给人类带来了舒适和方便同时也带来了许多不利因素，如生态环境遭到破坏，人们缺乏运动和营养不平衡等造成的各种"文明病"、"亚健康"。所以，人们越来越认识到，只有科学地进行体育锻炼，才能保持和促进身体健康。因此，群众体育是现代社会的一种生活方式之一。

群众体育的广泛性和社会化程度，取决于国家的政治稳定、经济繁荣、生活水平的提高和余暇时间的增多等。群众体育的活动内容丰富多彩，形式多样，适应面广，是人民文化生活不可缺少的组成部分，它与人们生活息息相关，且直接为提高生活质量服务，群众体育内容与形式多种多样，如拔河、钓鱼、各种游戏等。

第四节　校园体育运动文化

一、古代校园体育文化

古代体育尚处在原始教育阶段，因此，还谈不上具有规模性的学校体育，当然也就说不上校园体育文化了，但它也表现了不同时代的体育文化现象。

在 3 000 年以前的中国教育中，就有"体育"的内容。商周教育是以"礼、乐、射、御、书、数"六艺为教学内容，其中"射"、"御"既是军事技术的需要又具有锻炼身体的作用，当然带有明显的体育特征。春秋战国继承了"六艺"教育，"射"、"御"不仅要求掌握技能，还强调礼仪和道德观念的培养。隋唐时代开始实行科举制度，使学生只能埋头读书。虽然在此期间逐步形成了从小学到大学，从私学到官学的教育体系，但是学校教育中只注重德育和智育，而忽略了体育教育，影响了学校教育体系。常言道："饥思食，困思寝、久卧愚动、久动思静"，这是人类生存的主体需要。

二、近代校园体育文化

我国学校体育从孕育到诞生经历了一段漫长的历史过程。从 1840 年开始，帝国主义用炮艇轰开了我国闭关自守的大门。随着军事侵略，国外传教士纷纷来到中国，建立教会、兴办学堂、进行体育文化渗透，并在校园里积极开展了各种西方体育活动。

1840 年鸦片战争后，清政府为维护其封建统治，缓和阶级矛盾，于1901 年宣布实行"新政"，对文化，教育、军事等进行了一些改革。在教育方面废除了科举制度，并在 1903 年颁布了《奏定学堂章程》，规定了各级各类学校均应开"设体操科"（体育课），仿照德、日模式，以兵式体操为主要内容。

辛亥革命后，在资产阶级民主派影响下，教育部门在 1912～1913 年间颁布了新学制系统，此后公立学校特别是普通中等学校出现了"双轨制体育"，一方面体育课仍以体操为基本内容，另一方面课外活动中又开展了一些竞赛性运动项目，如田径、球类等。直到 1923 年，政府在颁布新学制《课程刚要草案》时才正式将学校"体操科"改为"体育科（课）"，并规定体育课内容以田径、球类、游戏等为主。重视体育教法研究，推行"三段教学法"，使学校体育有了明显的变化，这是中国近代体育史上的一大进步。

1932 年，当时的教育机构公布了中小学"体育课程标准"；1936 年公布了《暂行大学体育课程纲要》等等。就制定文件本身而言是社会的进步，对学校体育有积极的促进作用。由于种种原因，各类学校实施情况各不相同。因此学校体育收效甚微。

三、现代校园体育文化

五四新文化运动对学校体育的贡献在于对国民主义体育和国粹体育给以强烈的批评。与此同时，剔除了兵操内容，将体操课改为体育课，并引进西方体育。这虽然是文化流动的结果，但也引起了传统体育文化的冲突。然而由于文化的融合性，才逐渐缓冲下来。尽管如此，学校体育还是在封建道德观的束缚下举步维艰。直到新中国成立，学校体育才确立了以增强体质为目标，并为学校体育的发展开辟了广阔的前景。

中华人民共和国成立后，党和政府十分关心青少年的身体健康。1950～1951 年毛泽东主席先后两次指示教育部"要注意健康第一"、"关于学生健康问题……深值注意"。1951 年政务院在发布的《关于改善各级学校学生健康状况的决定》中指出："增进学生身体健康乃是保证学生完成学习任务，培养出有强健体魄的现代青年的重大任务之。""学生每日体育、娱乐生活或生产劳动时间，除体育及晨操或课间活动外，以一小时至一小时半为原则。"

1956 年国家高教部、体委、卫生部、团中央联合发出《关于加强领导进一步开展一般高等学校体育运动》的通知，强调要明确高校的目的任务，积极开展教学改革，规定学生人均应有 12～15 平方米的体育场地。同年，教育部、高教部分别制定了中小学体育教学大纲和普通高校体育教学大纲，并在学校中推行《劳动与卫国体育制度》。1964 年，国家教育部、体委、卫生部针对学生课业过重的情况提出的《关于改善中小学生健康状况和改进学校体育、卫生工作的报告》得到国务院的批准，并在各地学校推行《青少年体育锻炼标准》，1975 年改为《国家体育锻炼标准》。1979 年，教育部、国家体委，卫生部和团中央在扬州召开了全国学校体育卫生工作会议，进一步强化贯彻党的教育方针——培养德、智、体全面发展的人才，以适应"四化"建设的需要；1990年，国务院颁布了《学校体育工作条例》，对学校体育工作的宗旨、范围、基本任务、原则、管理等方面都作了具体的规定。1992年8月，国家教委印发厂《全国普通高校体育课程教学指导纲要》。国务院及有关部委不仅针对各类学校的实际情况颁布了重要文件，并对实施情况进行了检查、评估，进一步促进学校体育工作的开展。这些充分说明了党和国家十分重视学校体育教育，关心青少年的身心健康。

四、当代校园体育文化

当代校园体育文化在坚持具有中国特色的社会主义体育教育方向的同时，既要发展中华民族传统的体育文化，又要引进国际先进的体育文化。为完成未来体育教育的使命，我国当代校园体育肩负着以下历史使命：树立健康第一的教育指导思想，要树立在生理上、心理上和社会相适应的全面性健康要求，并明确要求加强学生的心理健康教育和对社会的责任感，培养坚忍不拔的意志和艰苦奋斗的精神。

为推行素质教育服务，体育教学中推行素质教育要更多的关注学生的个性发展，提高人文体育的素养，培养健康人格，增强健身意识和品德修养，协调人际关系和合作精神。

培养终身体育教育观念，终身教育是法国的保尔·朗格朗于1965年任联合国教科文组织成人教育局局长时提出来的。他认为，接受教育应当是每一个人从生到死永不休止的事情，终身教育是教育定向上的整合，终身体育是终身教育的一个组成部分。

综上所述学校体育教育的历史，不难看出学校体育是随着国民经济文化教育的发展而发展的，学校体育教育在新中国成立后得到迅速的发展与提高。对青少年的健康成长起到了至关重要的作用。

以上三种体育文化因目的不同而互相区别，但又互相联系、互相渗透，它们都是通过身体活动全面发展身体和增强体质，都有教育和教学的因素，也都有提高技术和竞赛的因素，以上三个方面共同构成体育的整体。一个国家无论在竞技运动方而或狭义的体育方面所取得的成绩，都属于体育总成果的一个方面，但又都不能代表全部，衡量一个国家的体育水平高低的标志是多方面的，如：国民体质和健康水平、群众体育普及程度、体育科研的成就和水平、体育的方针、政策、制度、措施的制定的执行情况、体育投资、体育运动技术的最佳成绩等。其中某一方面成绩并不能代表一个国家全部的体育成果。

读一读

　　在我们劳动人民的国家内，需要千百万身体健壮、意志坚强、勇敢无畏、朝气蓬勃、坚韧不拔的人。

——列宁

　　发展体育运动，增强人民体质。

——毛泽东

　　努力发展体育事业，把我们的国民锻炼成为身体健康精神愉快的人。

——朱德

项目导学篇

亲爱的同学，当你们阅读到《大学体育与健康学程》第二部分的时候，应该了解与获得了必要的体育健康理论知识。接下来我们将进入到大学体育课的具体项目学习之中。在学习运动项目之前，有必要和大家一起探讨下大学体育课程的学习问题。

在我国，体育课是唯一一门贯穿小学到大学的课程，从小学到大学每个学生要必修1000多学时的体育课。同学们有没有考虑过为什么体育课程设置的跨度这么大、学时这么多？体育与人成长的紧密联系以及对于促进个体全面发展的重要性正是体育课程设置的时间跨度如此之大、学时如此之多的根本原因。

大学体育课程以实践教学为主，理论教学为辅。实践课注重运动技术、技能、身体素质兼顾娱乐、休闲体育的教学，以学生为主体，突出素质教育的内容；理论课以教师随堂讲授以及结合学生自学《大学体育与健康学程》理论部分内容并要求完成相应理论作业的形式进行，关注学生对体育健康知识的了解与运用。

那么，如何才是学好大学体育课程呢？是不是跑得快、跳得高、球打得好就代表着体育课程的学习出色呢？当然不是，达成一门课程学习各个方面目标的才是衡量是否学好一门课的标志，因此确定正确的大学体育课程学习目标是至关重要的。下面向同学们介绍大学体育课程五个领域的目标。

一、运动参与目标

体育课程学习首要树立的目标是运动参与的学习目标。只有运动参与了，才有机会发展自己的体能、获得和提高运动技能，才有可能增强体质和提高自身的健康水平。

我们知道，从兴趣的产生到习惯的养成不是一朝一夕能完成的，树立运动参与学习目标就是为了激发同学们对于运动的兴趣和爱好，在此基础上逐渐形成坚持体育锻炼的习惯。是不是只要参加了体育活动就是达成了运动参与的学习目标呢？当然不是。我们所说的运动参与目标是指：1. 积极参与各种体育活动并基本形成自觉锻炼的习惯、基本形成终身体育锻炼的意识。这种参与不仅是在形式上参加了体育运动，而更重要的是全身心地投入到体育运动当中，并且能够在多次的体育运动当中渐渐形成积极参与体育活动的态度和行为。当一个人已经形成了自觉体育活动习惯以后，并且能全身心地投入进去，他可能就会想到如何才能使自己的运动参与过程更加科学、更加有效呢？能够做到运动参与学习目标的第二个方面即2. 能够编制可行的个人锻炼计划，这个问题将会迎刃而解。

二、运动技能目标

同学们，你们参加体育运动仅仅是为了增强体质吗？我想大家的答案一定是否定的。大家参加运动不仅仅是为了增强体质，同时还想在运动中体验到运动的乐趣等等，从而获得身体上和心理上的满足感。

孔子说过：知之者，不如好之者，好之者，不如乐之者。孔子这句话为我们揭示了一个怎样才能取得好的学习效果的秘密，那就是对学习的热爱。体育学习中，不同的人在同样的学习环境下学习效果是不一样的，自身的素质固然是一个方面，但更加重要的还在于学习者对学习内容的态度或感觉。正所谓"兴趣是最好的老师"，一个人只有对体育运动感兴趣，才会积极参加，全力投入，才能够持之以恒，最终形成终身体育的习惯。但是，在体育运动实践中，运动兴趣的形成、保持和稳定一定是在掌握一定的运动技能基础上才能够产生的。假如脱离了运动技能，这种运动兴趣就很可能成为"无源之水，无本之木"，随时都会消失。因此，在大学体育学习中，树立运动技能的学习目标是非常重要的。运动技能的学习目标包括两个方面的核心内容：1. 熟练掌握两项以上健身运动基本方法，提高自己的运动能力 2. 预防和掌握常见运动创伤的处置方法。有运动就可能会产生运动损伤，无论是竞技运动或是健身运动，运动损伤都是有可能出现的。掌握和预防常见运动创伤的处置方法可以帮助同学们及时处理运动中发生的损伤，不至于使损伤的后果加重，帮助肌体尽快得到恢复。

三、身体健康目标

从国家，到社会再到家庭最关注的莫过于青少年的身体健康了。2007 年，中共中央、国务院印发了《关于进一步加强青少年体育增强青少年体质的意见》，6 月 29 日，全国贯彻落实中央 7 号文件的推进会在西安举行，教育部部长袁贵仁在讲话中强调，我们要以更加坚决的态度、更加有力的措施、更加扎实的工作，巩固和发展已有成果，抓紧解决突出问题，推动学校体育工作向新的更高水平迈进。虽然，我们的政府多次强调要加强学校体育工作，切实提高学生健康水平，虽然我们的家庭想着各种方法来促进大家的健康，但同学们的身体健康状况依旧不容乐观。

最新的学生身体素质报告出炉，显示出"一高三低"现象：学生身高和体重增加了，但正常视力水平降低了，生理机能大幅降低，身体体能素质持续降低！

据《南方都市报》报道，自 1985 年以来，中国学生体质健康状况连续 18 年呈下降趋势，尤其是 2000 年以来，6 到 18 岁的学生中，肥胖生高达 15%。令人担忧的是，一些原本在中老年人身上才出现的如高血压、高血脂、冠心病、糖尿病等与肥胖相关的病症，近年来在青少年身上也时有发生，患病年龄提前了 10 到 20 年。

青少年正处在生长发育最旺盛的时期，这一时期学生的身体状况对他们身体的健康成长具有重要影响。体育活动是促进同学的身体发展和健康的重要手段。在树立了正确的参与目标和技能目标的同时，同学们还应该想到向体育要健康，即树立起身体健康的目标。我们不能简单地把身体健康的目标理解为有一个健康的体魄，身体健康目标核心内容应包括四个方面：1. 能测试和评价体质健康状况 2. 掌握全面发展体能的知识与方法 3. 合理选择人体需要的健康营养食品 4. 形成健康的生活方式。

四、心理健康目标

古罗马哲学家西塞罗：心理疾病比起生理疾病为数更多，为害更烈。安徽医科大学的一位老师对合肥市高校的在校大学生进行了一次心理健康的抽样调查研究，研究结果显示，有 23.73% 的同学存在中等以上的心理障碍。通过设立心理健康的学习目标，试图缓解和改善同学们的不良心理状态。心理健康目标包含两个方面主要内容：1. 根据自己的能力设置体育学习目标 2. 能自觉通过体育活动改善心理状态，克服心理障碍。

五、社会适应目标

随着社会的发展，社会适应问题更加突显重要，如何提高青少年的社会适应能力越来越引起人们的关注。体育活动为同学们提供了一个类似于社会的场景。体育活动的过程中，参加者往往要根据需要担任某项体育运动角色，并按照一定的体育规则和体育道德标准进行体育活动。认知心理学领域的"一般迁移"论认为：一般的思维方法、认知风格等能引起广泛的迁移，具体地说，人们对先前学习所获得的思维方法和策略能够跨学科、跨领域而产生迁移。体育活动为同学提供了类似社交的场所，这对同学尽早的接触社会，提高同学的社交能力，独立工作能力，有着积极的作用。所以同学们在大学体育学习中还应该树立起社会适应的目标，包括两个方面的核心内容：1. 表现出良好的体育道德 2. 正确处理竞争与合作的关系。

希望同学们通过大学阶段的体育课程学习，能够尽可能达成以上五个领域的目标，因为只有这样，你才能自豪地说："我学好了体育课。"下面就欢迎同学们进入到具体的体育项目学习之中。

第十二章　球类运动

第一节　篮　球

篮球运动是两队在特定的规则、特定的空间与时间限制下，通过队员间的移动和传、投、运球相结合的手段与方法，以球进入对方球篮框中得分，并阻止对方获得球权和得分为目的，而展开空间与时间、投篮准与制约投篮准的立体型凶悍、攻守对抗性比准游戏。

一、篮球运动概述

现代篮球运动是 1891 年由美国马萨诸塞州斯普林菲尔德市基督教青年会体育教师詹斯·奈史密斯（James Naismith）博士为了解决学生们在寒冷的冬季上体育课的难题而发明的室内集体游戏活动项目。1908 年，美国制定了全国统一的篮球规则，并用多种文字出版，在全世界推广发行。1932 年，国际篮球联合会（International Basketball Federation，FIBA）在瑞士日内瓦成立，FIBA 负责制定国际篮球球例，制定篮球比赛用的篮球场和篮球规格，控制球员的调动，任命可以在国际篮球比赛执法的球证和举办大型篮球比赛。目前，FIBA 共有 213 个会员国家。1936 年，第 11 届奥运会将男子篮球列为正式比赛项目，并统一了世界篮球竞赛规则。1976 年，第 21 届奥运会将女子篮球也列为正式比赛项目。

1895 年，美国国际基督教协会派往中国的天津基督教青年会将篮球运动传入我国，至今已有 100 多年。1910 年，旧中国的第一届全运会上举行了男子篮球表演赛之后，在全国各大城市的大、中学校，篮球活动逐渐开展起来。篮球运动现已发展成为国内影响最大的运动项目之一，深受人们的喜爱。

二、篮球基本技术

篮球技术通常分为进攻技术和防守技术两大体系。依据篮球运动技术运用的特点、篮球技术、技能习得的规律以及运动实践，可把篮球技术内容体系分为以下几个部分：技术基础（手法、步法）、投篮技术、获得球技术（抢、接、断）、支配球技术（传、运）、一对一技术（攻守技术运用）。

（一）基本步法

包括：基本站立姿势与各种移动方法。

1. 基本站立姿势。指队员的站立姿势，要求两脚前后或左右开立，距离约与肩同宽，屈膝降重心，重心在两脚之间，上体正直略前倾，双臂屈肘自然下垂置于体侧，抬头注视全场。队员在比赛中应始终保持基本站立姿势。

2. 移动。包括：起动、跑（侧身跑、变速跑、后退跑、变向跑）、跳（单脚起跳、双脚起跳）、急停、跨步、转身、防守步法（滑步、后撤步）等。

（1）侧滑步

两脚平行站立，屈膝降重心，上体微向前倾，两臂侧伸。向右侧滑步时，左脚前脚掌内侧蹬地，右脚向右跨出，在落地的同时，左脚紧随滑动，向右脚靠近，两脚距离保持不变，右脚继续跨出。左侧滑步时，脚步动作相反。

（2）急停

急停分为跨步急停和跳步急停两种。

1）跨步急停

在快速跑动中急停时，先向前跨出一大步，用脚跟先着地过渡到全脚掌抵住地面，并迅速屈膝，同时身体略向后仰，后移重心。然后再跨出第二步，脚着地时脚尖稍向内转，用前脚掌内侧蹬地，两膝弯曲，身体稍侧转，微向前倾，重心移至两脚之间，双臂屈肘并自然张开，帮助控制身体平衡。

2）跳步急停

队员在中慢跑时，用单脚或双脚起跳（稍离地面），上体稍后仰，两脚平行后前后同时落地。落地时全脚掌着地，用前脚掌内侧蹬地，两膝弯曲，两臂屈肘微张，以保持身体平衡。

（二）基本手法

基本手法包括持球手法、接球手法、传球手法、投篮手法和运球手法等，但无论哪种手法都要求手与球接触时，五指自然分开，掌心空出，以指根以上部位接触球。

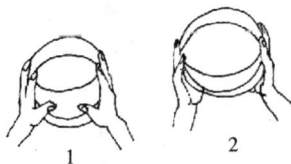

图 12-1

（三）投篮技术

现代投篮技术包括原地投篮技术、行进间投篮技术、跳起投篮技术等。

1. 投篮动作方法原地单手肩上（高手）投篮（右手为例）

双脚开立，右脚稍前，两膝微屈，与肩同宽，身体重心落在两脚之间，屈肘、正对篮筐，手腕后仰，五指自然分开，指根以上部位触球，掌心空出向前上方，持球于右肩前上方，肘关节自然下垂、正对篮筐，左手扶球左侧，上体放松稍后倾，目视瞄篮点。投篮时，下肢蹬地发力，腰腹伸展，抬肘伸前臂，手腕下压带动手指弹拨球，最后通过食、中指柔和用力将球投出。

图 12 - 2　单手投篮

2. 行进间单手低手投篮（右手为例）

跑动中右脚跨出一大步的同时，双手接（持）球，接着左脚迈出一小步并用力蹬地向上起跳，同时右腿屈膝向前上方摆动，随之向上展体，右臂向篮圈方向伸出，五指自然分开，掌心向上，指根以上部位托举球，接近最高点时，手腕上屈，以手指向上挑、拨的动作，使球柔和投出，通常碰板进篮。

图 12 - 3

（四）获得球技术

获得球技术是篮球比赛中队员由无球向有球状态转换时，所采用的动作方法的总称。接球技术包括原地接球技术、跑动接球技术和摆脱接球技术。

1. 摆脱接球

无球队员利用脚步动作或同伴掩护，摆脱防守后，接同伴传来的球，并采用相应的停步动作以衔接下一个进攻动作。

2. 抢篮板球技术

它包括抢进攻篮板球和抢防守篮板球。它的技术动作由抢占位置、起跳动作、抢球动作以及抢球后动作等环节组成。其中抢占位置是抢篮板球的关键，应正确判断篮板球的反弹方向、距离以及对手的位置，运用脚步动作，快速抢占有利位置。

抢进攻篮板球时，要用快速的移动步法，配合身体动作，摆脱防守队员的阻挡，冲抢篮板球，多用单脚起跳，单手抢球，即要"冲抢"；抢防守篮板球时，一定要利用自己靠近篮圈的有利条件，先挡住对方队员的冲抢，再去抢球，即先挡后抢，多用双脚起跳，双手抢球。

3. 抢断球

它包括纵断球、横断球和封断球。不论是从接球者的侧面或后面进行断球，还是封堵传球者的传球，都必须建立在准确的判断和快速的脚步动作的基础上。

（五）支配球技术

支配球是指比赛中队员在成功获得球的基础上，为了投篮或给同伴创造投篮机会而采用的各种运球和传球动作方法的总称。它是比赛中进攻队员之间相互联系和组织进攻的纽带，更是实现全队进攻战术配合的具体手段。支配球技术包括传球技术和运球技术。

1. 传球技术

传球过程是由持球动作、传球手法、球的飞行路线和球的落点四个环节组成的。传球手法是整个传球动作的关键，它决定球的飞行路线、速度和球的落点，腕、指用力是传球手法中最主要的环节。

传球技术包括双手胸前传球、双手头上传球、双手低手传球、双手击地传球、单手胸前传球、单手肩上传球、单手体侧传球、单手背后传球、单手击地传球等。

2. 运球技术

运球技术动作由身体姿势、手臂动作、球的落点以及手脚与身体的协调配合四个环节组成。

运球技术包括原地高、低运球、运球急停急起、体前变向运球、转身运球、背后运球等。

三、篮球战术

篮球战术是以篮球技术为基础，在比赛中队员之间有策略、有组织、有意识地相互协调配合，进行集体攻守对抗的组织形式和方法。其目的是为了充分发挥本队的特长，制约对手，争取比赛的胜利。通常将篮球战术分为进攻与防守两大系统。

（一）战术位置分工的特点与要求

随着现代篮球战术的发展，队员在场上的战术分位也随之趋向全面、机动，战术的位置分工和锋、卫位置的职责趋于模糊。但在一般水平的比赛中，通常还是将队员的位置分为中锋、前锋和后卫，不同位置的队员在比赛中承担着不同的职责和攻守任务。

1. 前锋队员

前锋位置在半场的两侧，位于罚球线延长线两侧的地区，活动范围广。此位置不仅处于进攻的最前沿，也是向内策应区域供球的最佳区域，同时又是防守的重点区域。在此位置进攻的队员，接球后攻击面较大，承担外线进攻的主要任务，动作特征多为面向球篮完成技术动作。而在此位置防守位于前锋位置的运动员的进攻，首先要控制其接球区域，尽可能使其远离球篮，并在不习惯完成动作的区域接球，重点防其远投、向篮下突破和向内线传球。

2. 中锋队员

中锋位置在靠近球篮的内线区域，该位置不但是进攻得分及抢篮板球的关键位置，而且是配合全队进攻的枢纽，同时也是防守的重点，攻、防争夺激烈，可移动的范围有限，人员较为密集。中锋队员承担着内线攻击与防守的重任。中锋位置的进攻以抢占地面位置与占据空间为主，进攻技术主要有面向篮进攻

技术、背向篮进攻技术、投篮技术、抢篮
板球技术以及与前锋、后卫做进攻战术配
合。而防守时要防守对方中锋，让其远离
球、远离篮，并在有身体接触的情况下控
制其接球，封盖投篮；同时还要组织全队
的防守，及时补防、协防。

3. 后卫队员

后卫位置在球篮的正面，处于外线，
主要活动范围是罚球区弧顶外及附近两侧。
后卫队员是临场比赛的组织者和指挥者，
是比赛的核心队员，承担着组织全队攻守
的任务。进攻时承担着球的调度、分配以
及运用远投和突破打乱对手防守部署的任务，防守中既可防守后卫，也可防守
前锋，要在较大范围内防对手运球和传球以及个人攻击得分。

（二）战术基础配合

战术基础配合是指在篮球比赛中队
员两三人之间有目的、有组织、协调行
动的简单攻守配合方法，是组成全队战
术配合的基础。它包括进攻战术基础配
合和防守战术基础配合。进攻战术基础
配合包括传切、掩护、策应和突分配合。

1. 进攻战术基础配合

（1）传切配合

传切配合是持球队员和无球队员之间
利用传球和切入所构成的一种进攻配合方
法。它包括一传一切和空切。从切入的方
向和路线上，分为纵切和横切两种形式。

（2）掩护配合

它是进攻队员利用合理的身体动作挡住同伴防守者的移动路线，使同伴或
自己借以摆脱防守，获得进攻机会的一种配合方法。按其掩护位置的不同，有
侧掩护、后掩护、前掩护三种形式。它可运用于给持球或无球队员掩护，也可
用于行进间或定位掩护，还可用于连续掩护和双掩护。

2. 防守战术基础配合

防守战术基础配合是为了破坏对方的进攻配合，或当同伴防守出现困难时，
及时地给予协助，相互合作共同完成防守任务的配合方法。它包括挤过、穿过、
绕过、换防、关门、夹击、协防、补防等内容。

（1）挤过

防守者在掩护队员临近自己时，积极向前跨出一步，贴近自己的防守对手，从掩护者前面挤过或抢过去，继续防住自己的对手。

（2）交换防守

当对方进行掩护时，防守的一方被掩护的队员不能及时挤过、穿过、绕过时，防守队员之间及时地呼应，交换各自所防对手。

第二节　排　球

一、排球运动的历史扫描

排球运动主要是用手和手臂完成发球、垫球、传球、扣球和拦网等技术动作来组织进攻和防守的隔网对抗性球类运动项目。排球英文"volleyball"的原意是"空中飞球"，在我国译为"华利波"，后来根据成队比赛、球在空中被来回拍击及参加者成排站位的特点，将"华利波"改称"队球"，后又改称"排球"沿用至今。

排球运动起源于美国。1895年，美国麻省霍利约克城基督教青年教会干事威廉·G·摩根结合篮球、棒球、网球以及手球等游戏创造了这一项球类游戏。

1896年，首次排球比赛在美国斯普林费尔德体育专科学校举行。最初的排球比赛出场人数不限，由双方临时商定，但人数必须相等；1912年，规定双方上场的队员必须轮转位置；1917年，规定每队上场队员为6人；1922年，规则已趋完备，规定每方必须在三次以内将球击过网。1947年7月，在法国、前捷克斯洛伐克和波兰三国的倡议下，国际排球联合会（FIVB）在巴黎召开成立大会。这次大会选举了法国人保尔·黎伯为第一任主席，制定了国际排联宪章，成立了技术委员会、竞赛委员会和裁判委员会，正式出版了通用国际排球竞赛规则。1977 年，国际排联对规则又进行了修改：将标志杆内移 20 厘米；拦网触手后还可击球三次。这两条规则有利于防守，对进攻技术、战术的发展促进很大。

排球运动主要通过教会、传教士、驻外军官和士兵传播到了世界各地。排球运动首先传入加拿大、古巴、巴西等国，在美洲流行开来。第一次世界大战期间，排球传入法国、意大利、苏联、捷克斯洛伐克、波兰等国。由于当时"六人制""位置轮转"等规则已被确定，欧洲六人制排球运动发展很快。

1900 年，排球传入印度，1905 年传入中国。亚洲排球经历了 16 人制—12人制—9 人制—6 人制的演变过程。亚洲地区在开展 6 人制排球之后，特别是中国首创的快球打法得到迅速传播后，水平提高较快，20 世纪 60 年代即成为一支能与欧洲强队抗衡的力量。1981 年，中国女排开始崛起，至 1986 年，中国女子排球队在世界杯、世界锦标赛和奥运会上 5 次蝉联世界冠军，成为世界排球史上第一支连续 5 次夺冠的队伍。

1981 年女排世界杯

1982 年世界女排锦标赛

1984 年奥运会

1985 年世界杯

1986 年的世界杯

2004 年雅典奥运夺冠

70 年代以前，美洲人一直把排球运动看成娱乐性的游戏项目，运动水平远远落后于欧洲和亚洲。70 年代中期，古巴首先崛起，以惊人的弹跳力，高打重扣结合亚洲打法，刮起一阵强劲的"加勒比旋风"。与此同时，巴西、美国、阿根廷、秘鲁等队的技术也迅速提高，形成强大的美洲势力。现在，排球运动已进入欧、亚、美三大洲鼎立的时代。

二、排球运动的基本技术

（一）排球技术概念

指在规则允许的条件下，运用人体解剖和运动生物力学的原理，所采用的各种合理击球动作以及为完成击球动作的其他配合的总称。

（二）排球技术的分类

排球技术根据不同的技术特点和运用方法等，可分成六大类。

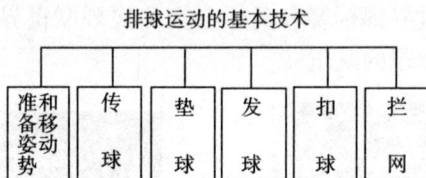

排球运动的基本技术

准备姿势和移动	传球	垫球	发球	扣球	拦网

图 12－4

1. 准备姿势和移动

准备姿势是为了有利于起动、移动，使身体动作和心理活动处于良好的"临战"状态。

稍蹲准备姿势　　　　低蹲准备姿势　　　　半蹲准备姿势

图 12－5

及时、准确、快速的移动是击球前合理取位以及寻找最佳击球点的前提。起动是移动的开始，是在准备姿势的基础上变换身体重心的位置，使身体便于向任一方向快速移动。起动的快慢，决定着移动取位能否及时准确。移动的步法主要有并步、跨步、交叉步、滑步和跑步。

交叉步移动   跨步移动

图 12 - 6

2. 垫球

垫球是排球比赛中运用较多的一项技术，主要用于接发球、接扣球、接拦回球以及防守和处理各种球。当一传来球较低时，还可以垫二传，用来组织进攻。垫球技术是组织一攻、防反、保攻和推攻的重要击球手法。

图 12 - 7   正面双手垫球示意图

击球手型-抱拳式   击球手型-叠指式   击球手型-互靠式   击球部位

图 12 - 8

3. 传球

传球主要用于二传，在比赛中起到组织进攻的作用。在比赛中，传球也常用来接对方的处理球、吊球和被对方拦回的高球。还可进行吊球和处理球，起着直接进攻的作用。

传球的分类：正面双手传球、背传、侧传、跳传和单手传。

图 12 - 9   正面双手传球示意图

4. 发球

发球是比赛的开始，也是进攻的开始。攻击性强的发球，可以破坏对方的一传，降低对方一攻的威力，达到先发制人的效果，为本方防守反攻创造有利机会。

图 12-10　正面上手发球示意图

5. 扣球

扣球在比赛中的作用极为重要，是进攻中最积极有效的方法，是从被动的防守转化为主动进攻的最重要手段。

扣球技术依据动作方法可分为正面扣球、小抡臂扣球、单脚起跳扣球和勾手扣球等。

图 12-11　扣球助跑起跳示意图　　　　图 12-12　扣球空中击球示意图

6. 拦网

拦网是防守的第一道防线。有效的拦网，可以减轻本方后排的防守压力，为反击创造有利条件，同时也可以削弱对方进攻的锐气，给对方攻手造成心理威慑。

拦网的分类：单人拦网、集体拦网（双人、三人拦网）。

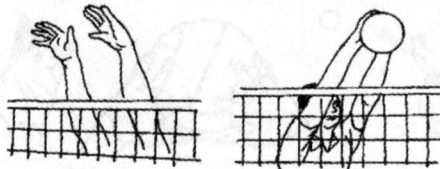

图 12-13　拦网手形及捂盖球动作

三、排球基本战术

（一）排球战术的概念

排球战术是指运动员在比赛中根据排球运动规律、规则要求以及临场情况等，合理地运用技术，所采用的有意识、有目的、有组织的个人和集体配合行动。全面、准确、熟练的技术是组织战术的基础，而合理地运用战术又能更加充分地发挥技术的威力。

（二）排球战术的分类

根据排球运动的特点和比赛的规律，一般把排球战术分为个人战术和集体战术两大类。

集体战术又进一步分为接发球及其进攻（简称一攻）、接扣球及其进攻（防反）、接拦回球及其进攻（保攻）、接传、垫球及其进攻四个战术系统。

每一种战术系统都包含进攻和防守战术。进攻战术是指二传队员和扣球队员之间所组织的各种进攻配合，包括强攻、快攻和两次球进攻三种基本打法。这些打法都可以在"中一二"、"边一二"和"插上"三种进攻战术阵型中具体运用。

1．"中一二"进攻战术形式

"中一二"战术是进攻战术中最简单、最基本的战术形式，由3号位队员作二传，把球传给2号位或4号位队员扣球的进攻形式。

2．"边一二"进攻战术形式

"边一二"进攻战术形式即接发球时，把球传给前排2号位队员，由他传球给3号位或4号位队员进攻。

3．"插上"进攻战术形式

二传队员由后排插上到前排担当二传，把球传给前排位置上队员或后排队员进攻。

防守战术是组织进攻或反攻战术的基础，没有严密的防守就无法组织有效的进攻。它包括接发球、扣球、拦回球和传、垫球防守战术。

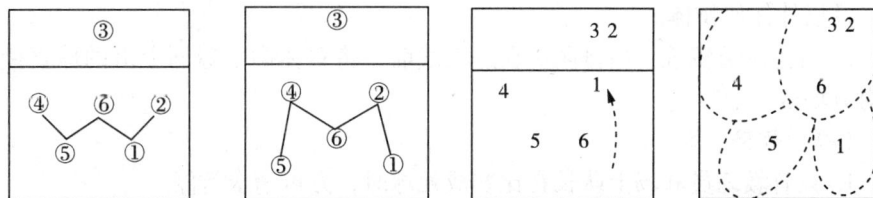

5人接发球W型站位　　5人接发球M型站位　　双人拦网"边跟进"　　双人拦网"心跟进"

图 12－14

四、主要竞赛规则

（一）胜

1. 从发球击球起至该球成死球止，获胜队得一分，并获得发球权。

2. 采用5局3胜制。每一局（决胜局除外）先得25分并超出对方2分的队为胜一局。

3. 决胜局（第5局）打至8分时，双方交换场地，不休息，按原来的位置继续比赛，打到15分并超出对方2分的队为胜一场。

（二）所有局间休息时间均为3分钟

（三）犯规

比赛行为违背规则为犯规。如果两人或更多的犯规先后发生，则只判罚第一个犯规。如果双方队员同时犯规，则判"双方犯规"，该球重新进行。

1. 发球犯规

（1）击球时，脚踏及端线或边线的延长线。

（2）发球时，从裁判鸣哨起8秒钟内未将球发出。

（3）发球时，发球队队员个人或集体利用各种动作或密集站立，阻挡球的飞行路线，形成"掩护发球"。

（4）裁判未鸣哨而发出的球无效，重新发球。

（5）发球时，抛球次数超过1次。

2. 位置错误：发球队员发球击球的一刹那，双方任何一队员未按规则中规定的位置站位。

3. 持球：球在队员身体任何部位停留时间较长，造成接住或抛出。

4. 连击：当队员身体任何部位连续触球多于一次（拦网除外）。

5. 触网犯规：队员击球时或干扰比赛的情况下触网。

6. 拦网犯规：在对方队员进攻性击球前或击球的同时拦网触球，或后排队员参加并完成拦网。

7. 界外球：球触及地面的部分完全在界线以外，或触及标志杆、标志带、网柱及场外任何物体。

8. 后排队员犯规：后排队员在进攻线前，将整体高于球网上沿的球直接击入对方场区。

（四）暂停

1. 只有教练员和场上队长在比赛成死球时，方可请求暂停。

2. 每局比赛每队可有2次暂停，每次暂停时间不得超过30秒。

3. 在世界性比赛第1~4局，每当领先队达到8分和16分时，自动执行技术暂停，时间为60秒。

4. 决胜局（第5局）没有技术暂停。

（五）换人

1. 只有教练员和场上队长在比赛成死球时，方可请求换人。

2. 每一局每队最多可替换 6 人次，可同时替换一人或多人。

3. 替补队员每一局只能上场比赛一次，替补开始上场阵容的队员，而且他只能由被他替换下场的队员来替换。

（六）后排自由防守队员（自由人）

1. 可以替换后排任何一名队员。

2. 不允许发球、拦网和试图拦网。

3. 他的替换不计在该队的换人次数之内，且没有次数限制。

第三节 足 球

足球是世界上开展最广泛、影响最大的体育项目，被誉为"世界第一运动"。足球运动是以脚支配球为主，两个队在同一场地内进行攻守的体育运动项目。它具有非常强的战斗性和对抗度，比赛时间长、体能消耗大、技术难度大、战术相对复杂多样。专业竞技的足球训练和比赛有着较强的针对性和专业性，形式和气氛严肃、激烈和紧张。与专业竞技的足球训练、比赛不同，大学足球运动课程主要是满足同学们对健身和娱乐等方面的需求。因此，大学足球课程和训练方法主要是：通过学习和掌握一切足球专业基础技巧与能力，培养全身的协调性；通过学习和掌握基本的、最实用的技术、技巧和战术配合，体验足球的魅力和乐趣；通过科学、专业、适宜的贴近实战的练习，培养实战技能和战术素养；通过有针对性的教学竞赛活动，培养技术、战术能力，从体验比赛或游戏中收获成功与快乐。

一、足球基本技术

（一）运球技术

运球技术是由脚背正面运球、脚背外侧运球、脚背内侧运球和脚内侧运球四种基本的运球技术组成的。为了战术需要，破坏对方的防守，个人突破摆脱对方的阻截常常采用运球技术，是足球运动的一项基本技巧。

1. 脚背内侧运球

脚尖和髋关节稍外转，利用小腿的摆动力量推击球的侧后部向支撑脚一侧移动。

图 12-15

2. 脚背外侧运球

脚尖外转，用脚背外侧推拨球的侧后部，向运球脚一侧移动。

图 12-16

3. 脚背正面运球

脚跟提起，脚尖下指，小腿自然前摆，用脚背正面推击球的正后方。

图 12-17

（二）踢球技术

踢球技术包括助跑、支撑脚站位、踢球腿摆动、脚触球和踢球后的随前动作五个环节。站位、摆腿和脚触球（脚的部位和球的部位）三个环节决定了踢出的球的力量、方向和轨迹的变化。

1. 脚内侧踢球

直线助跑，支撑腿微屈，支撑脚脚尖正对出球方向距球约一球距离，摆动腿外旋，小腿以膝关节为轴摆动，击球时屈脚背保持踝关节紧张，以脚内侧对球，同时脚底保持与地面平行，敲击球的中后部，击球后随球继续向前移动。

图 12-18

2. 脚背内侧踢球

斜线助跑，最后一步要大，以脚后跟过渡到脚掌支撑于球侧 20～30cm，脚尖对着出球方向，膝微屈，身体倾斜保持平衡，大小腿折叠作鞭状摆动，以脚背内侧击球后下部，击球瞬间脚背紧张，击球后踢球腿继续向前向上随摆，完成击球动作。随着摆腿方向变化和脚后跟高度的调整，可以踢出侧旋的弧线球、后旋的长传球或低平球等不同性质的球。

图 12 - 19

（三）停球技术

足球的停球技巧相对于其他球类项目而言，具有多样性和复杂性，只有把来球停到下一个动作需要的位置，才可以称之为合理的停球技术。停球的手段大致可分为利用身体挡切、挤压球将球挤向地面或挡向空中和缓冲来球力量两种方式。

1. 脚底停地滚球

正面来球时，停球腿自然前伸、脚背上屈，脚跟高度低于球的高度防止漏球，接球瞬间踝关节放松、脚掌下压将球挤向地面，随即利用脚掌将球拉拨向下一个动作需要的位置。

图 12 - 20

2. 脚内侧停地滚球

挡切式：以脚弓部位正面或侧面以一定的角度接球，大腿微抬触球瞬间下压，以脚弓部位挤切球的中上部，以合适的力量将球挤向两侧或前方，随即将球运走或踢出。

图 12－21

后引缓冲式：停球腿前伸以脚弓部位正对来球，触球瞬间放松向后引腿，通过一段距离的引腿减速缓冲来球力量，随后将球拨向下一个位置。

图 12－22

3. 大腿停球

大腿停球可分为提腿接球和收腿缓冲接球两种方式。正对来球，判断并移动到接球落点，提膝抬腿，以大腿中段接球，触球瞬间腿部放松下放缓冲来球力量。提腿接球则于接球瞬间大腿微微上提，改变来球力量使球在腿上轻轻向上弹起后，再进行后继的处理。

图 12－23

4. 胸部停球

停球方式的不同，使得胸部停球可以采用收胸式和挺胸式两种方式。收胸式停球在判断来球并移动到位后，上体挺胸迎球，收下颌，胸部触球瞬间呼气收胸缓冲来球力量，将球泄下；挺胸式上体后仰挺胸反弓，接球瞬间伸腿提脚跟向上轻轻发力，使球在胸部轻轻弹起后，再进行后继的处理。

图 12－24

（四）头顶球技术

头顶球按顶球的身体部位可分为正前额和侧前额两种，它可以采用原地、助跑、跳起和鱼跃等方式灵活的运用。

以原地正前额顶球为例：判断移动到位后，目视来球，上体后仰反弓，腰腹摆动发力主动击球，用前额正面击球中后部，击球瞬间保持睁眼及颈部紧张，击球后继续向前摆体，目视球去。

图 12 - 25

（五）抢截球技术

抢截球可分为正面抢截和侧面抢截。它一般由跨步抢截、合理冲撞、铲球等抢截技术构成。抢截技术应用的时机非常重要，一般在对手离球较远或对方的控球脚离球的一刹那迅速出击，以避免盲目出击或造成不必要的犯规。初学者一般要求掌握跨步抢截和合理冲撞两种基本的抢截技术。

正面跨步抢截：面对迎面而来的对手，当判断好出击时机后，支撑腿迅速用力向前跨步蹬出，前脚脚尖外展以脚内侧迎球，触球对脚时保持紧张用力，支撑脚迅速跟上，同时触球脚迅速向上提拉球，使球从对手的脚面越过，完成抢球动作。

（六）掷界外球技术

掷界外球技术一般分为原地和助跑掷界外球两种。它们同样需要运用借助腰腹和手臂的发力方式，同时必须面向场内的掷球方向，两脚立于边线外后触及边线，但任何一脚都不得完全离开地面，掷球必须以一个连贯的动作将球用双手由头后经过头顶掷入场内。

图 12 - 26

（七）守门员技术

守门员的技术复杂多样，从基本的选位、站位、移动到扑接球技术和发球技术都需要专门的训练，一般每个专业的球队都为守门员配备了专门的守门员教练。对于大部分的足球爱好者来说，我们只需要了解一些初步的接球方式即可。

1. 接地滚球

直腿接球时，双脚并拢膝关节微屈，两脚间防止漏球；单跪膝接球，屈膝脚的脚跟与跪地腿的膝盖靠拢，以跪地的小腿防止球从脚下漏过，双手掌心朝前两臂及双手小指靠拢，接球后顺势向上屈臂、双手抱球于胸前。

2. 接低平球

手形与接地滚球相同，接球时手臂前伸，身体正对来球以防漏球。上体前倾，手部触球后压抱球于体前。

3. 接高球

分原地与跳起两种，接高球时，两臂上举，双手自然张开，大拇指相对呈八字，掌心对球，接球后下引双臂翻手呈小指相对抱球于胸前。

图 12 - 27

4. 扑接球

扑接地滚球和低球时，身体重心迅速下降，外侧脚蹬地，两臂迅速伸出，以脚开始到体侧、手臂等由下到上依次着地缓冲冲击，倒地一侧的手迎挡球，另一只手按压球后上部防止球跳动，随即躯体收手、抱球于怀中。

图 12 - 28

二、足球的基本战术

足球比赛中始终贯穿着进攻与防守的不断变换，在进攻与防守的过程中为了获得胜利，根据主客观的实际情况而采取的个人行动和集体配合总称足球战术。无论个人战术还是集体战术，都属于进攻战术和防守战术这两大战术系统。

（一）进攻战术

当获得球权的刹那，进攻战术便开始了，一个队伍必须学会和掌握并善于运用进攻战术的四大原则。

1. 宽度原则

尽可能利用球场的宽度，迫使防守者扩大横向的防守面积和防守队员之间的协同距离，为己方的进攻创造空间。这要求培养队员在比赛中的横向长传转移的能力和意识。

2. 渗透原则

在横传转移拉开对方的防守后，伺机利用快速的直传渗透对方的防守，为射门得分创造有利的条件。快速、突然的渗透进攻是成功的关键。

3. 灵活原则

在对方密集防守进攻受限的情况下，灵活的运用有球或者无球的跑动，为同伴的切入制造空挡和机会。爆发性的启动和切入速度及合理的运用灵活原则是瓦解对方密集布局、打乱对方防守阵型的有效途径。

4. 即兴发挥的原则

在进攻中即兴创造射门机会。直觉、应变思维、临场经验、良好的灵敏和速度让进攻的即兴创造发挥重要作用。对于射门得分而言，即兴发挥是极为关键的。

（二）防守战术

防守战术的实施是在丢球后即刻开始的。虽然受进攻的牵制，利用积极主动的防守战术扼制对方的进攻是极为重要的。

1. 延缓原则

丢球的即刻，丢球的队员或离球最近的队员应该立即采取行动，实施抢断和干扰，阻止对方有组织的快速反击，为本方重新组织防守赢取时间。每一位队员都应该清晰的理解延缓的目的和意义。

2. 平衡原则

攻守平衡一直是足球发展的重要因素，我们总是要求防守的人数要多于对方进攻的人数，至少也要保持投入等量的防守队员。在延缓的同时要积极回撤，以保持与攻方进攻力量对等的防守力量。

3. 集中原则

离球近者紧逼，离球远者保持适当距离；对球门威胁大的中路进攻紧逼，边路可以适当放松。队员之间的配合保护也是如此，集中能够调动的防守扼制相对威胁大的目标。就整体而言，队员之间的保护和"抢、逼、围"的默契配合能力是集中原则有效实施的重要因素。

4. 控制原则

在球门前的重要防守区域，防守队员采取盯人的办法，控制和限制对手在这一重要区域的一切行动。根据本方队员的个人能力和对手的攻守特点，可以采用对对方人盯人或区域盯人战术。

第四节　手　球

　　手球是奥运会正式比赛项目，由室外 11 人制演变为现在的室内 7 人制集体项目。手球运动是一项快速、连续、激烈的对抗性球类集体项目，比赛中进攻队员通过各种方式传接球，采用各种各样的鱼跃、倒地和翻滚射门技术，令人赏心悦目。防守队员的封挡球，堵截进攻以及守门员神勇的扑球救险同样是精彩纷呈。手球运动对人体运动限制少，很适合在高校大学生中开展，能有效地增强学生体质。

一、手球运动概述

　　现代手球运动起源于欧洲。丹麦的体育教师奥尔德鲁普·谢尔盖·涅尔逊被认为是现代手球运动的奠基人（手球之父）。1938 年，在德国举行了有 10 个国家参加的第一届（男子 11 人制）世界手球锦标赛。有人认为德国人是室外 11 人制手球运动的奠基者。二十世纪 60 年代后期，7 人制手球比赛逐渐替代了 11 人制手球比赛。1972 年，在慕尼黑举行的第二十届奥运会上，男子 7 人制手球比赛（取代 11 人制手球比赛）被列入正式竞赛项目。

　　世界女子手球运动的开展，比男子晚 30 年左右。1976 年，在蒙特利尔（加拿大）举行的第二十一届奥运会上，女子 7 人制手球第一次被列入正式竞赛项目。

　　1933 年，德国留学生吴征将德国开展极为普及的手球运动带回中国。1956 年，北京体育学院首次进行了手球教学试点，继而在解放军军事体育学院和上海体育学院也开展了手球教学试点。1979 年 9 月 17 日，中华人民共和国手球协会在保定成立。1980 年 8 月，国际手球联合会接纳中国为正式会员国。从此，中国手球运动步入了世界手坛的大家庭。2008 年，在北京举办的第 28 届奥运会上，中国男、女手球队向全世界展示了中国手球运动的开展状况和技术战术水平。

　　1986 年 11 月 12 日，中国高校手球协会在北京清华大学成立。从 1984 年第一届中国大学生手球比赛开始，全国大学生手球比赛每年举行一届，至 2012 年共举办了 27 届。合肥工业大学男子手球队参加了全部的 27 届比赛，获 15 次冠军；7 次亚军；3 次第三名。合肥工业大学女子手球队 2006 年组队参赛至 2012 年 6 届比赛中，获得了 2 次冠军；3 次亚军；1 次第三名。

二、手球基本技术

　　手球基本技术分为进攻技术、防守技术、守门员技术（表 12 - 1）。

表 12-1　手球基本技术

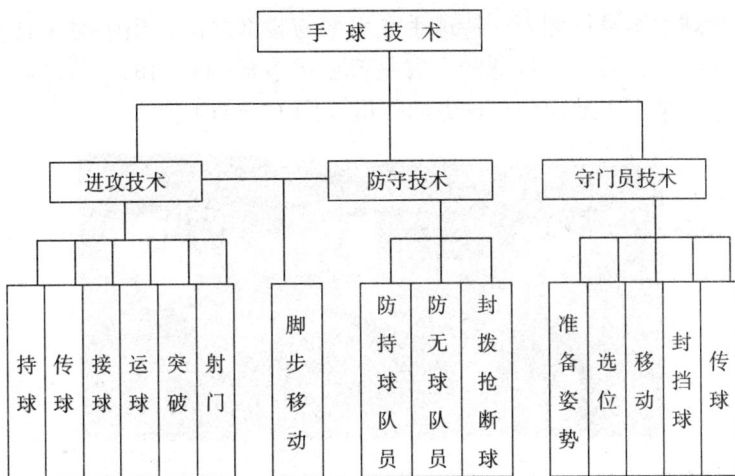

手 球 技 术
- 进攻技术
  - 持球
  - 传球
  - 接球
  - 运球
  - 突破
  - 射门
- 防守技术
  - 脚步移动
  - 防持球队员
  - 防无球队员
  - 封拨抢断球
- 守门员技术
  - 准备姿势
  - 选位
  - 移动
  - 封挡球
  - 传球

（一）进攻技术

1. 运球

在手球比赛中，一般有以下三种情况需要运球：一是快攻突前只有一人时，运球射门；二是在充分利用前三步和后三步时；三是防守队采取半场盯人，持球队员无机会传球或射门时，利用运球寻找传球或射门的机会。

2. 接球

接球是完成各种持球进攻的前奏。接球是完成"迎球→触球并缓冲"的过程。手球比赛中以双手接球为主，一般不提倡单手接球，只有在来球偏离身体重心较远时，才采用单手接球。

3. 传球

（1）单手肩上传球（以右手为例）

接球后左脚向前迈出，两脚前后开立，稍宽于肩，同时，右手持球引球上肩，身体侧对或斜对传球方向，前臂与上臂在肘关节处形成≥90度的夹角，同样上臂与躯干在肩关节腋下处也形成≥90度的夹角（图12-29）。传球出手时，右腿蹬地，腰部用力转动，带动身体迅速左转，身体左转收腹带动手臂加速前挥，以前臂迅速前甩下压，屈腕拨指的协调动作将球传出（图12-30）。

图 12-29

图 12-30

（2）体侧传球

单手持球引至身体侧面，持球手在肩部与腰部之间，出手时手臂是围绕肩关节纵轴转动的，而肩上传球的手臂是绕肩关节横轴转动的。传球时，蹬地转体，持球手臂平行于地面向传球方向挥甩（图12－31）。

图12－31

4. 射门

射门是手球运动的一项重要的进攻技术，是得分的唯一手段。手球射门的方法多种多样。

（1）向上跳起单手肩上射门

在任意线附近通过防守封挡进行中、远距离射门时，经常运用这种射门方法。

快速的助跑过渡转化为有力的蹬地向上跳起，这是非常重要的一个环节。（以右手为例）球出手后，左脚积极支撑地面并屈膝缓冲，右脚迅速向前跨出一大步，注意控制身体平衡（图12－32）。

（2）向前跳起单手肩上射门（图12－33）

能保持助跑的速度和冲力，容易摆脱防守接近球门，在近距离的情况下大力射门，并且容易命中得分，快攻射门和突破后的射门常常采用这一方法。

图12－32   图12－33

5. 突破

突破是运动员灵活地运用脚步动作和假动作，快速超越对手的一项攻击性很强的技术，是个人进攻的重要手段之一。在比赛中，合理有效地运用突破技术，不仅可以直接射门得分，而且还能吸引防守队员补位协防，为同伴创造射门良机。因此，要提高个人攻击力必须熟练掌握突破技术。

（二）防守技术

防守技术是防守队员判断对手的进攻动作，采用脚步移动、身体正面堵截来抢占有利位置，用手臂的封、拨、抢、断等动作来争夺控制球权的技术。防守技术分为：脚步移动；防无球队员；防控球队员和封、拨、抢、断球技术四种。

（三）守门员技术

守门员是全队防守的最后一道防线。一场比赛他要与对方具有不同射门特点的多名队员较量。他每次成功的封挡球，不仅意味着不失分，而且有可能获得发动快攻的机会。

1. 准备姿势

守门员在比赛中，应该是正面对球，两脚开立，距离约与肩同宽，两膝微屈，身体重心在两脚之间，落在前脚掌上，微微含胸收腹，两臂屈肘张开，腕关节上举过肩，注意力集中，两眼盯住球（图 12-34）。

图 12-34

2. 选位与移动

守门员的防守位置应在球与两球门柱连线所形成夹角的平分线上，离球门线 50 厘米左右。随着对方球的转移，守门员要积极移动调整位置，通常从一侧小角度移到另一侧小角度，在球门线前走的是一个弧形。选位的移动，常用侧向小滑步（并步）。

3. 挡球

挡球技术是守门员最主要的位置技术。挡球技术分为：手臂挡球、脚腿挡球、手臂和腿脚配合挡球、迎击挡球。

三、手球基本战术

（一）战术的基础配合

1. 进攻战术的基础配合

（1）传切配合。

（2）突破分球配合。

（3）交叉换位配合。

（4）掩护配合。

2. 防守战术的基础配合

（1）交换防守配合（简称换防配合）。

（2）关门夹击配合（简称关夹配合）。

（3）补漏协防配合（简称补防配合）。

（二）阵地进攻

1. 进攻队员的位置名称

进攻队员的位置名称是从后向前、从右向左排列的，它们依次为：1号位—守门员、2号位—右后卫（俗称右内卫）、3号位—中后卫（俗称中卫）、4号位—左后卫（俗称左内卫）、5号位—右边锋（又称右前锋）、6号位—中锋（俗称底线）、7号位—左边锋（又称左前锋），如图12－35所示。

2. 阵地进攻阵形

阵地进攻阵形是根据进攻队员在进攻时的站位进行数字排列而成，一般以对方任意线为界，以站在对方任意线外（靠近本方半场）的队员数在前，以站在对方任意线内（远离本方半场）的队员数在后。因此，阵地进攻的基本阵形有"6-0"、"5-1"、"3-3"、"4-2"、"2-4"五种。这样统一的排列形式，既有利于教学，又有利于交流。

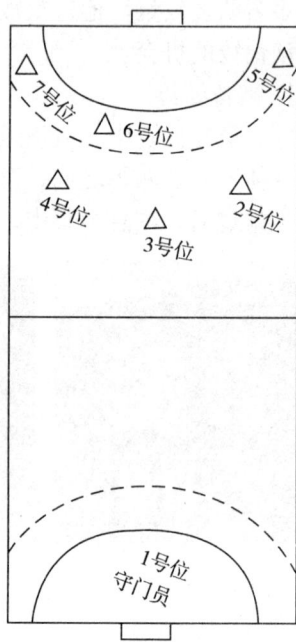

图 12－35

四、手球竞赛的规则简介

手球比赛场地为长方形，长40米、宽20米的球场通过中线分为两个比赛场区。两端线中央各放置一个球门，球门前有一个扇形的球门区，分别画有距球门4米的4米线，距离球门6米的球门区线，距离球门7米的罚球线。距离球门 9 米的任意球线为虚线段组成（图 12 - 36）。

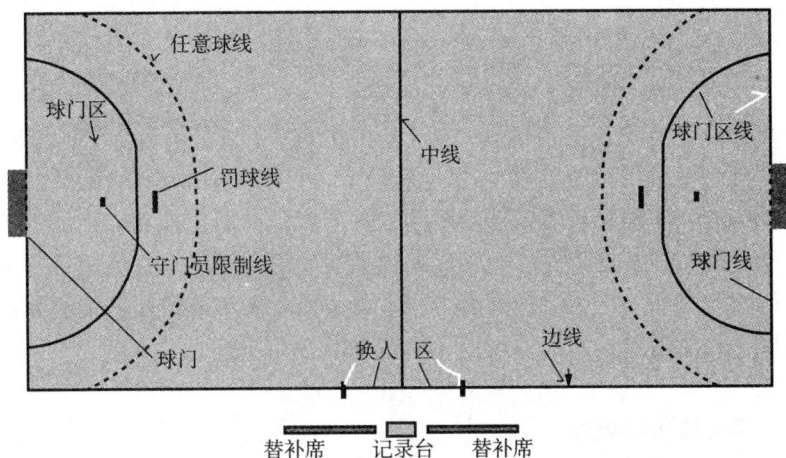

图 12 - 36

球门内径高 2 米，宽 3 米。球门线宽 8 厘米，其他各条线段宽均为 5 厘米。比赛场区应有安全区，离边线至少 1 米，离外球门线至少 2 米。成年男子比赛用球周长 58 ~ 60 厘米，重 425 ~ 475 克。成年女子比赛用球周长 54 ~ 56 厘米，重 325 ~ 375 克。

比赛时，两队各上场 7 名队员，其中包括一名守门员。守门员服装颜色要与场上队员服装颜色有明显区别。

比赛中，场上队员可以在球门区外利用各种攻防技术和战术进行对抗，力争把球射入对方球门。进一球得一分，比赛结束得分多者为胜。

手球比赛中，只允许守门员进入球门区，不允许攻守双方队员进入球门区获利。但进攻队员在完成射门动作球出手后进入球门区，或防守队员在不获利的情况下进入球门区，可以不受罚。

允许进攻队员持球走三步，运球后还可走三步。持球不得超过 3 秒，违者被判违例。手球比赛中，双方换人不需要经过记录台和裁判员允许，只要遵循在本方换人区内，先下后上原则，就可自由换人了。

允许队员用张开的手臂进行防守，用手拨开对方手中的球，但不允许用拳击打对方手中的球。防守球员可以用身体阻挡对方持球或不持球队员地移动，不允许使用推、拉、抱、摔、撞、打、绊等动作。

手球竞赛规则犯规队员的处罚有：警告、罚出场 2 分钟、取消比赛资格。犯规后通常由对方队员在犯规地点掷任意球重新开始比赛，若犯规破坏了对方得分机会，将被判罚 7 米球。

守门员在球门区内可以用身体的任何部位封挡射门的球，挡出球门线外的球由守门员掷球门球重新开始比赛。

第五节　乒乓球

乒乓球被誉为我国的"国球"，深受广大群众的喜爱，也是大学生最喜欢的体育项目之一。乒乓球具有球小、速度快、变化多、趣味性强，设备比较简单，不受年龄、性别和身体条件的限制，具有广泛的适应性和较高的锻炼价值，比较容易开展和普及等特点。经常参加这项运动可以发展人的灵敏性和协调性，提高动作的速度和上下肢活动的能力，改善心血管系统的机能，促进新陈代谢，增强体质，并能培养人的勇敢顽强、机智果断等品质。

一、乒乓球运动概述

根据国际乒联有关资料分析显示，乒乓球运动于 19 世纪末起源于英国，是由网球运动派生而来的。最初，乒乓球运动是一种宫廷游戏，欧洲贵族间的一种娱乐活动，后来逐步流入民间。英国一家体育用品公司，首先用"乒乓"（Ping-Pong）一词作了广告上的名称，作为商标来登记。就这样，乒乓球才开始得此绘声之名。汉语的乒乓球是从声音上得名的，但将其翻译成英文时名为"Table Tennis"。

乒乓球运动在英国流行起来之后不久传入美国，1902 年传入日本，1904 年由日本传入中国上海，1905—1910 年间传入中欧的维也纳和布达佩斯，而后传入北非的埃及等地，现已发展成遍及世界五大洲的竞技体育运动，是世界上参与人数最多的三个体育运动项目之一。国际乒乓球联合会目前的协会成员已有200 多个。1988 年，乒乓球被列入奥运会的正式比赛项目。

二、乒乓球运动基本技术

（一）乒乓球运动中的握拍法、基本站位与基本姿势

1. 握拍法

目前世界上流行的握拍法主要分直握法和横握法两大类，前者多为亚洲运动员所采用，而后者是欧洲的传统，两者如同餐具中的筷子与刀叉，各有其优缺点。

2. 基本站位

乒乓球运动的基本站位，必须遵循有利于发挥自身技术特长的指导原则。决定运动员基本站位的因素有多种，运动员要根据打法类型选择基本站位的位置。

3. 基本姿势

基本姿势包括击球前的准备姿势和连续击球之间需要保持的身体姿势。正确的基本姿势可使身体各部位有更多的肌肉处在"应激"状态，"一触即发"，随时准备回击来球。

图 12-37

（二）直板推挡技术

直板推挡技术包括中加力推、减力挡、推下旋等。

1. 特点作用

快推技术的特点作用是出手快，线路活，是学习其他推挡技术的基础。

2. 动作要领

手臂自然弯曲并作外旋，拍面角度稍前倾，上臂和肘关节内收自然靠近身体右侧，并将球拍引至身体前方。当球跳至上升期时，前臂和手腕迅速向前略向上推出去。触球瞬间手腕外旋，拍面稍前倾击球中上部。以前臂和手腕发力为主，并适当借力（图 12-38）。

图 12-38 直板反手快推技术

（三）攻球技术

攻球技术分正手攻球、反手攻球和侧身攻球三大部分。

1. 正手快攻技术

（1）特点作用

站位近、动作小、出手快，借来球的反弹力还击，与落点变化相结合，可调动对方为扣杀创造条件。

（2）动作要领

两脚自然分开，与肩同宽或稍宽于肩，左脚稍前，右脚稍后，身体离台约50厘米，手臂自然放松，保持一定弯度，不要小于90度大于120度，拍面稍前倾（约80度），随着身体向右移动，手臂向身体右后侧方引拍，在来球跳到高点期时，手臂迅速向左前上方挥动（肘部不要夹得太紧，手臂要呈半圆形挥动），击球的中上部，同时身体重心由右脚移至左脚，击球后由于惯性原因，手臂挥至头的左侧，身体重心由右边移到左边，然后迅速还原准备第二板（图12-39）。

直拍正手快攻

横拍正手快攻

图12-39　正手快攻技术

2. 横板反手快拨技术

（1）技术的特点作用

动作小、出手快、线路活，借来球反弹力量还击。具有一定的速度和力量，但突然性和攻击性不足。

（2）动作要领

两脚平行开立，站位较近。手臂自然弯曲并作外旋使拍面前倾，手腕内收和屈，并将球拍引至腹前偏左的位置。当来球跳至上升期，前臂加速挥拍并外旋，手腕作伸和外展，拍面稍前倾击球中上部，借来球反弹力量向右前方拨回来球（图12-40）。

图12-40　反手快拨技术

（四）发球与接发球技术

发球、接发球和发球抢攻是乒乓球实战中的重要环节，一般统称为"前三板"。由于每一分球的争夺都是由此开始，所以处理好"前三板"往往能起到先发制人的作用，这也是中国乒乓球队长盛不衰的传统法宝之一。

在乒乓球比赛中，接发球的机会与发球大致相同，如接发球不好，除直接失分外，还会制约自己的战术发挥，造成心理压力而处于被动。接发球技术由选择站位、判断来球、合理回接三方面组成。

（五）弧圈球技术

人们把在来球下降期拉出的弧线较高、速度略慢、上旋强烈的弧圈球称之为加转弧圈球（又称高吊弧圈），而把在来球上升后期或高点期拉出的弧线较低、速度较快、落台后冲力大的弧圈球称之为前冲弧圈球，并将击球点偏球侧面、侧旋成分较多的弧圈球称之为侧旋弧圈球。

然而，随着乒乓球技战术水平的不断提高，现代弧圈球已成为一项兼容性很强的技术，运动员往往采用基本近似的动作结构，在此基础上，根据来球稍加调整即可拉出速度、旋转不同的弧圈球。触球瞬间强调"打、摩"结合，而非像早期那样为加转而单纯追求擦的"薄"，并且更加注重前冲力的体现和高质量的连续性。

（六）搓球技术

搓球技术包括慢搓、快搓、摆短、劈长等。

1. 反手慢搓技术特点和作用

动作较大、速度较慢，主动发力回击，因此有利于增强回球的下旋强度。是学习其他搓球技术的基础。

2. 反手慢搓技术动作要领

手臂内旋使拍面后仰，前臂向左后上方引拍，当来球跳至下降前期，前臂带动手腕加速向前下方用力摩擦球，触球中下部向底部摩擦（图 12-41）。

直拍反手慢搓

横拍反手慢搓

图 12-41　反手慢搓技术

（七）步法

乒乓球运动的技术问题，一是手法，二是步法。随着乒乓球技术水平的不断提高，步法的重要性日益突出，它既是及时准确地使用与衔接各项技术动作的枢纽，又是执行各种战术的有力保证。乒乓球运动的基本步法有单步、跨步、跳步、并步和交叉步。

三、乒乓球战术

乒乓球运动战术的种类有多种，分别为发球抢攻战术、对攻战术、拉攻战术、削攻战术、接发球战术、搓攻战术。发球抢攻战术、接发球战术、搓攻战术是学习战术的重要内容。以发球抢攻战术为例，发球抢攻，是各类打法力争主动、先发制人的一项主要战术，是比赛的重要得分手段。各种打法常用的发球抢攻战术，主要有以下几套：

1. 正手发转不转球后抢攻；
2. 正手发高、低抛左侧上、下旋球后抢攻；
3. 反手发右侧上、下旋后抢攻；
4. 反手发急上、下旋后抢攻或抢推；
5. 下蹲发球后抢攻。

四、乒乓球运动竞赛规则简介

（一）一局比赛

在一局比赛中，先得11分的一方为胜方；10平后，双方队员各发1球，先多得2分的一方为胜方。

（二）一场比赛

单打的淘汰赛采用七局四胜制，双打淘汰赛和团体赛采用五局三胜制。

（三）次序和方位

1. 在获得2分后，接发球方变为发球方，依此类推，直到该局比赛结束，或直至双方比分为10平，或采用轮换发球法时，发球和接发球次序不变，但每人只轮发1分球。

2. 在双打中，每次换发球时，前面的接发球员应成为发球员，前面的发球员的同伴应成为接发球员。

3. 在一局比赛中首先发球的一方，在该场比赛的下一局中应首先接发球。在双打比赛的决胜局中，当一方先得5分后，接发球一方必须交换接发球次序。

4. 一局中，在某一方位比赛的一方，在该场比赛的下一局应换到另一方位。在决胜局中，一方先得5分时，双方应交换方位。

（四）间歇

1. 在局与局之间，有不超过1分钟的休息时间。

2. 在一场比赛中，双方各有一次不超过 1 分钟的暂停。

3. 每局比赛中，每得 6 分球后，或决胜局交换方位时，有短暂的时间擦汗。

第六节　羽毛球

羽毛球运动作为一项全身性运动项目，无论是进行正规的羽毛球比赛，还是作为一般性的健身活动，都具有增加肌肉的力量、增强心血管系统和呼吸系统的功能。羽毛球运动要求练习者在短时间内对变化的球路做出判断，果断地进行反击，因此对提高学生神经系统的灵敏性和协调性具有积极的作用。

一、羽毛球运动概述

关于羽毛球运动的起源有以下几种代表性观点：相传羽毛球最早出现于 14－15 世纪时的日本，球拍是木制的，球用樱桃核插上羽毛制成；在 18 世纪，印度的普那出现了一种与早年日本的羽毛球极相似的游戏，球用直径约 6 厘米的圆形硬纸板，中间插羽毛制成，板是木质的，是两人手执木板相对站着来回击球；现代羽毛球运动诞生于英国，1800 年左右，由网球派生而来。1870 年，出现了用羽毛、软木做的球和穿弦的球拍。最早的羽毛球比赛出现在 1873 年，英国公爵鲍弗特在格拉斯哥郡伯明顿（"Badminton"）镇的庄园里进行了一次羽毛球游戏表演，"Badminton" 即成了羽毛球的名字。从此，羽毛球运动逐渐开展起来。最初的羽毛球场地是葫芦形，两头宽中间窄，窄处挂网，直至 1901 年才改作长方形。

1875 年，第一部羽毛球比赛规则出现在印度的普那。1878 年，英国指定了更趋完善和统一的规则，当时规则的不少内容至今仍无太大的改变。1981 年 5 月，国家羽毛球联合会和世界羽毛球联合会正式合并，对世界羽毛球竞赛作了系统的改革，逐步完善竞赛制度，改革记分方法，健全裁判制度。1992 年，羽毛球运动正式被列为夏季奥运会比赛项目。

二、羽毛球基本动作

羽毛球的基本动作主要包括手法和步法两大部分。

（一）基本手法

1. 握拍

球拍手柄的基本外形：注意图中标出的 A 点那条棱为握拍时虎口要对准位置。以下介绍的所有基本技术均以右手握拍者为例，左手持拍者则反之。

注意 A 棱为虎口要对准的位置

（1）正手握拍

左手握住球拍的中杠，使拍框与地面垂直，张开右手，使虎口对准拍柄斜棱上的第二条棱线，用近似握手的方法握住拍柄，拇指和食指贴在拍柄两侧的宽面上，其余的三指自然握住拍柄，拍柄与掌心不要握紧，应留有空隙。

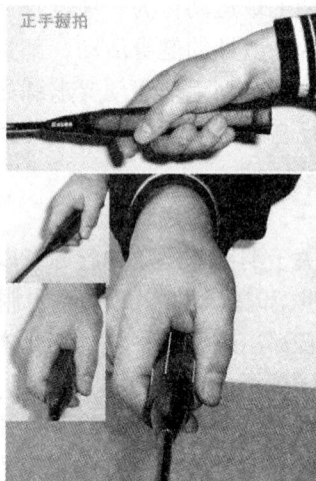

（2）反手握拍

在正手握拍的基础上，将球拍柄稍向外旋，拇指顶贴在拍柄第一斜棱旁的宽面上，也可将大拇指放在第一、二斜棱之间的小窄面上，食指稍向下靠，击球时，靠食指以后的三指紧握拍柄，同时拇指前顶发力击球。

2. 发球

羽毛球的发球包括正手发球和反手发球。正手发球可发高远球、平高球、平射球和网前球；反手发球一般只发平高球、平射球和网前球。

（1）正手发高远球

用正手握拍的方法，以正拍面将球击得又高又远，球飞行的到对方的后场上空后呈垂直下落至底线附近的一种发球。

（2）正手发网前球

用正手握拍的方法，以正拍面击球，使球轻轻擦网而过，落在对方前发球线附近的一种发球，是单、双打中常见的一种发球。

（3）反手发网前球

用反手握拍的方法，以反拍面击出与正手发网前球飞行弧度相同的球，称为反

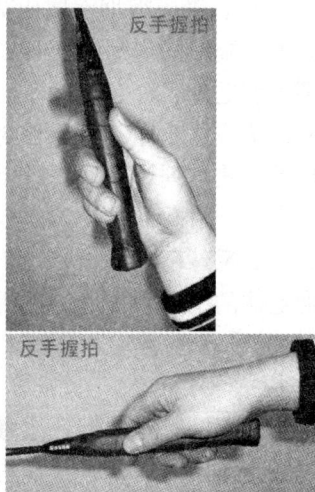

手发网前球。

3. 击球

击球的方法分为正手和反手两种，主要包括：高球、吊球、杀球、挑球、搓球、勾对角球、推球、扑球、抽球等。

（1）正手高远球

以较高的弧线将来球击到对方场区底线附近叫击高远球。击高远球是一切上手击球动作的基础。高远球的作用是逼迫对方远离中心位置退到底线去接球，可减弱对方进攻的威力，为我方进攻寻找机会。

（2）反手高远球

以反手将球击回对方底线去的高远球击球法称之反手击高远球。在被动情况下，可采用反手击高远球过渡，帮助自己重新调整站位。

（二）步法

步法分为基本步法和场上移动步法。

1. 基本步法

（1）跨步

在移动的最后一步，左脚用力向后蹬的同时，右脚向来球的方向跨出一大步，称为跨步。

（2）并步

右脚向前（或向后）移动一步时，左脚即刻向右脚跟并一步，紧接着右脚再向前（向后）移动一步，称为并步。

（3）垫步

当右（左）脚向前（后）迈出一步后，后脚跟进，紧接着以同一脚向同一方向再并一步，为垫步。

（4）交叉步

左右脚交替向前、向侧或向后移动为交叉步。另一脚向前面的为前交叉步，而另一脚后面的为后交叉步。

2. 场上移动

（1）上网移动步法

从中心位置移动到网前击球的步法，称为上网步法。上网步法可根据各人习惯采用交叉步、并步、垫步或跨步。

（2）后退移动步法

从中心移动到后场各个击球点的位置上击球的步法、称为后退步法。一般采用侧身后退步法，有利于到位挥拍击球，多采用并步加跳步。

（3）两侧移动步法（接杀球）

从中心向左右两侧移动到击球点上击球的步法，称为两侧移动步法。离中心较近时蹬跨一大步到位击球，如离中心较远，则垫一小步后再跨步击球。

（4）起跳腾空步法

为了争取时间高点击球，用单脚或双脚起跳，居高临下，凌空一击的方法叫起跳腾空击球，主要采用并步加蹬跳步，这种步法在底线和两侧突击进攻时较多使用。

（5）前后场连贯移动步法

两个或两个以上击球动作之间的移动称为连贯移动步法。一运动员跑起来步法之间衔接很快，被认为是连贯的移动步法。无论什么情况，两个技术之间的步法必然稍有停顿现象。

三、规则简介

（一）场地设施

羽毛球场地呈长方形，长 13.4m、宽 6.1m（单打场地宽 5.18m），每条线宽 4cm，所有线的宽度都在场地之内。各线的名称为单、双打边线；端线即单双打发球线，前发球线和中心线。正式比赛场地要求上空有 9m 的无障碍空间，场地四周 2m 以内不得有任何障碍物。场地表面一般为木质地板，按规则要求画上场地线，能用塑胶场地更好。羽毛球网的颜色为深色，其长 6.1m、宽 0.76m。正式比赛的网高为：球网中央不得低于 1.524m，球网两端即网柱上网高为 1.55m。

（二）比赛通则

1. 挑边

比赛开始前，双方运动员应进行挑边，赢方可优先选择发球或选择场区。

2. 局数、得分和分数

每场比赛采取三局两胜制。比赛实行每球得分制，每赢一球得一分。率先得到 21 分的一方赢得当局比赛。如果双方比分打成 20 比 20，获胜的一方需超过对方 2 分才能取胜。如果双方比分打成 29 比 29。则率先得到第 30 分的一方取胜。首局获胜的一方在接下来的一局比赛中率先发球。

3. 交换场地

双方在比赛每一局结束后都应交换场地进行下一局的比赛。在决胜局中，任何一方先得 11 分时，双方再次交换场地进行余下的比赛。如果运动员未按规定换场地，一经发现，在死球后立即交换，已得比分有效。

4. 发球

（1）一旦发球队员和接发球队员作好准各，任何一方都不得延误发球。发球时发球员球拍的拍头做完后摆，任何迟滞都是延误发球；

（2）发球员和接发球员，应站在斜对角的发球区内，脚不得触及发球区和接发球区的界线；

（3）发球员的球拍，应首先击中球托；

（4）发球员的球拍击中球的瞬间，整个球应低于发球员的腰部。腰指的是

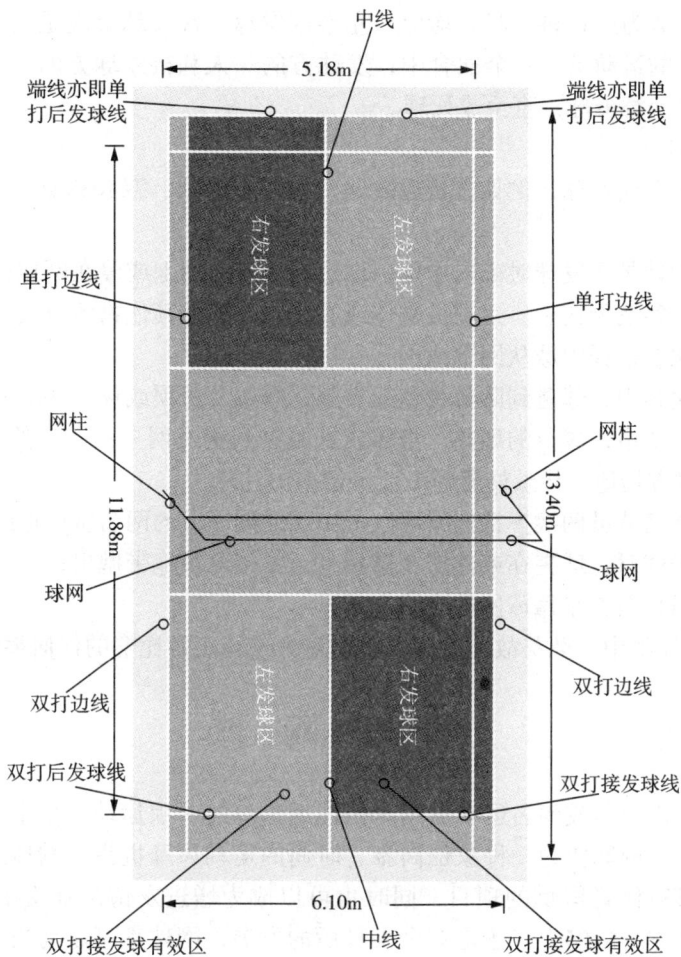

图 12－42

发球员最低肋骨下缘的水平切线；

（5）双打比赛发球时，发球员和接发球员的同伴应在各自的场区内。其站位不限，但不得阻挡对方发球员或接发球员的视线。

5. 单打

在比赛中，发球方的分数为 0 或双数时，双方运动员均应站在各自的右发球区发球或接发球；发球方的分数为单数时，双方运动员均应在各自的左发球区发球或接发球。一个回合中，双方运动员在网的己方任何位置交替击球，直至成死球。发球方胜一个回合即得一分并再从另一发球区发球；接发球方胜一个回合即得一分，随后成为新的发球方。

6. 双打

在比赛中，当发球方的分数为 0 或双数时，双方均应从右发球区发球；当发球方的分数为单数时，双方均应从左半区发球。接发球员应是站在发球员斜对角发球区的运动员。一个回合中，发球方的一人和接发球方的一人在网的己方任何位置交替击球，直至成死球。

7. 违例

（1）不合法发球，例如，延迟发球、脚触及界限、双脚移动、击球点在腰以上部位等；

（2）发球员在发球时未击中球，球过网后挂在网上或停在网顶；

（3）球触及天花板、运动员身体或衣服、场地外其他物体或人；

（4）比赛过程中球从网下或网孔穿过；

（5）比赛中，球碰到队员身体或衣服，球触及房顶或场地外的人或物体；

（6）比赛中，球员的球拍、身体或衣服碰到网或网柱；队员的脚或球拍由网下侵入对方场地，导致妨碍对方或分散对方注意力；

（7）一名队员两次挥拍连续两次击中球或同一方的两名队员连续各击中；

（8）击球时，球夹在或停滞在球拍上，紧接着被拖带抛出；

（9）阻挡对方紧靠球网的合法击球；

（10）比赛中，队员故意捣乱、影响对方进行正常比赛的任何举动。

第七节　网　球

网球是由两名或四名运动员用球拍往返击球的一项运动，是重要的球类运动项目之一。网球作为一种象征高雅、时尚的运动风靡世界。网球运动不仅可以成为你进行体育锻炼的项目，同时也可以成为增进友谊的社交手段。所以，无论从运动本身的魅力，还是对个人日后的发展，网球都可成为当代大学生的最佳选择。

一、起源与发展

网球运动的起源及演变可以用四句话来概括，"法国孕育，英国诞生，普及和形成高潮在英国，盛行全世界"，被称为世界第二大球类运动。

早在 11 世纪，法国的僧侣们常常进行一种用手掌击球的游戏，这种流行于法国的手掌击球游戏便是古式室内网球的雏形。随着手掌击球游戏的不断开展，球拍击球代替了双手传球，这是古式室内网球的重要标志。这种运动不仅在修道院中盛行，而且也出现在法国宫廷。法国国王路易十世在位时，宫廷中就经常进行这种以消遣为目的地网球运动。1358～1360 年，古式网球从法国传入英国，英国爱德华三世对网球发生很大兴趣，下令在宫中修建一片室内球场。史料记载，当时球拍的拍面改装成羊皮，球由布面改成皮面，但是球的大小、重量没有详细说明。15 世纪，穿弦的球拍开始出现，16 世纪古式室内网球成为法国的国球。这以后，古式室内网球有了自己的规则。

图 12 - 43

近代网球起源英国。1873 年，会打古式网球的英国少校 M. 温菲尔德，在羽毛球运动的启示下，设计了一种适用于户外的、男女都可以从事的网球运动，当时叫做司法泰克（Sphairistike），意思为击球的技术。1875 年，随着这项运动在 8 字形球场上风靡起来，全英槌球俱乐部在槌球场边另设了一片草地网球场，紧接着，古式网球的权威组织者玛利博恩板球俱乐部为这项运动制定了一系列规则。从此，草地网球正式取代了司法泰克。

1877 年，在英国伦敦郊外温布尔顿设置了几片草地网球总会，草地网球在英国得到了进一步的开展。同年 7 月，举办了首届草地网球锦标赛，即温布尔顿第一届比赛。亨利—琼斯同另外两个人为这次比赛制定了全新的规则，他本人担任了比赛的裁判。当时的球场为长方形的，长 23.77 米，宽 8.23 米，至今未变。发球线离网 7.92 米，网中央高度为 0.99 米。发球员发球时，可一脚站在端线前，另一脚站在端线后，发球失误一次而不判失分。采用古式室内网球的 0、15、30、45 每局计分法。可以说，亨利·琼斯是现代网球的奠基人。

二、中国网球运动的历史与发展

1885 年前后，网球运动传入中国。1910 年，网球被列为第一届"全国运动会"的正式比赛项目。

新中国成立后，网球运动在起点低、基础差、交往少的情况下逐渐发展，1953 年在天津首次举办了包括网球在内的四项球类运动会（篮、排、网、羽），1956 年举办全国网球锦标赛。

1994 年，中国大学生网球协会成立，它标志着中国大学生网球运动的发展有了新起点。"大网协"决定从 1994 年起每年 7 月或 8 月举办一届"大网赛"。

2004 年 8 月 22 日，中国一号女双组合李婷和孙甜甜组合，以两个 6-3 战胜了 2 号种子西班牙名将帕斯库尔和马丁内兹组合，夺得中国奥运会上第一块网球金牌，在奥林匹克的网球馆里，历史性的升起五星红旗，奏响中国的国歌。

李婷、孙甜甜获得雅典奥运会女子双打冠军

2006 年 1 月 27 日，中国选手郑洁、晏紫在澳大利亚墨尔本公园击败澳网头号种子雷蒙德/斯托瑟（美国/澳大利亚），夺得中国网球界在四大满贯赛成年组双打比赛中的第一个冠军。

郑洁、晏紫获得澳网女子双打冠军

2006 温布尔登网球公开赛女双决赛结束，4 号种子澳网冠军组合郑洁/晏紫以 6-3，3-6，6-2 击败了老将组合帕斯奎尔/苏亚雷兹，继年初澳网女双折桂后，再度戴上大满贯女双冠军。

郑洁、晏紫获得温网女双冠军

2011 年 6 月 4 日在备受国人关注的法国网球公开赛的女单决赛中，中国李娜在拿下首盘后，又在第二盘末段成功顶住了卫冕冠军、意大利名将斯齐亚沃尼的顽强反击，最终以 6-4/7-6（0）的比分胜出，成为第一个捧起网球大满贯赛单打冠军的亚洲选手，书写了中国网球灿烂的辉煌时刻。

李娜获得法网女单冠军

三、网球组织与重要赛事

（一）网球组织

1. 国际网球联合会（ITF），成立于 1911 年，总部位于伦敦，其主要职责是负责有关网球比赛的一切事务、制订与修改网球规则、负责四大满贯以及奥运会网球比赛等。

2. 国际职业网球联合会（ATP），也称职业网球球员协会，1972 年美国公开赛上成立，是世界男子职业网球选手的"自治"管理组织机构，由它负责主办除四大公开赛和戴维斯杯之外的所有男子职业网球赛事。

3. 女子网球协会（WTA），成立于 1973 年，WTA 的主要职责是负责所有球员的问题，女子职业网球协会决定整个巡回赛的所有规则。

（二）网球重要赛事

1. 大满贯，由 ITF（国际网球联合会）主办的四大网球赛事，赛事包括：澳网、法网、温网、美网

2. 大师赛（包括年终大师杯/总决赛），由 ATP 主办的最高水平的 10 项网球大师赛，级别仅次于大满贯，赛事有：印第安维尔斯、迈阿密、蒙特卡洛、罗马、加拿大（蒙特利尔和多伦多轮流举办）、辛辛那提、马德里、上海、巴黎。

大师杯介绍：网球大师杯赛是 ATP（男子职业网球协会）设立的年终总决赛，只有当年冠军排名前八的网坛顶尖好手（第八个名额留给排名前二十且当年四大满贯赛冠军之一或冠军排名第八位的选手）才有资格参加这项奖金总额

高达近 500 万美元的赛事并争夺男子网坛年终第一的至高荣誉。

四、规则与知识

网球场地分为用沥青、水泥、木板、涂塑合成材料修建的硬式场地，以及草地、泥地两种软式场地。长 23.77 米，单打宽 8.23 米，双打宽 10.97 米，用球网分隔成两个半场，网高 0.914 米。球为白色或黄色，重 56.7～58.5 克。

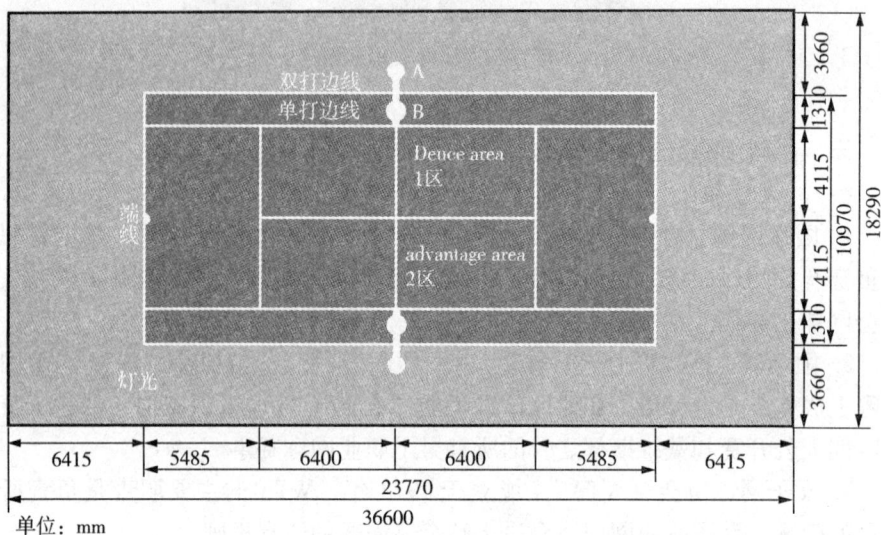

双打网柱中心A距离双打边线外沿为1′（30.4cm）
单打网柱或支架中心点B距离单打边线外沿为1′（30.4cm）
通常硬地端线宽度为10cm,其他线均为5cm宽

图 12－44

男子单打、双打采用五盘三胜或三盘两胜制，女子单打、双打以及男女混合双打采用三盘两胜制。比赛时胜第一球记 15 分，胜第二球记 30 分，胜第三球记 40 分，再胜一球则为胜一局；当双方各得 40 分时为平分，平分后必须净胜 2 球才算胜一局；先胜 6 局者为胜一盘；当各得 5 局时，一方必须净胜两局才算胜一盘。男、女网球曾分别于 1896 年和 1900 年被列为奥运会比赛项目，后因在职业运动员参赛问题上出现分歧，1924 年奥运会后被取消。1988 年重返

奥运会，同时允许职业选手参赛。

五、网球运动基本技战术

（一）网球的握拍方法

网球拍的握法主要有东方式（包括东方式正手及东方式反手）、大陆式、西方式、半西方式。在实际击球过程中，每一种握拍方式都有其特定的适用范围，都有各自的长处和局限。

1. 东方式

多为初学者所用，正手适用于正手上旋击球。东方式反手适用于反手上、下旋击球及发球。

2. 大陆式

适用于双手反手上旋击球、单手下旋击球、网前凌空截击、高压球、发球。

3. 西方式

适用于正反手上旋击球。

4. 半西方式

这是一种介于东方式正手与西方式之间的"混合式"握拍法。

5. 反手双手握拍

持拍手以东方式反手或大陆式握拍，非持拍手（辅助手）以东方式正手握拍，双手在击球时应靠拢在一起成为一个点作用于寸拍柄，不要分开。

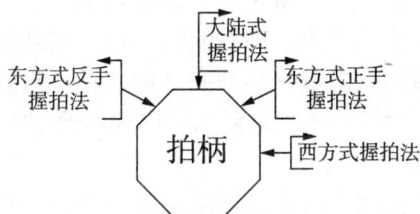

图 12-45　箭头标志为持拍手的虎口所对准的位置

（二）无球技术

1. 准备姿势

准备姿势是移动击球前所采取的身体姿势。面对球网，两脚分开与肩同宽或比肩略宽，膝关节微屈，身体的重心落在两脚的前脚掌上，身体处于微微的紧张状态，两眼密切注意对方的击球动作，根据来球的方向和落点来进行下一个动作。

2. 击球时步法

（1）"关闭式"步法，即以前脚掌为轴，另一脚向前45°跨步，以形成击球步法。

（2）"开放式"步法，两脚平行站位。

（3）半开放式步法，介于以上两种步法之间。

3. 移动

从起动到制动之间的位移动作称为移动。移动的完整过程包括起动、移动、制动三个环节。网球场上的移动主要包括滑步、交叉步、跨步、跑步、垫步5种。

（三）网球的有球技术

1. 正、反手击球

正、反手击球是网球基本技术的核心，通常将球从一个底线回击到另一个底线，常用于接发球和底线双打中。

正、反手击球动作都是由准备姿势、后摆引拍、前挥击球和随挥动作这四个环节组成。

2. 发球

发球是网球运动中唯一可以由自己完全控制，不受对方影响的技术。发球基本有三种：切削发球，带有侧旋，安全率较高，可用于第一发球或第二发球，适合初学者学习和使用；平击发球，几乎没有旋转，球速快、力量大、落点深，一般用于第一发球；上旋发球，发出去的球带有上旋，落地后弹跳高，常被高水平选手用于第二发球。

3. 接发球

接发球时，两脚左右开立，略宽于肩，屈膝重心下降，身体向前弯下，重心放在前脚掌上，应注意力集中，消除紧张心理。眼睛始终盯住球，做到球动人动，在对方击球的瞬间就应做好判断并开始移动。击球时绷紧手腕，用充分的随挥动作加长击球的时间，击完球后迅速回到场地中央，准备下一次击球。

4. 截击球

截击球是指在对方来球未落地之前将球回击到对方场区，由于截击一般都站在网前，距离短、速度快、角度大，使对手无法或难于应付。网前截击时，正、反手皆采用大陆式握拍法。

5. 挑高球和高压球

挑高球可以是防守性的也可以是进攻性的，球员在极度被动的情况下通过挑高球获得时间，摆脱困境。高压球是专门用以对付对方挑高球的。

6. 放小球

击球时先给人以打一般落地球的印象，但到最后一刻时减慢挥拍，轻柔地擦击球，使之过网后，低弹跳。放小球技术，也只能作为突然袭击时使用。

六、网球初级战术

网球战术指运动员在比赛中为赢得比赛或期望的结果而采取的策略和行动。

（一）减少失误

寻求回球安全是至关重要的。

（二）打对方反手

初中级选手的反手可能就是他的心病所在，攻击其弱点，让对方回球失误。

（三）打对角球

第一，球网中间最低，减少了下网的机会；

第二，对角的距离最长，减少了出界的机会。

（四）发挥自己的长处

要了解自己技术上的长处，比赛中善于使用擅长面。

（五）把球发过网

对大部分网球初学者而言，发出力量大、角度刁的球是不现实的。即使发球很慢，但只要发到对方反手，保持命中率，还是有机会拿下这一分的，所以有时二发可以选择下手发球，避免网球比赛演变为"双误"比赛。

第十三章　武术运动

第一节　中国传统武术

武术是以技击为主要内容，以套路和格斗为主要运动形式，包括功法在内的注重内外兼修的中国民族传统体育项目。

武术古称拳勇、技击、武艺，后来又叫国术，外国人则称之为功夫。武术是中国的国粹之一。几千年来，武术在物竞天择、适者生存的自然和社会环境中滋生繁衍、常青不衰。从广义上来讲，武术属于体育的范畴，但其内涵超出了一般的体育概念。它除了重视形体之外，还讲究精、气、神，注重内在修为，主张内外兼修、天人合一。武术是中华民族智慧的结晶，是中华民族对人类文化的贡献。

武术运动简便易行，不受年龄、性别、场地、季节等限制，因此深为广大群众所喜爱，是学校体育课程中不可缺少的重要组成部分。

大学武术课程侧重中华民族传统文化的认同感和养生、竞争意识的培育，通过对武术运动的产生及发展进程的了解，激发武术运动的兴趣和热情，并在学练、掌握武术运动基本知识、基本技术和基本技能的过程中，达成强身健体、增进健康的目的，养成经常锻炼的习惯，提高武术运动鉴赏水平，推进武术运动普及和持续发展，弘扬和传承中华民族传统武学文化，使更多的青年才俊成为民族传统体育项目的参与者和倡导者。

一、武术运动流派

在漫长的历史进程中，中国武术以地域文化为底蕴先后成了七个地域性的大全系，在每一个大全系中又以某一拳种为中心衍分出若干个自成体系的拳派。这七大拳系是少林拳系、武当拳系、峨眉拳系、南拳拳系、形意拳系、太极拳系、八卦拳系。少林拳系以河南、山东、河北为中心；武当拳系以湖北、江苏、四川为中心；峨眉拳系以四川为中心；南拳拳系以福建、广东为中心；形意拳系以山西、河北、河南为中心；太极拳系以河南、北京为中心；八卦拳系以北京为中心。少林、武当、峨眉三大拳系都以名山名寺等为依托，形成较早，而形意、太极、八卦三大拳系形成较晚，最早流行于北方。武林中人习惯把"外练筋骨皮"的拳种称为外家拳，而把重视意念和"内练一口气"的武当、形意、太极、八卦叫做为内家拳。

二、武术运动的专项技术

发展至今，武术运动的内容、内涵和技术体系不断充实、丰富。按照一定规律与特点，现在一般将其技术实践分为三大类，第一类是基本功和基本动作，如腿功、腰功、肩功、桩功和各种单势练习，它们既是套路运动和对抗运动的基础，又可进行单独练习；第二类是套路运动，套路运动由多个单个动作按照一定的规律组合、编排而成，套路是武术运动的主要形式，也是学校体育课程中武术教学的主体内容；第三类是对抗项目，这是在规则的限定下，两人互为对手，使用武术攻防方法进行实战的技击运动，如散手、推手、短兵、长兵等。

在大学体育武术运动的教学活动中，武术运动的教学素材和技术实践主要侧重在以下几个方面。

（一）基本功和基本动作

1. 桩功：站桩功、无极桩、太极桩、开合桩、两仪桩、独立桩、悬指桩等。

2. 长拳的基本功和基本动作学练

（1）手形：拳、掌、勾等。

（2）手法：冲拳、推掌、亮掌、架拳等。

（3）步形：弓步、马步、仆步、虚步、歇步等。

（4）步法：上步、退步、盖步、插步、行步、纵步、跨跳步、跃步、踏步等。

3. 南拳的基本功和基本动作学练

（1）南拳的手形主要包括拳、掌、勾、爪、指五种。

1）拳：包括平拳、凤眼拳、羌子拳、猴拳、蜈蚣拳、鹤顶拳等。

2）掌：包括丁字掌、八字掌、伏掌、猴掌、龙头掌、蝴蝶掌、重掌等。

3）勾：包括蛇头勾、千斤勾等。

4）爪：包括龙爪、虎爪、鹰爪、鹤爪、螃蟹爪等。

5）指：包括单指、双指、单双指、双龙指等。

此外，南拳还有鹤顶手、鹤咀手等手型。

（2）步形：马步、半马步、弓箭步、护裆步、横裆步、双蝶步、单蝶步、跪步、骑龙步、独立步等。

（3）步法：提步、落步、卸步、纵步、撤步、擦步、上步、退步、侧行步、摆步、碾步、跟步、盖步、横开步、麒麟步、变身步、走马步等。

4. 八极拳的基本功和基本动作学练

（1）手形：拳、掌、指。

（2）手法：贯、冲、砸、搂、压、推、缠、搓、刁、架、削。

（3）步形：马步、四六步、跪步、弓步、虚步、并步和丁步。

（4）步法：搓步、碾步、磨盘步、绲步、锁步、提笼换步、震脚等。

5. 太极拳的基本功和基本动作学练

（1）手形：拳、掌、勾。

（2）拳法：冲拳、反冲拳、搬拳、贯拳、栽拳、撇拳、穿拳。

（3）掌法：单推掌、单按推掌、双推掌、搂掌、拦掌、平分掌、斜分掌、立云掌、平云掌，穿掌、架掌、抱掌、挑掌、劈掌、砍掌、压掌、托掌、抹掌等。

（4）手法：掤、捋、挤、按、采、挒、肘、靠。

（5）步形：弓步、仆步、虚步、丁步、侧弓步、半马步、歇步、独立步、平行步。

（6）步法：侧行步、上步、进步、跟步、退步等。

（7）腿法：蹬脚分脚、拍脚、摆莲腿。

6. 太极剑的基本功和基本动作学练

（1）持剑：掌心贴近护手，食指伸直撑附于剑柄拇指为一侧，其余手指为另一侧，直腕扣握护手，剑脊贴近前臂后侧。

（2）剑指：中指与食指伸直并拢，其余三指屈于手心，大拇指压在无名第一指节上。

（3）剑法：刺剑、劈剑、挂剑、撩剑、点剑、抽剑、捧剑、带剑、截剑、架剑、拦剑、击剑、抹剑等。

（二）套路

武术的套路运动分为四个部分，一为拳术，主要包括长拳、南拳、形意拳、八卦掌、太极拳、八极拳、通臂拳、劈挂拳、戳脚、翻子拳、象形拳、地躺拳等百余种拳术。二为器械，包括短器械，如刀、剑等；长器械，如棍、枪等；双器械，如双刀、双剑等；软器械，如九节鞭、三节棍等。三是对练，包括徒手对练、器械对练和徒手与器械对练，如对拳、对擒拿、单刀对枪、空手夺刀等。四是集体项目，包括各种六人或六人以上的徒手或持器械的集体演练，如集体基本功、集体剑、集体鞭等。

在套路的教学中，目前专项课程多以以下套路作为基本教材。在学练实践中，则常以动作名称来提示学练者和练习进程。

1. 三路长拳

预备动作

（1）虚步亮拳；（2）并步对拳

第一段

（3）弓步冲拳；（4）弹腿冲拳；（5）马步冲拳；（6）弓步冲拳；（7）弹腿冲拳；（8）大跃步前穿；（9）弓步击掌；（10）马步架掌

第二段

（11）虚步栽拳；（12）提膝穿掌；（13）仆步穿掌；（14）虚步挑掌；（15）马步击掌；（16）叉步双摆掌；（17）弓步击掌；（18）转身踢腿马步盘肘

第三段

（19）歇步抡箍拳；（20）仆步亮掌；（21）弓步劈拳；（22）换跳步弓步冲拳；（23）马步冲拳；（24）弓步下冲拳；（25）叉步亮掌侧踹腿；（26）虚步挑拳

第四段

（27）弓步顶肘；（28）转身左拍脚；（29）右拍脚；（30）腾空飞脚；（31）歇步下冲拳；（32）仆步抡劈拳；（33）提膝挑掌；（34）提膝劈掌弓步冲拳

收势

（35）虚步亮掌；（36）并步对拳；（37）并步站立

2. 初级南拳

第一段

（1）麒麟步弓步冲拳（发声）；（2）骑龙步推爪；（3）马步双切桥；（4）马步单指双盘桥；（5）马步双沉桥推指；（6）马步双标挑掌；（7）右弓

步双架桥；（8）单碟步右砍掌

第二段

（9）右弓步左抛拳；（10）左弓步左抛拳；（11）左弓步抓爪；（12）马步双劈拳；（13）右弓步双蝶掌；（14）麒麟步弓步双切掌；（15）勒手踩腿；（16）左弓步双切掌

第三段

（17）云手弓步推爪；（18）右独立步双虎爪；（19）左弓步挂盖；（20）退步左右格挡；（21）左弓步冲拳；（22）并步抱拳；（23）盖步左蹬腿；（24）跪步双推爪（发声）

第四段

（25）插步鞭拳；（26）转身挂盖；（27）跃步弓步撩爪；（28）虚步左切桥；（29）马步冲拳；（30）马步滚桥；（31）弓步沉桥推指；（32）骑龙步右担肘

收势。

3. 八极拳

预备势

第一段

（1）半蹲左挑掌；（2）挑拳踢腿；（3）震脚半马步栽拳顶肘；（4）弓步横击拳；（5）弓步盘肘冲拳；（6）转身并步按掌栽拳；（7）挪手弹踢腿；（8）半马步反砸拳；（9）弓步盘肘冲拳；（10）虚步砍掌；（11）马步双插掌；（12）震脚弓步双推掌；（13）虚步挑亮掌；（14）翻身震脚马步架推掌；（15）抢臂转身震脚马步架推掌；（16）抢臂转身震脚马步架推掌；（17）小缠半马

步冲拳；（18）半马步搓掌；（19）弓步架按掌；（20）弓步架掌；（21）跪步栽拳；（22）马步双封掌

第二段

（23）转身并步双推掌；（24）扣脚摆掌；（25）马步挂拳按掌；（26）转身弓步架削掌；（27）扣腿砍掌；（28）马步双插掌；（29）虚步撩掌；（30）半马步搓掌；（31）半马步搓掌；（32）刁手半马步推掌；（33）刁手半马步推掌；（34）弓步架按掌；（35）小缠半马步冲拳；（36）半马步抡劈拳；（37）挑臂纵跳弹踢腿；（38）半马步反砸拳；（39）转身并步按掌栽拳；（40）挪手弹踢腿；（41）半马步反砸拳；（42）弓步盘肘冲拳；（43）虚步砍掌；（44）马步双插掌

第三段

（45）小缠勾踢腿；（46）震脚弓步冲拳；（47）转身虚步挑亮掌；（48）小缠勾踢腿；（49）震脚弓步冲拳；（50）弓步勾手推掌；（51）扣脚转身马步勾手侧挑；（52）刁手弓步削掌；（53）刁手弓步削掌；（54）并步半蹲栽拳顶肘；（55）转身并步对拳

收势。

4. 三十二式太极拳

（1）起势

第一组

（2）右揽雀尾；（3）左单鞭；（4）左琵琶势；（5）进步搬拦捶；（6）如封似闭；（7）搂膝拗步

第二组

（8）右单鞭；（9）右云手；（10）野马分鬃；（11）海底针；（12）闪通背；（13）右揽雀尾

第三组

（14）转体撇身捶；（15）捋挤势；（16）右拍脚；（17）左分脚；（18）右蹬脚；（19）进步栽捶；（20）左右穿梭；（21）肘底捶

第四组

（22）倒卷肱；（23）右下势；（24）金鸡独立；（25）左下势；（26）上步七星；（27）退步跨虎；（28）转身摆莲；（29）弯弓射虎；（30）左揽雀尾；（31）十字手

收势。

5. 三十二式太极剑

预备式

第一组

（1）并步点剑（蜻蜓点水）；（2）独立反刺（大魁星式）；（3）仆步横扫（燕子抄水）；（4）向右平带（右拦扫）；（5）向左平带（左拦扫）；（6）独立抡劈（探海势）（7）退步回抽（怀中抱月）；（8）独立上刺（宿鸟投林）

第二组

（9）虚步下截（乌龙摆尾）；（10）左弓步刺（青龙出水）；（11）转身斜带（风卷荷叶）；（12）缩身斜带（狮子摇头）；（13）提膝捧剑（虎抱头）；（14）跳步平刺（野马跳涧）；（15）左虚步撩（小魁星式）；（16）右弓步撩（海底捞月）；（17）转身回抽（射雁式）；（18）并步平刺（白猿献果）；（19）左弓步拦（迎风掸月）；（20）右弓步拦（迎风掸月）；（21）左弓步拦（迎风掸月）；（22）进步反刺（顺水推舟）；（23）反身回劈（流星赶月）；（24）虚步点剑（天马行空）；（25）独立平托（挑帘式）；（26）弓步挂劈（左车轮剑）；（27）虚步抡劈（右车轮剑）；（28）撤步反击（大鹏展翅）；（29）进步平刺（黄蜂入洞）；（30）丁步回抽（怀中抱月）；（31）旋转平抹（风扫梅花）；（32）弓步平刺（指南针）

收势。

三、学练武术的注意事项

（一）练好基本功，打好素质基础

除专门的基本功之外，武术运动特别注重柔韧性、协调、灵敏与平衡等专项素质与能力。其中，柔韧性是完成武术动作的基础，是完成套路形体变化的关键，如髋关节的柔韧性直接决定踢腿的高度与力度等；平衡能力、协调性是准确和高质量完成动作和套路的关键，而较好的腰腹力和上、下肢及全身的爆发力，则是完成动作和套路技术的必要条件。同时，良好的心肺机能和较强的心理素质更是出色完成套路和练习的保障。因此，在武术技术的学练进程中，必须十分重视武术基本功和身心素质的持续提高。

（二）把握好动作节奏与练习速度

太极拳初练时宜慢不宜快，从慢上练功夫，打基础，先把动作学会，把要领掌握好，熟练以后，则可随意而为，但不论速度稍快或稍慢，都要从头到尾保持均匀。南拳的核心是劲力，没有速度就不会有劲力的体现，因而练习中要逐渐提高速度。长拳、八极拳整套动作都是在快速中进行，因此，在练习套路时要注意动作的准确连贯，强调力量，在快上下工夫。

（三）循序渐进确定"架势"

在学习的初期，太极拳最好采用高一点的架势练习，随着动作的熟练和体质的增强，再练中型架势或低一些的架势。在日常练习时，其架势可高可低，但在"起势"时就要确定高低程度，以后整套动作，要大体上保持同样的高度（除"下势"以外）。长拳、八极拳等属于外家拳，可根据动作的要求确定架势的高低。

（四）运动量安排要适宜

太极拳的动虽不及其他剧烈运动强度大，但由于它的技术特点，要求全身内外上下高度集中统一，其运动量和疲劳感明显。因此，每次锻炼太极拳或南拳、长拳、八极拳的时间长短、趟数多少、运动量大小，必须根据生活、学习情况及个人体质而定。健康状况良好的人运动量可以略大一些，适应性较差者应量力而行，可以单练一组或几组，也可以专练一两个式子，注意循序渐进，逐步加大运动量，因人制宜、因病制宜，切忌贪多求快，急于求成。

（五）要持之以恒

学练武术和从事其他体育锻炼一样，贵在坚持，切不可"三天打鱼，两天晒网"、"一曝十寒"。一般情况下，提倡每天练习，所谓"曲不离口、拳不离手"。有条件的，最好利用闲暇时间在阳光充足、空气清新的校园、附近的公园、广场、树林、广场、河边、草地等环境安静的地方进行练习。如果这些地方设有辅导站，能参加集体训练，则收效会更好。

第二节　散　打

散打是两人按照一定的规则，运用武术中的踢、打、摔等攻防技法制胜对方的、徒手对抗的现代竞技体育项目，它是中国武术的重要组成部分，有着悠久的历史。

散打具有健身自卫的实用价值。学习和掌握散打技术，不但可以强身健体，而且能够培养练习者勇敢、顽强、机智、果断、团结协作的思想品质。

散打是大学体育课程中深受广大男生喜爱的体育项目之一。通过对散打基本理论知识、基本技术、基本战术以及竞赛规则和裁判法的学习，使同学们初步掌握散打运动的基本知识、基本技能，以及把所学知识和技能、技巧应用于实践之中。

一、实战姿势

散打的实战姿势（如图所示），通常也称实战预备姿势，一般分为左手在前的"正架"和右手在前的"反架"两种。其动作要领为：两脚前后开立，距离稍大于肩；前脚掌稍内扣，后脚跟微离地；两膝微屈，身体重心在两腿之间，身体侧向前方，含胸收腹；四指内屈，并拢捏拳，大拇指横压与食指和中指的第二节指节上；前臂的肘关节夹角在90度~110度之间，拳与鼻同高，肘下垂；后臂的拳在颌下，屈臂贴靠于胸肋，下颌微收；目平视，合齿闭唇。动作要点为：下颌微收，两肩松沉，胸背保持自然，目视对方面部和两肩部位，用余光环视对手全身。

根据重心的高低，实战姿势又可分为高姿、中姿、低姿三种。高姿进身快，前拳、前腿出击快，便于主动进攻；低姿重心低，便于防守，尤其是防御善于出腿进攻的选手；中姿攻守俱备，便于防守反击。

二、基本步法

散打技术的运用是建立在步法基础上的，是决定技术发挥的关键，"步不稳则拳乱、步不快则拳慢"。实战中，步法主要的作用是配合攻防技术的运用和保持身体在动态中的平衡以及和对手的有效距离。散打基本步法主要有前进步、后退步、收步、上步、进步、退步、插步、垫步、纵步、闪步、换步等。

（一）前进步

由实战姿势开始，后脚蹬地，前脚向前进半步，后脚紧接跟进半步，移动的步幅稍大于肩距，身体重心始终保持在两腿之间。

（二）后退步

由实战姿势开始，左脚掌蹬地，右脚稍离地面向后滑行20~30厘米，左脚随即后滑一步，保持基本姿势。

（三）收步

由实战姿势开始，左脚向后收步至右脚旁，脚掌点地，重心偏于右腿。

（四）上步

由实战姿势开始，后脚经前脚前上一步，同时两臂前后交换，成反架姿势。

（五）进步

基本动作向前进步，但要求前后两脚同时快速移动。

（六）退步

进步同后退步，惟两步要快速移动。

三、基本拳法

散打中的拳法主要技法有：直拳、勾拳、摆拳。

（一）直拳

左直拳：基本实战势站立，左脚在前右脚在后，左脚跟稍外转，重心移至左脚，上体略左转，同时，左臂顺肩伸肘，使拳面向前直线冲击，力达拳面，拳心朝下，右拳至下额处，目视前方，然后左拳压肘收回，成基本姿势。右直拳反之。

右直拳：要与右脚蹬地拧腰转体的力协调一致，从而获得最大的冲力，身体重心要在冲拳的同时前移，不可提前，左拳不要下垂或外张。

（二）摆拳

左摆拳：基本实战势，右脚蹬地，身体重心移向左脚，左脚跟略离地外转，并辗转脚掌，上体右转同时左臂内旋，抬肘与肩平，使拳由左向右横击高于肩平，然后恢复基本姿势。右摆拳反之。

（三）勾拳

左勾拳：基本实战势站立，右脚蹬地，重心移向左脚左脚跟略抬外转，脚掌碾地，上体左转略下沉后，左膝及上体瞬间挺伸并向右转体，同时，左臂外旋由下向上击拳，拳面朝上，拳心朝右内，力达拳面，右拳仍置下额前，目视左拳，然后再恢复基本姿势。右勾拳反之。

四、基本腿法

腿法是散打技术中最重要的技法之一，在比赛中使用率最高。"手是两扇门，全凭腿打人，三分拳七分腿"，由此可见腿在散打中的地位。散打的腿法主要有：正蹬腿、侧踹、鞭腿，后摆腿等技法。

（一）正蹬

以左蹬腿为例。基本实战势站立，身体重心移至后腿，后腿略屈，左腿屈膝上抬，含胸，收腹，下腿贴近胸部脚尖勾起，脚底朝前下，随即左腿由屈而伸向前上方蹬出，力达脚跟，当脚触击目标时伸胯并使脚尖猛向前下方压踩，使力达全脚掌。两拳自然下落置体前目视前脚部，蹬腿后脚落下，还原成基本姿势。右蹬腿反之。

（二）侧踹

以左侧踹腿为例。基本实战势站立，重心移至后腿，膝略屈，脚尖外展，左腿屈膝上，抬膝高于腰，脚尖勾起，脚底朝外侧下，随即小腿外翻脚，底朝向攻击点挺膝端出，力达脚底，同时后腿挺直，上体向后腿侧倾，目视脚面，然后端出，腿下落，还原成基本姿势。右侧端腿反之。

（三）鞭腿

以左侧鞭腿为例：基本实战势，重心移至右腿，膝略屈左腿，屈膝上抬，高过腰，上体后仰左腿侧转略倾，同时膝略内收，小腿略外翻，踝部放松，随即挺膝，使小腿从外向上，向前向内弧形弹击，并使脚面绷平使力达脚面或胫骨处，目视脚部，然后侧弹腿，下落还原成基本姿势。右鞭腿反之。

五、基本摔法

快摔在武术散打中占有重要位置，近年来，中国散手运动员在同国外选手的交流中，中国选手的快摔法，常常令对方不知所措，望而生畏。

（一）击头抱腿摔

动作方法：在格斗中，首先左脚向前滑步，同时用左直拳虚晃，右直拳重击对方脸部，对方受击必上体后仰，露出下盘空当，抓住时机，右脚向前上步至对方裆部，两手从外向内回抱对方膝窝，同时上体前倾，右肩前顶，合力将对方摔倒。

要领：左右直拳连击要具有威胁，使其上体后仰，露出下盘；上步及时，抱腿顶肩干脆利索，整套动作要连贯。

（二）直拳别腿摔

动作方法：在格斗中，首先以左直拳虚击对方面部，紧接着再用右直拳重击其下颌，同时右脚上步别住对方双脚，右手顺势大小臂箍住对方颈部，上下用力，将对方摔倒在地。

要领：左拳虚击轻而快，右拳沉而重，进步别腿与右臂箍颈要迅猛协调、发劲要合。

（三）拉臂过背摔

动作方法：在格斗中，对方以右摆拳攻击我头部，迅速左转身并以双手挡抓住其手腕，紧接着向前方上右脚，身体向左转90°的同时，将对方右臂置于右肩上，然后两手向前拉，臀部向后顶，全身发力，将其背起摔于体前。

要领：双手抓臂及时，上右步迅速，背摔前，对方与贴紧，发劲时，双手向下拉与臀部向后顶要相合。整套动作要协调。

六、散打技能训练要求

武术散打功夫技术的总体要求可以归纳为快、长、重、准、稳、无、活、巧八个字。

（一）快

快，是指完成动作快。拳谚说"快打慢""拳似流星""发腿如射箭"，只有快速地出击，才能达到"先发先中"和"后发先中"的打击效果。快表现在反应快、动作快和位移快三个方面。

（二）长

长，是指完成进攻动作时，要具有伸展性。进攻性的动作，在重心、支点稳固的前提下，需要参与活动的各个关节尽量伸展，向前协调运动，这样既扩大了自己火力点的射程范围，又增加了对方发出动作的难度，这就是"一寸长，一寸强"的道理。

（三）重

重，是完成动作力量方面的技术要求。中国武术散打比较讲究"以巧制胜"、"以巧制力"，提倡技术型的打法。"巧"是以整体技术运用的能力而言；"重"是对单个动作的力量而言。

散打动作需要力量，在技术上要求其根在脚，转换于髋腰，达于拳脚，充分发挥自身的整体合力。在力的表现形式上，要求爆发力和聚合力，力戒僵力。

（四）准

准，是指动作的力点、参与运动的肌肉收缩是否准确。力点是击中对方的接触点，不同的动作有不同的力点要求，力点不准，不但影响动作的有效性，而且容易受伤。

（五）稳

稳，是指完成动作需要稳定。在激烈的对抗搏击中，保持身体的稳定，必须考虑三个方面的因素：

作用力和反作用力，作用力越大，反作用力越大，身体的重心不稳定，不利于控制反作用力。

动作击中对方后遇到阻力，需迅速调节姿势状态和稳固重心，为发起下一个攻击或防这动作做准备。

散打技术虽然有"长"、"重"的技术要求，但必须是在保持身体重心稳固的前提下进行，并尽量避免偏移身体重心的现象，以免给对方造成"四两拨千斤"和"顺手牵羊"的机会。

（六）无

"无"是指动作的隐蔽性、突发性和没有任何预兆。所谓预兆是无意识地预先暴露进攻意图的附加动作，这是散打运动员比较容易产生的错误。

常见的预兆动作有发力前的龇牙咧嘴、怒目瞪眉，呵呵发声，以及出拳击腿时先回收的习惯等等。即将发出动作之前，任何"欲动"都可以提示对方进行防范。学习散打技术之初，应尽力克服预兆，以免形成错误的动作习惯。

（七）活

活，是指动作与动作之间的快速灵活转换。要实现动作的灵活转换，一定要保持正确的身体姿势，脚跟要微微提起，以保持弹性，便于移动；四肢肌肉适度放松，不要僵滞，便于快速启动；身体重心处于两腿之间，便于转换动作；下颌微收，头不偏不倚，中正安舒，便于大脑发挥完成动作的操作思维。

活的技术要求，还涉及运动员动作的操作能力、步法移动的范围、技术动作的容量和转换动作的能力等。

（八）巧

"巧"是指运用技术时要方法巧妙。散打单个动作各有各的作用，散打技术每一个动作本身并没有巧妙与否之分。但由于散打运动具有技击的完整性和随机应变的技术特点，因而为散打动作相生相克的巧妙运用提供了广阔的空间和丰富的内涵。

俗话说"巧制力"、"巧制快"、"以巧取胜"。在运用散打技术的过程中，要充分发挥散打动作相生相克的功能，充分利用各种战机，并使用相应的方法，顺其力而破之，做到以最小的消耗得到最大的效果。

第三节　跆拳道

跆拳道（TAEKWONDO）是一项利用拳和脚进行搏击的对抗性运动。它通过竞赛、品势和功力检验等运动形式，使练习者增强体质，掌握技术、战术，并培养坚忍不拔的意志品质。跆拳道的本意由三个方面组成：跆是以脚踢；拳是以拳头击打；道是一种精巧的艺术方法，同时也是对练习者在道德修养方面的要求。传统的跆拳道包括套路（品势）、兵器、擒拿、摔锁、对练自卫术和其他基本功夫。现代竞技跆拳道只是传统跆拳道的一部分，它技术动作简单、实用、易学，寓搏击、规范、教育于一身，不需要花费太多的时间就能达到健身、防身、修身的效果，是一项在全世界都受到欢迎的搏击运动项目，有世界"第一搏击运动"之称。

一、项目概述

跆拳道源于朝鲜半岛。1955年，跆拳道运动的领导组织者将朝鲜的自卫术统称为"跆拳道"。1966 年，国际跆拳道联合会（ITF）在韩国汉城成立，崔泓熙任首任主席。1972 年，ITF 总部迁至多伦多。1973 年 5 月，世界跆拳道联合会（WTF）在韩国汉城成立，金云龙当选为主席。1975 年，世界跆拳道联合会被正式接纳为国际体育联合会的会员。1980 年，国际奥委会正式承认了世界跆拳道联合会。2000 年，在第 27 届悉尼奥运会上，跆拳道被列为正式比赛项目。

从历史角度看，国际跆拳道联合会（ITF）和世界跆拳道联合会（WTF）是同源的；就整体技术和理念而言，大同小异。但在对抗竞赛的规则上，ITF 更多的带有传统武术色彩，WTF 则具备典型的现代体育特征；在套路上双方也有很大区别。

我国的跆拳道运动始于九十年代初。1992 年，中国跆拳道协会筹备小组成立，1994 年举行了第一次全国性的比赛，1995 年举办第一届全国跆拳道锦标赛。

二、基本技术

竞技跆拳道技术是指跆拳道竞赛中所使用的能够充分发挥运动员机体能力、合理有效完成动作的方法。竞技跆拳道的基本技术简单实用，是所有其他技术的精髓和灵魂。

（一）使用部位

在竞技跆拳道中，受到竞赛规则的限制，运动员仅可使用拳、臂及脚的部位进攻和防守；传统跆拳道和品势练习中，可使用任何便于攻击的身体部位。

1. 正拳

四指并拢，回屈紧握，拇指扣压在食指和中指的第二指关节上（图 13 - 1）。拳面要平。在竞技跆拳道中，只允许使用正拳的拳面攻击对方的胸、腹部和用于防守。

2. 足

竞技跆拳道中，运动员主要以腿攻为主，所采用的部位是正脚背（图 13 - 2）、足刀（图 13 - 3）、脚后掌（图 13 - 4）、脚前掌（图 13 - 5）、脚后跟（图 13 - 6）。

图 13 - 1

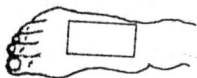

图 13 - 2

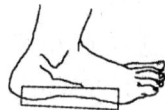

图 13 - 3

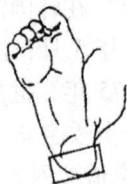  

图 13 - 4   图 13 - 5   图 13 - 6

（二）实战姿势

实战姿势也称准备姿势，是使身体处于最有利于进攻和防守的一种站立姿势。其作用是使身体随时处于攻防的最佳状态，保护自己并快速进攻与反击。在实战中左脚在前称为左势，右脚在前称为右势。

跆拳道实战姿势可分为：标准实战姿势（图 13 - 7）、侧向实战姿势（图 13 - 8）和低位实战姿势（图 13 - 9）。

图 13 - 7   图 13 - 8   图 13 - 9

（三）基本步法

步法是移动身体、维持平衡、调整距离，配合拳法、腿法等技术动作快速出击和防守的一种技术。

跆拳道步法按照移动的方位可分为：原地类型，如弹跳步、原地换步；直线前后移动类型，如上步-后撤步、前滑步-后滑步、前跃步-后跃步、紧追步-紧退步、垫步；侧向移动类型，如侧移步、跳闪步；转身类型，如旋转步等；各种步法的组合。

（四）进攻技术

1. 拳进攻

受到竞赛规则的限制，拳攻在跆拳道比赛中只有一种方法被经常使用，即冲拳技术，它可直接进攻有效部位得分，也可用来防守和配合腿的进攻。

竞技跆拳道拳进攻主要有前手拳（图 13 - 10）和后手拳（图 13 - 11）两种。

图 13-10　　　　　图 13-11

2. 脚踢的进攻技术

跆拳道的主要踢法有前踢、横踢、后踢、侧踢、劈腿、后旋踢等。腿法中讲究变化多样和灵活多端，对人体的柔韧性、灵敏性、稳定性都有很高的要求。

（1）前踢

动作过程：左实战姿势（图 13-12），右脚蹬地，髋关节稍左旋转，右腿屈膝上提，脚面稍绷直，双手握拳自然置于体侧（图 13-13）；髋关节前送，大腿前抬，当抬至水平状态或稍高时，快速弹击小腿，用脚背或前脚掌击打目标（图 13-14）。击打后快速右转髋，使小腿折叠回原位，或向前落地成另一侧实战姿势。前踢主要攻击部位有面部、下颚和腹部，也可用于防守。

图 13-12　　　　图 13-13　　　　　图 13-14

（2）横踢

动作过程：右实战姿势（图 13-15），左脚蹬地，重心右移，左腿屈膝上提，大小腿折叠，脚面绷直（图 13-16）；右脚以脚掌为轴外旋约 180°，左腿膝关节向前抬至水平状态后，膝向右侧，小腿快速向前踢出（图 13-17）。击打目标后迅速放松，收回小腿，重心前移落下或收回原处成实战姿势。横踢主要攻击对方的胸腹部、头部及两肋部。

图 13-15　　　图 13-16　　　　　　图 13-17

（3）侧踢

动作过程：右实战姿势（图 13-18），左脚蹬地，重心移至右腿，左腿屈膝提起，脚尖内扣，右脚以脚掌为轴外旋约180°（图13-19）；同时左脚向前方快速直线踢出，力点在足刀或足跟（图13-20），发力后沿起腿路线收腿或重心前移下落成实战姿势。侧踢主要攻击对方胸腹部、肋部和头部。

图13-18   图13-19   图13-20

（五）防守技术

防守是在实战中利用身体各部位结合各种步法抗击、闪躲、阻挡、堵截或转移对手进攻攻势的一种技术。跆拳道的主要防守方法有三种：一是利用闪躲、贴近等方法，通过步法的移动使对方进攻落空；二是利用手臂和脚的技术格挡，阻截对方的进攻；三是以攻对攻，用进攻的方法阻止对手的进攻。

（六）防守反击技术

防守反击技术是一种复合技术，即由防守技术和进攻技术组合而成。它是跆拳道技术体系中的重要组成部分，也是从事跆拳道运动必须掌握的基本技能。

有效反击也是挫败对方锐气，增加其心理压力的良好手段。竞技跆拳道常用的防守反击技术有三种，即防守后进行反击、防守的同时进行反击和在对手的反击后进行反击。

（七）组合技术

组合技术，就是根据比赛中攻防情况的变化，将两个以上的动作串联在一起的连续动作技术。跆拳道的组合技术种类有许多，可以说组合技术的实施是利用步法将进攻、防守和反击有机结合在一起的运动形式，是跆拳道技术体系中最重要的组成部分。

三、基本战术

跆拳道战术是根据比赛中双方的具体情况，为战胜对手而采取的计策和方法。

（一）实战要素

实战要素是跆拳道实战中全面实施技战术、有效击打对手、防御对手进攻和进行防守反击的重要保证。实战要素主要包括：自信心、视觉、身体重心、距离、时机（抢攻、动作间歇、心遭到破坏、瞬间犹豫、受到重击）、判断，应变能力等因素。

（二）战术种类

跆拳道比赛的战术种类是指为了完成战术意图而由各种技术组成的具体方

法。经常运用的战术形式主要有以下几种：

1. 直接式进攻战术

战术运用的时机：当对方的反应、动作、位移速度没有自己快时；当对方的攻防动作不够熟练时；当对方的体力不足时；当对方的防守姿势出现空隙时。

2. 压迫式强攻战术

运用这种战术的时机：力量、速度、耐力素质比较好，但技术不如对方时；身体素质好，技术比较全面，但经验不如对方时；对方的近战能力较差时；对方的耐力较差时；对方的心理素质较差时。

3. 引诱式进攻战术

引诱式进攻或称假动作进攻，其实质就是利用身体的、步法的、表情的假动作来调动对手，在对手的运动过程中制造破绽，迅速攻击。

4. 防守反击进攻战术

防守反击战术是跆拳道比赛常见的一种战术，它是后发先制的体现，应用得好，成功率相对较高。其实质是待对手发出进攻动作后，在防守的过程中反击对手。

5. 其他战术

心理战术；重创战术；体力战术；克制对手长处的战术；集中打击对方短处的战术；利用对方习惯性动作的进攻战术；边线进攻和防守战术；优势战术等都是跆拳道比赛中较常用的战术。

四、品势

品势与中国武术中的套路十分相似，即将一定数量的动作编排起来，形成固定模式的套路。品势练习时，要求练习者假设敌意，熟练地掌握各种单人技术动作，以便能够在以后的跆拳道实战和比赛中具体运用。品势练习是学习跆拳道的入门技术和基础，是成为跆拳道选手的必经之路。

跆拳道的品势有许多种，基本品势有太极、高丽、金刚等，高级品势有太白、平原、十进、地跆、天拳、汉水、一如。

五、规则简介

1. 比赛区为 8 米×8 米，须在专用比赛垫上。

2. 运动员比赛时须佩戴护具，包括：护胸、头盔、护裆、护臂、护腿、护齿、手套等。其中护裆、护臂、护腿应戴在道服内。

3. 允许使用的技术

（1）拳的技术：紧握拳头并使用正拳进行正面攻击的技术；

（2）脚的技术：使用踝关节以下脚的部位进行攻击的技术。

4. 允许攻击的部位

（1）躯干：允许使用拳和脚的技术攻击躯干部位被护胸包裹的部分，但禁止攻击后背脊柱；

（2）头部：锁骨以上的部位，只允许使用脚的技术攻击。

5. 得分：使用允许的技术，准确、有力地击中得分部位时得分。

6. 犯规行为

以下行为将被判罚"警告"：双脚越出边界线；转身背向对方运动员逃避进攻；倒地；故意回避比赛，或处于消极状态；抓、搂抱或推对方运动员；攻击对方运动员腰以下部位；伪装受伤；用膝部顶撞或攻击对方运动员；用拳攻击对方运动员头部；教练员或运动员有任何不良言行；提膝阻碍或逃避对方运动员的攻击。

以下行为将被判罚"扣分"：主裁判员发出"分开"口令后，攻击对方运动员；攻击已倒地的对方运动员；抓住对方运动员进攻的脚将其摔倒，或用手推倒对方运动员；故意用拳攻击对方运动员头部；教练员或运动员打断比赛进程；教练员或运动员使用过激言语，出现严重违反体育道德的行为。

7. 获胜方式

击倒胜；主裁判员终止比赛胜；比分或优势胜；弃权胜；失去资格胜；判罚犯规胜。

第四节　空手道

空手道是一项起源于中国、发展于日本的体育运动项目，由中国拳法和日本格斗术揉合而成。它既可以锻炼人的外在肌体，又可以让人具备内在自我控制的意志及崇高的精神信念，使练习者具备果断、勇敢、大度、博爱、自信、机智、冷静等个人优秀品质。通过练习和认识空手道，能使一个人充满非凡的气势，发挥人的巨大潜能，这对参与激烈的社会竞争大有帮助。

一、空手道概述

空手道亦称空手，是发源于琉球王国（今琉球群岛）的一种格斗技术（类似我国的武术）。空手道的前身是古代琉球的武术"琉球手"或"手"，融合了传入的中国武术后，被琉球人尊称为"唐手"；后来又接受了日本武道的影响，成为现代的"空手道"。

1964 年，日本成立"空手道联盟"，它在国际上对空手道进行了有计划、有步骤的推广。起初以欧洲和美国为推广中心，派大量高水平的援外教练进行普及，随之逐步推向世界各国。1979 年，成立了"世界空手道联盟"，并举行了第一届世界空手道锦标赛。空手道运动现已遍布世界五大洲，世界空手道联盟已发展会员国达193个，全球注册会员近7 000万，成为世界第三大规模的体育运动项目。

2006年，我国正式把空手道设立为体育运动项目，有国家体育总局拳击管理中心、中国空手道协会（Chinese Karatedo Association，简称CKA）。

二、基本功（单一型技术）

基本功是空手道技术体系中极其重要的组成部分，也是一切技术的根本与基础。

（一）基本步型

体育空手道常用步型图解（松涛馆流）。

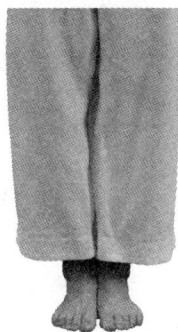

并足立
两脚并拢
双脚尖向前

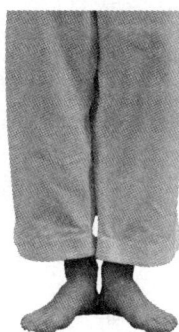

结　立
双脚跟并拢
双脚尖斜上30度展开

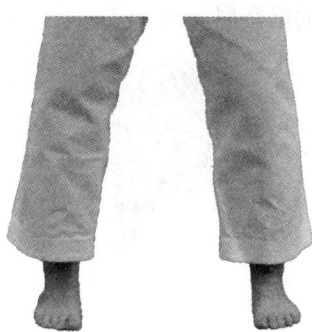

平行立
两脚分开，双脚间距与肩同宽
脚尖正对前方

外八字立
平行立基础上，脚跟不动
脚尖外展30度

内八字立
平行立基础上，脚跟不动
脚尖内扣30度

骑马立
两脚间距为二肩宽
两脚尖向前，双膝向前弯曲
重心按5∶5比例分别落于双腿上

1. 前屈立

两脚前后分开站立，前腿屈膝前弓，膝尖与大拇指跟部垂直后脚尖内扣45度，膝盖蹬直横距与肩同宽（双脚内侧），竖距为二肩宽，重心按6∶4比例分别落于前后腿。

2. 后屈立

重心落于后脚（7：3），两脚跟在一条直线上，后膝盖向侧面弯曲，前膝盖向前微屈。

正面　　　　　　　　　　　侧面

（二）基本动作（手技）

1. 正冲拳（正拳）

双肩平直，肩胛骨外旋送臂，气沉丹田，腰部瞬间拧转发力，控制冲拳距离和劲道，左平拳微向外平扣，以中指与食指的骨峰为中心，内旋直臂击打对方心窝处，右拳背与地面呈平行线，拳槌部紧贴腰带上方（腹肋部）。

图 13-21　　　　　　图 13-22

2. 顺冲拳

同手同脚，前屈立顺势向前冲拳（目标→正中心）（图 13-23），侧面（图 13-24）。

图 13 - 23　　　　　图 13 - 24

3. 逆冲拳

手、脚相反，前屈立逆势向前冲拳（目标→正中心）（图 13 - 25），侧面（图 13 - 26）。

图 13 - 25　　　　　图 13 - 26

（三）基本动作（足技）

1. 前刺踢

前屈立预备式（图 13 - 27），高度不变，重心前移，前脚单脚支撑（图 13 - 28），后脚送髋直膝踢出，虎趾部刺击对方中段或上段（图 13 - 29），后脚勾脚提膝抬起（向胸腹靠近）。

图 13 - 27　　　　　图 13 - 28　　　　　图 13 - 29

2. 足刀踢

立预备式（图 13 - 30），单脚支撑，另一脚向体前勾脚提膝抬起（图 13 - 31），直膝挺髋，向体侧足刀踢出（图 13 - 32），屈膝收髋，快速回收（图 13 - 33）。

图 13－30　　　　图 13－31　　　　　图 13－32　　　　　图 13－33

三、形

"形"严格要求了基本动作中的冲拳、踢腿、击打、格挡等攻击技和防守技的标准和要领，使学习者正确地学会空手道"形"的同时，也为后人的学习奠定了基准。"形"的演练特点，要求其具有"稳定"和"变化"的统一性（平衡、合理、互补）。在基本功单一动作学习之后，让初学者对"形（套路）"形式的出现有一个新的概念和认识，在兴趣倍增的同时，可提高基本功技术运用和实践的积极性。

四、空手道竞赛

（一）空手道技术分类

空手道的技术可分为两大部分，即"形"与"组手"。"形"是个人单练动作的连贯演练，其中有攻击、防守的各种技法。通过手、腿和身体的运动，结合呼吸和发力，组成了刚烈风格的套路。这和中国武术的套路本质上是一样的。"形"的种类较多，各个流派都有自己规定的"形"。从简单到复杂，从低级到高级，有各种各样的套路。"形"竞赛是运动员在场上演练一套完整套路，然后由安全区指定五名裁判员，根据演练者的精神、劲力和动作规范程度等给予评分。

"组手"是两人进行攻防格斗的形式，是空手道的实践形式，分约束组手、自由组手等。它犹如中国武术运动中的散手项目，但在比赛中不允许击中对方身体任何部位，必须在触及对方身体前的一瞬间停止，否则将被判为犯规。"组手"竞赛采用"寸止规则"，即要求全力击打控制距离，在攻击对方时上段（颈部和头部）轻微接触，喉部不可碰触；中段（锁骨以下，髋骨以上部位）可以击打，但必须要回收技术。

（二）空手道比赛场地

比赛场地是在 8 米×8 米平坦场地上进行。从比赛场地的中央，朝正面左右各 1.5 米处，画 1 米长度平行线，以此为两名参赛运动员的开赛站立位置。从比赛场地中央，朝正前方 2 米处，画一条 0.5 米长度平行线，以此为场上裁判员的站立位置（开赛前和宣判时的位置）。另外4名边裁坐在场地外四个角处执行裁判工作（详见场地示意图）。比赛双方赤脚身穿白色空手道比赛服装，分别系红、蓝腰带，代表红、蓝方，参赛者不可留长指甲、佩戴金属类物品。

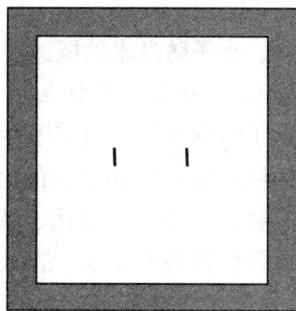

图 13-34

（三）礼仪

空手道素有"君子之拳"的美称，从古到今都是一项以保护自己安全为首位的武道项目，倡导"始于礼，止于礼"的武道文化，不以成败论英雄，不以野蛮致行为；教导习武者以终身的追求来不断完善人格，恪守忠诚之道，培养努力精神，尊重礼仪规范，严戒血气之勇。

立礼的要求：双脚呈结立（V字形）站姿，双手自然伸直放于大腿两侧，上体挺直（含头部）向下倾斜约30°，目视前下方，略有停顿后，恢复站立姿势。

①　　　　　　　　②　　　　　　　　侧面

第五节　女子防身术

女子防身术是当女性在受到不法侵害或可能要受到不法侵害时，为摆脱或反击歹徒而进行的防身自卫的一种防卫知识与技能。防身自卫是将拳击、武术、摔跤、柔道、跆拳道、空手道、擒拿格斗等武术技击方法予以整合，以制服对方、保护自己为目的的专门技术。它对健身、防身和培养女性勇敢顽强、敢于搏击的心理品质均有现实意义与作用。

一、女子防身术的概述

（一）女子防身术特点

女子防身术是一门实用性强，且与当今社会发展联系紧密的技能。其项目本身的特点是：1. 用很少的力气，人人都可以完成；2. 以贴身为主，不受任何规则限制；3. 简单、实用、快捷，数秒之内即可完成。易于在有限时间的学习中快速掌握其基本技术、战术运用的方法。

（二）人体要害部位分析

人体要害部位是指人体遭受打击或挤压最容易造成昏迷、伤残、致死的部位。打击人体要害部位是以小制大、以弱制强的有效手段，是女子防身术解危最理想的防卫"武器"。请看人体要害部位示意图（图13-35）。

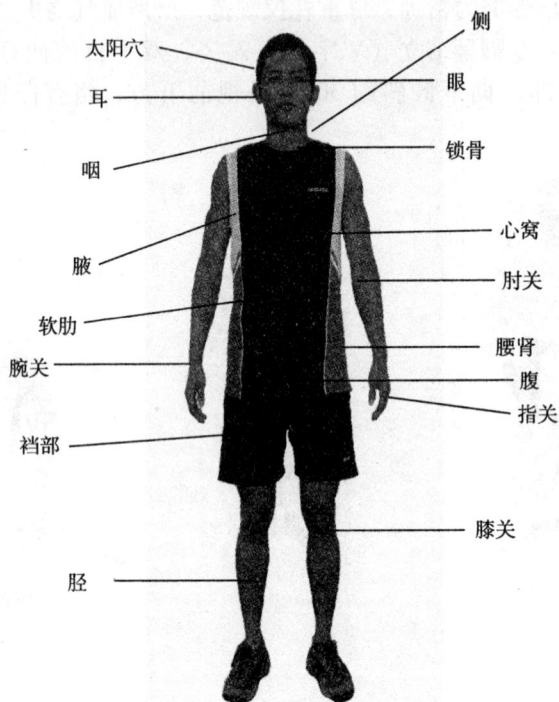

图13-35 人体要害部位示意图

二、女子防身术基本动作与练习

（一）手法的攻击技术与运用

1. 手形

（1）拳

四指并拢卷握，拇指紧扣食指和中指的第二指节（图13-36）。

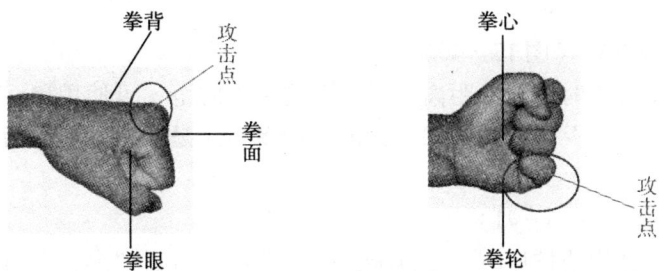

图 13－36

（2）掌

四指并拢伸直向后伸张，拇指第一指节弯曲扣虎口处（图 13－37）。

（3）勾

五指尖撮拢，屈腕（图 13－38）。

要求：五指尖合拢成梅花形。

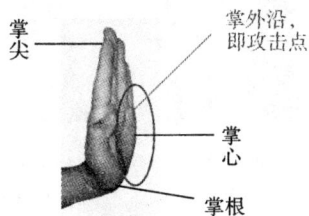

图 13－37

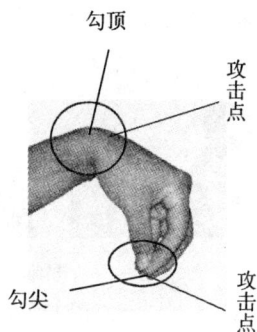

图 13－38

2. 掌、爪攻击面部、眼睛的技法

其他的一些手法，手可变成虎爪、撮勾、单指、金剪指、双指、金铲指、倒夹等，可用来戳击对方眼睛、咽喉、腋下等要害部位（图 13－39）。

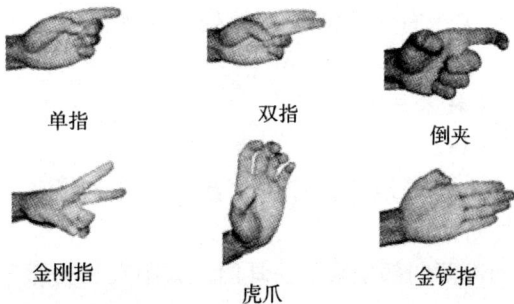

单指　　双指　　倒夹

金刚指　　虎爪　　金铲指

图 13－39

（1）二龙戏珠（图13－40）

在被歹徒按压时，因为距离极近，歹徒又不防范，可使用单、双指叉眼的技法，只要能叉中歹徒眼睛，并不拘泥于用单指还是双指，用五指亦可，用双手双指亦可。

（2）封喉（图13－41）

当被歹徒搂抱或按压时，可以根据距离采用此封喉技术，大拇指和食指分开，由下向上顶勒住对方咽喉部位。

（3）迎面掌（图13－42）

被歹徒按压时，如手未被按压，可张开手掌，以掌根猛击歹徒鼻梁。轻者鼻血长流，重则可致昏厥。

（4）迎面贴金（图13－43）

张开的五指以指甲贴其面抓下，轻则抓破眼睑，泪流不止，眼睛睁不开，重则伤及眼球。

二龙戏珠	封喉	迎面掌	迎面贴金
图13－40	图13－41	图13－42	图13－43

（二）基本格斗姿势

侧身是女子自卫与遭遇其他不测时必须注意的。两腿前后站立，后脚跟微掀起，两膝自然弯曲，松髋，收腹含胸。两肩自然放松，双肘下沉分别护住两肋，两手握拳左手前不高于鼻尖，右手后放下颌处。目视前方（图13－44）。

（三）拳法的攻击技术与运用

1. 直拳（图13－45）

以左姿势为例，右腿蹬地转腰拧髋大臂摧小臂向前冲出，力达拳面，左直拳。

图13－44

主要攻击对方面部薄弱部位眼睛、耳门、太阳穴和胸部等处（图13－46）。

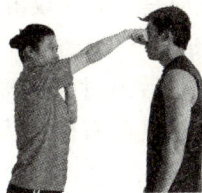

图 13-45　　　　　　　　图 13-46

2. 摆拳

拳向前向内扣，稍抬肘，力达拳面，左摆拳（图 13-47），右摆拳。

攻击部位：耳门、太阳穴（图 13-48）。

图 13-47　　　　　　　　图 13-48

3. 勾拳

以左姿势为例，上体微向外、向下转动，前腿微屈后脚蹬地发力。后手拳走弧线向前上方打出。拳心向内，微微内扣，力达拳面，左勾拳（图 13-49）。

攻击部位：下颌、腹部（图 13-50）。

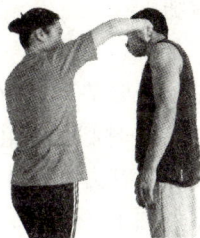

图 13-49　　　　　　　　图 13-50

（四）肘法的攻击技术与运用

肘法属于近距离击打的技法。由于肘部的生理构造特点，击打力量较之其他手法（掌、拳等）要重、要狠，比较适合女性用于自卫。

1. 前顶肘（图 13-51）

动作方法：以右前顶肘为例，右肘部屈臂平抬盘于胸前，拳心向下，以肘尖为着力点直线向前顶击。左手可推顶右拳以助长发力，顶肘后迅速回收成防身格斗姿势。

攻击部位：顶肘是以肘尖攻击，主要击打对方心窝、腹部。

2. 后顶肘（图 13 - 52）

动作方法：以右后顶肘为例，手臂略上抬，肩关节前屈，右臂屈肘夹紧，身体迅速下沉（但幅度没有砸肘大），同时肘向后猛伸，以肘尖后部为力点向后顶击。

攻击部位：顶肘主要用于攻击背后之敌肋、心窝、腹部。

3. 前横肘（图 13 - 53）

动作方法：以右横肘为例，后腿蹬地，扣膝合髋，向左旋转身体 90°以上。大臂向前横移，左手握住右手助力，以肘尖击打对方。

攻击部位：适于攻击对方太阳穴、后脑、耳门、颈部以及胸肋等。

前顶肘　　　　　　　　后顶肘　　　　　　　　前横肘

图 13 - 51　　　　　　图 13 - 52　　　　　　图 13 - 53

（五）腿法的攻击技术与运用

腿法可分为屈伸性腿法和直摆性腿法。下面介绍几种适宜女性自卫的屈伸性腿法：弹腿，正蹬腿。

1. 弹踢

动作方法：以左预备姿势为例（图 13 - 54），前左腿支撑，右后腿向前上方提膝（图 13 - 55），同时膝关节由屈到伸，向正前方弹踢出腿。脚背绷直，力达脚背。弹踢时要轻快有力（图 13 - 56）。

攻击部位：裆部（图 13 - 57）。

图 13 - 54　　　　图 13 - 55　　　　图 13 - 56　　　　图 13 - 57

2. 正蹬

动作方法：以左预备姿势为例（图 13－58），左腿微曲支撑，右腿屈膝抬起，膝盖对准目标，脚尖勾紧（图 13－59）。以大腿推动小腿，同时脚跟向前蹬出。力达脚跟（图 13－60）。蹬腿时身体不可前后俯仰，要干脆快速有力，蹬出后迅即收回。

攻击部位：腹部、裆部（图 13－61）。

图 13－58　　　　图 13－59　　　　图 13－60　　　　图 13－61

（六）膝法的攻击技术与运用

以膝攻击裆部还有另外两个好处，一是距离短，这就保证了攻击可以很快地在瞬间完成；二是角度小，攻击准备和攻击过程都可以很隐蔽。

1. 提膝

动作方法：以右提膝为例（图 13－62），要领是膝腿上抬，动作要猛，并以双手拉住对方帮助发力。提膝是女性用以攻击的利器。提膝时可用手帮助发力。

攻击部位：裆部（图 13－63）、小腹（图 13－64）。

图 13－62　　　　图 13－63　　　　图 13－64

2. 侧撞膝

动作方法：以右侧撞膝为例（图 13－65）。上体微向左侧倒身，扭髋内转，右腿蹬地右膝迅速上抬，由右向左侧撞击，两手可抓住对方帮助发力。

攻击部位：裆部、小腹（图 13-66）。

图 13-65   图 13-66

第十四章　形体运动

第一节　健　美

　　健美运动发轫于文艺复兴时期，成形于十九世纪末。它是一项通过徒手和各种器械，运用专门的抗阻动作方式和综合运动形式进行锻炼和艺术强化，以达成发达肌肉、强健骨骼、增长体力，完善形体、增进健康、提高艺术素养和陶冶情操为目的的体育运动项目。作为一个独立的运动竞赛项目，健美运动涵括健美（bodybuilding）、健身（fitness）、形体（bodyfitness）和体育健身模特（Sports fitness model）等。

　　健美运动把锻炼结果显示于锻炼者的外在，突出健康、强壮、和谐的身体所显现出的审美属性。同时，经由匀称、均衡、协调以及充满活力的各身体部位保障身体各器官系统的各就其位而各司其职，保证由外而内、由内而外的身心健康水平和时尚健康形象。

　　健美课程着重学习健美运动的基础理论，了解健美健身知识获取的方法和渠道，通过学练体验，掌握正确的动作技术，学会科学的锻炼方法以及有针对性地制定健美锻炼计划和运动处方。在学练过程中，实践对和谐形体、增肌减脂、体能提高、体力发展、审美品位和意志品质的追求。

　　健美的课程内容包括理论和实践两个部分。理论部分侧重介绍健美运动的起源与发展，锻炼的价值与作用，及其运动解剖学、运动生理学、运动生物力学、运动生物化学、运动训练学和美学等健美运动基础学科的功能性知识。实践部分以专门抗阻性动作技术为学练主体，以心肺机能提高，肌肉、力量及力量耐力增长，柔韧性增强，身体成分干预为基本内容和学练目标。

一、健美运动概述

　　古希腊人认为，健美的人体是呼吸宽畅的胸部，灵活而强壮的脖子，虎背熊腰的躯干和块块隆起的肌肉。著名的古希腊哲学家苏格拉底（公元前469–399）认为，人的一切活动不能脱离身体，身体必须保持高效率的工作，力量与肌肉的美只有通过身体才能得到。四年一届的古代奥林匹克运动会等场所，就是炫耀力量和人体健美的场合。

18世纪，德国著名体育活动家艾泽伦（公元1792-1846），创造了哑铃等器械锻炼，这些方式既是现代竞技举重的起源，也是现代健美运动和力量举的起源。19世纪后叶，德国人山道（Eugen·Sandow）从实践中摸索出一整套集健、力、美于一身的肌肉锻炼方法，并通过展示力量、肌肉、开设健身函授班和组织世界健美大力士的比赛等办法，迅速推广了该项运动。因此，山道被后人尊为健美运动的鼻祖。20世纪初，健美运动在英美等国得到了广泛的开展，健身健美著作、期刊相继出版，锻炼的科学性和系统性得到了充分保障。1946年，加拿大人本·韦德和乔·韦德兄弟发起创建国际健美协会。自此，健美运动步入快速发展轨道。

30年代初，在上海沪江大学求学的赵竹光参加了美国的健美函授学习，并吸引很多同学参加健美锻炼，期间，创立了我国最早的健美组织"沪江大学健美会"，其时，健美运动由大学开始在我国迅速传播并普及。新中国建立后，健美运动更为广大群众所喜爱。然而，由于众所周知的原因，健美运动在我国停滞20余年。"文革"后，健美运动在我国快速复兴，八十年代初，基于大众需求，全国许多大中小城市在广泛开展健美运动的同时，率先尝试了健美中心、健美俱乐部等有偿体育模式，可以认为，健美运动是我国商业化体育的先驱。发展至今，我国健美健身运动的产业化运营也已日渐成熟。伴随着项目的发展，许多高等院校也都把健美运动作为体育课的基本教材进行教学，大学生的业余健美健身活动开展得也十分活跃。

二、健美运动的功能分类

健美运动是为增加身体美感、适应时代审美倾向而进行的身体训练，通过练习，形成良好的体形和姿态是其主要目的。按参加健美运动锻炼的目的及目标进行分类，有助于我们有针对性地选择和运用相关的方法体系。依其目标与强度，健美运动的分类大体如下：

（一）竞技健美

这是竞技层面的项群集合，包括肌肉竞赛（也称健美比赛）、健身竞赛（即健身先生、小姐竞赛）、形体竞赛（形体先生、形体小姐）和体育健身模特竞赛。

（二）大众健美

这是健美运动的全民健身运用。主要包括抗阻练习、力量练习、体适能练习、健身操、健美操和有氧练习以及在健美运动锻炼原理下不断涌现的现代健

身方式。

（三）康复健身

康复健身又称康复体育或医疗体育，这是指在健美运动的方法体系内，疾病患者为了治愈某些疾病或恢复身体机能而进行的健身锻炼。康复健身的内容应根据疾病性质采用适宜的锻炼方法，为提高康复效果，常与药物治疗相结合，在医生的指导下，按运动处方要求进行定量锻炼。

（四）体形修塑

体形修塑又称矫正畸形或矫正体育。但这里的体形修塑涵盖面远胜于这两者，它是目前健身房最受欢迎的健身与健美项目，如整体修塑、局部修塑等（主要是针对身体局部过胖或过瘦和不良体形体态的修塑）。它是指为了弥补身体某些缺陷或克服功能障碍或使身体更趋完美而进行的健美锻炼。练习内容应根据身体的特殊情况进行专门设计，如轻度驼背可做脊柱弯曲矫正操，"鸡胸"、"后缩肩"可用俯卧撑进行矫正等。

（五）休闲健身

休闲健身亦称闲暇体育、余暇体育、休闲体育、娱乐体育。是人们为了丰富生活、调节情绪、谋求身心满足、善度余暇而进行的自由自在的体育健身娱乐活动。休闲健身健美以消遣、娱乐、放松为目的，其内容、强度、负荷量选择上多以个人意愿为前提；等等。

三、健美运动的技术实践

健美运动的直接作用对象是人体的运动体系，其涉及人体的肌肉、骨骼、关节等组织和结构。

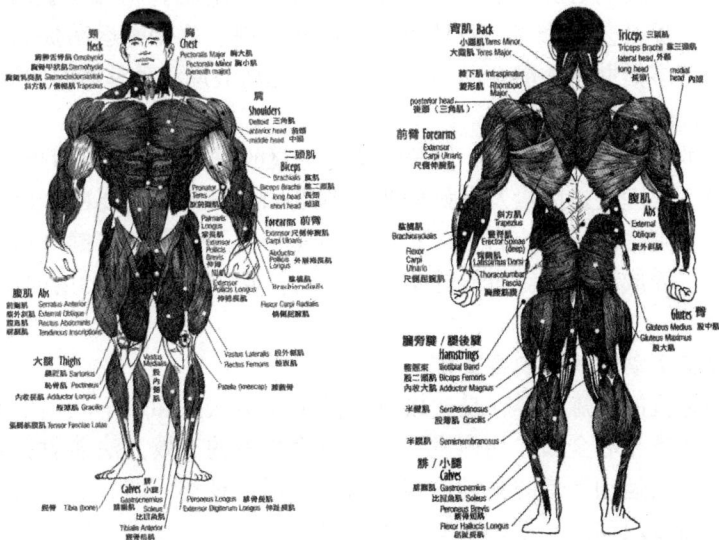

健美运动特有的抗阻、负重练习对骨骼和关节相关组织的作用实在而不显于形，其增进健康和完善外形的媒介首在肌肉。人体肌肉多达 639 块，其中骨骼肌 520 余块，但在健美锻炼中，我们侧重如下可以扪触的肌肉即可几乎达成全面的目标锻炼。

（一）技术动作

健美健身锻炼的技术动作以抗阻练习形式为主，在专业领域称之为按"孤立"原则实施的动作技术，即针对某一目标肌群或部位的锻炼，只将所有的动作因素施加于目标区域，其他部位或肌肉不参与或尽量少参与的技术方式。按照动作原动肌胯关节的数量，一般将动作分为单关节动作、双关节和多关节动作。

（二）锻炼方案

健美健身运动的锻炼方案多以单元课程或运动处方的形式体现。按照锻炼者的实际情况、意愿和目的，将锻炼动作、动作练习的重量、次数、组数及间歇时间、锻炼频度等要素有机组合，并加以严格执行的行动计划即为锻炼方案。健美健身的锻炼方案有极强的个性特征，针对性强是其最基本的功能特色。

（三）辅助项目

健美健身特有的目标追求决定着仅有对肌肉的干预是远远不够的，在获得满意的肌肉体积和肢体围度以后，以有氧运动调节身体成分、提高心肺机能，以有氧动作方式清晰肌肉轮廓、肌肉线条，以舞操运动项目提升艺术修养和身体表达，以普拉提、瑜伽等运动提高身体平衡和控制能力等多措并举才能全面构成健美健身运动锻炼活动整体的完满。

（四）效能保障

在现代的生活方式背景中，健美形体与健康的获得除积极的锻炼活动之外，营养、休息、心理促进因素及良好的生活制度同样被视为重要的训练元素。健康观、审美观则是决定锻炼行为的指南，因此，为了保证健美健身运动锻炼的效率与效果，养成科学、健康的健美健身意识、观念更是重要的内因保障。

四、健美运动锻炼的内容安排

选择最适宜的锻炼内容，是达成身心健美完美状态和事半功倍的前提。现代健美运动注重身心全面、均衡发展，对与之相关的有效方法兼收并蓄、不设壁垒。现代健美运动锻炼的基础内容包括三种运动种类，即有氧运动，伸展运动和抗阻性力量运动。

第一类，耐力性有氧运动锻炼项目，主要方法与项目如步行、慢跑、走跑交替、游泳、自行车、滑冰、越野滑雪、划船、跳绳、上下楼梯及室内功率自行车、步行车、活动平板（跑台）等。

第二类，伸展运动及健身操锻炼，主要方法与项目如广播体操、太极拳、太极功、气功、瑜伽、五禽戏、八段锦、健身操、健美操、韵律操、健身舞、普拉提、各部位伸展练习及各种医疗体操和矫正体操等。

第三类，抗阻性力量锻炼，这是健美运动的主体内容和方式。如采取中等强度的、足以发展和维持祛脂体重、发达肌肉、健美体格的力量锻炼，美国运动医学学会推荐的力量锻炼原则是要有主要肌群参与，每次练8～10组，每组重复8～12次，每周至少锻炼2次。

处理好有氧、伸展和抗阻力练习的比例关系是保障健美运动最佳锻炼效果的基本条件。

五、健美运动的主要目标部位与针对性学练动作

健美运动的基础和特点是抗阻性动作练习。基于健美运动的训练经验与教学实践，在健美锻炼进程中，当选择和安排的练习动作多于一个时，最重要的素养是优先考虑动作训练的有效程度，然后再决定所选择动作练习的先后顺序的专项能力。下面列出主要肌群常见的训练动作（其有效程度用符号"△"表示有效，用符号"☆"表示无效，用符号"＊"表示欠安全）作为意识培养和强调。

（一）斜方肌

1. 上举：（头部不应用力前移）哑铃上举△；杠铃上举△。

2. 划船：直立划船＊。

（二）三角肌（中部纤维）

1. 侧平举（臀部稍微收紧）：哑铃侧平举△，拉力侧平举△。

2. 划船：直立划船＊。

3. 推举：直立推举＊。

（三）三角肌（前部纤维）

1. 前平举：哑铃前平举△；拉力条前平举△。

2. 推举：哑铃推举△；器械（各有不同）推举△☆＊；杠铃（腰椎过度伸直）推举△＊；颈后推举△＊。

3. 划船：直立划船＊。

（四）三角肌（后部纤维）

1. 俯立飞鸟：哑铃俯立飞鸟△；拉力条俯立飞鸟△；器械俯立飞鸟△；划船器械（宽握）俯立飞鸟△。

2. 推举：直立推举＊。

（五）肱二头肌

弯举：哑铃弯举△；站立哑铃弯举△；坐立哑铃弯举△；上斜约70度哑铃弯举△；集中弯举△；杠铃弯举△；斜靠弯举（拉力条、杠铃、哑铃等视角度及所用的阻力）△☆；拉力条（仰卧、站立、交叉器械）弯举△；器械弯举△☆。

（六）肱肌

反弯举：杠铃反弯举△；哑铃反弯举☆；拉力条反弯举☆。

（七）肱桡肌

对握弯举：哑铃对握弯举△；平行把手对握弯举（拉力条、杠铃）△。

（八）肱三头肌

1. 下压：双臂宽握下压△；单臂下压△。

2. 卧式臂屈伸：双臂（拉力条、杠铃、哑铃）卧式臂屈伸△；单臂（哑铃、拉力条）卧式臂屈伸△。

3. 头后臂屈伸：坐立头后臂屈伸△；站立（腰椎的考虑）头后臂屈伸△；双臂（杠铃、拉力条、哑铃）头后臂屈伸△；单臂哑铃或拉力条头后臂屈伸△；反握（对肌肉无影响）头后臂屈伸△☆。

4. 卧举：窄握卧举（于动作上部的部分幅度）△。

（九）胸肌

1. 卧推：哑铃推举（平卧，上斜30度）△；杠铃平卧举（上斜30度）△平卧举（上斜30度）△。

2. 扩胸：拉力条站立扩胸（或平卧，上斜30度，跪地）△。

3. 飞鸟：飞鸟（平卧，上斜30度）△。

4. 弯举：下斜10~15度哑铃，或杠铃弯举△☆。

5. 过顶拉：过顶拉（只供辅助）△☆。

平板哑铃飞鸟

6. 屈伸：双杠屈伸＊。

7. 推举：器械（视器械制造商而定）推举△☆＊；其他推举。

8. 夹胸：飞鸟式器械（视转轴而定）夹胸△；蝴蝶飞鸟器械（肩外旋转）夹胸＊。

（十）腹直肌

1. 静力：等长训练△。

2. 卷曲：卷曲躯体△；拉力条卷曲躯体（跪地或站立）△；反卷曲躯体△。

3. 屈体：斜板屈体（视动作技巧）☆＊。

4. 起坐：全仰卧起坐△＊。

5. 举腿：双腿上举△＊。

（十一）腹内外斜肌

1. 静力：等长训练△。

2. 卷曲或扭转：仰卧盆骨旋转△，卷曲躯体或扭转（膝或脚上举）△，拉力条卷曲躯体或扭转（跪地或站立）△；持棒坐体扭转（弹动性）☆＊。

3. 屈：向侧屈△。

（十二）上背肌

1. 下拉：前下拉（宽握、窄握、直臂）△；颈后下拉＊。

2. 划船：拉力条（双臂，单臂。）划船△；杠铃（正握或反握）划船△；哑铃（双臂，单臂）划船△；T字杠划船△；器械划船△☆。

3. 过顶拉：哑铃过顶拉△；器械（肩胛移动时的轴与盂肱关节不配合）过顶拉△☆。

（十三）竖棘肌

1. 静力：等长训练△。

2. 屈伸：超伸躯干△；器械上背屈伸△。

3. 硬拉：硬拉（竖棘肌等长收缩）△＊。

（十四）腘绳肌

1. 腿弯举：器械或拉力条或哑铃腿弯举△。

2. 硬拉：直腿硬拉（维持正常脊柱前凸）△。

3. 伸：超伸躯干（集中于臀部）△；俯身背伸（杠铃所放的位置不当）＊。

（十五）股四头肌

1. 屈伸：器械腿屈伸△。

2. 举：腿举△。

3. 蹲：滑动式负重斜架蹲起△；蹲起△＊；吊摆式蹲起△＊；踏凳或跨步△☆＊。

（十六）臀大肌

1. 举：腿举△。

2. 蹲：蹲起△。

3. 屈伸：拉力条髋屈伸（必须稳定脊柱）△☆＊。

（十七）内收及外展肌

内收及外展：拉力条内收及外展△；器械内收及外展△＊。

（十八）腓肠肌及比目鱼肌

1. 提踵：站立器械举踵△；骡式举踵△。

2. 举：腿举器械△。

（十九）比目鱼肌

提踵：坐式器械提踵△。

（二十）胫前肌

屈踝：橡皮带屈踝△。

（二十一）腓侧肌

屈踝：橡皮带屈踝△。

六、学习资源

（一）中国健美协会官方网站：http：//www.cbba.net.cn/

（二）健身114：http：//www.jianshen114.com/

（三）ChinaFit 健身网：http：//www.chinafit.com/

第二节　健美操

健美操是融体操、音乐、舞蹈、美学为一体，通过徒手、手持轻器械或专门器械的练习，达到健身、健美和健心的目的，具有竞技性、娱乐性和观赏性的一项新兴的体育运动项目。

长期进行健美操锻炼能消除机体的多余脂肪，改善不良的身体姿势，塑造优美的体型；可以缓解人的精神压力，增强人的社会交往能力。健美操具有良好的健身效果，同时还具有娱乐的功能，可使人在锻炼中得到精神上的享受，满足人们的心理需要。

一、健美操概述

20 世纪 60 年代末，现代健美操起源于美国。著名的医学博士库（Dr. Kenneth Cooper）设计了一些动作，配上音乐作为训练宇航员体能的内容之一，最后逐步发展成一项独特的运动。20 世纪 70 年代末，健美操开始作为一项独立的体育运动项目，在此期间涌现出了一批健美操的代表人物，好莱坞影星简·方达就是其中一位。她根据自己的亲身实践与体会编写了《简·方达健美术》（也翻译为《简·方达健身体操》）一书和录像带，并向 30 多个国家传播，使健美操很快成为一项风靡世界的健身运动。

20 世纪 80 年代初，健美操传入我国，一开始便受到了青年学生的喜爱，并且在高校和社会普及开来。在不断发展的过程中，健美操已逐渐形成了一套科学的健身、训练和竞赛体系。

现代健美操分为健身性健美操、竞技性健美操和表演性健美操。健身性健美操也称为大众健美操，以"强身健体、增加健康、愉悦身心"为目的，适用于健身俱乐部课程和高校健美操教学课程。健身性健美操的动作简单易练，实用性强，音乐速度适中，动作的元素和风格多样。竞技性健美操是运动员在音乐的伴奏下，能够表现连续、复杂、高强度成套动作的，以比赛取得优异成绩为主要目的的健美操。表演性健美操根据表演目的设计、创编和排练的成套健美操，人数、时间、形式比较自由，强调音乐的主题风格，注重表演的效果，成套设计侧重艺术性和观赏性。

二、健身性健美操的特点

（一）音乐的节奏性特点

音乐中如音的高低、长短、强弱、快慢等有节奏的变化，使健美操运动更具律动感和活力。健美操的音乐，不仅能使练习者在完成动作时准确地把握每一个节拍，更重要的是能激发练习者的情绪，陶冶美的情操，消除和延缓疲劳，获得生理和心理上的平衡，增强健美操的练习效果。

（二）身体的节奏性特点

健美操动作过程中，始终要保持明确的动作节奏感，通过踝、膝、髋关节的弹动完成各种各样的步伐。身体节奏感的弹动是动作连续流畅完成的前提，这种节奏主要体现在动作过程中身体的动作节奏与音乐的节奏相吻合，协调一致，这是健美操的风格特点。

（三）身体的协调性特点

健美操动作组合越复杂，对身体的协调性要求就越高。在健美操动作中，不仅有对称性动作，而且还有很多非对称的或依次完成的动作，这些都要求肌肉关节协调配合完成动作，体现身体的协调能力。

（四）力度特点

健美操动作是以力度为基础的，它所表现的力是力量、弹力、活力和控制力量的综合。健美操的力量性趋于自由、自然、欢快、有力。由于动作带来的身体快速变化及脚下富于弹性的、连续不断的跑跳，使全身充满着生命活力。

（五）创新特点

人体结构复杂，动作多变，音乐旋律多样，音乐节奏各异，因此决定了健美操动作的丰富性。健美操不仅保留了徒手体操中各种类型的基本动作，而且从相关的运动项目和艺术门类中吸收了诸多动作，经过加工、提炼、操化，使之成为具有健美操风格的动作。不断创编出独特新颖的具有显著特征的健美操动作，是健美操运动长盛不衰的显著特点。

三、音乐的基本要素

音乐的基本要素是指构成音乐的各种元素，包括音的高低、长短、强弱和音色。由这些基本要素相互结合，形成音乐的常用的"形式要素"，音乐的最基本要素是节奏和旋律。

（一）旋律

旋律也称曲调，高低起伏的乐音按一定的节奏有秩序地横向组织起来，就形成曲调。旋律是完整的音乐形式中最重要的表现手段之一。构成旋律的要素有音的高低、长短、强弱，旋律将这些音乐要素有机地结合在一起，形成一个完整的统一体。

（二）节奏、节拍与小节

将长短相同或不同的音按照一定的规律组织起来叫节奏。节拍是音乐中每一拍或强或弱的规律性变化，把这种相同时值强与弱的变化，按照一定的次序循环重复就叫节拍。在乐曲中，由上一个强拍到下一个强拍之间的部分叫做小节。

（三）句法音

音乐像语言一样，旋律及其他组合因素必须是合乎条理、清晰的句法。音乐的句子是靠小节组成的，一般两小节为一个乐节，两乐节为一个乐句（4个小节），乐句又分为前乐句与后乐句，前后乐句相加为8小节，组成一个乐段。乐句与乐段在音乐中非常重要，它们往往可以形成一个音乐风格。大多数音乐是属于对称完整的，而健身性健美操的动作大多是八拍对称完整的。

四、健身性健美操的基本动作

（一）上肢基本动作

1. 常用手形

在完成健美操动作时，手形的变化不仅可以使手臂的动作更加丰富多彩，生动活泼，表现出美感，还有助于加强动作的力量性。常用手形有并掌、开掌、实心拳、空心拳、立掌、剑指、花掌、响指。

2. 手臂基本动作

手臂动作的变化既能使动作新颖、多样，又能改变动作的强度和难度，有效提高心率，不仅提高了动作的观赏性，还达到了锻炼的目的。手臂动作包括举（前举、上举、前上举、前下举、侧举、下举、侧下举、侧上举、后下举）、手臂屈和伸（胸前屈、胸前平屈、肩侧屈、肩侧上屈、肩侧下屈、胸前上屈、腰侧屈、头后屈）、绕与绕环（两臂或单臂向内、外、前、后绕或绕环）。

（二）下肢动作

1. 基本站立姿态

指站立的姿势，有并腿立、分腿立、提踵立、点地立、单腿立、弓步。

2. 基本步伐

健美操基本步伐根据人体运动时对地面的冲击力大小，分为无冲击力动作、低冲击力动作和高冲击力动作，许多低冲击力动作可以改变为高冲击力动作。

类别	原始动作	低冲击力形式	高冲击力形式	无冲击力形式
交替类	踏步 march	踏步 march	跑步 jog	
		走步 walk		
		一字步 easy walk		
		V 字步 V—step		
		A 字步 A—step		
		漫步 mambo		
迈步类	侧并步 step touch	并步 step touch	并步跳 step jump	
		迈步点地 step tap	迈步吸腿跳 step knee	
		迈步吸腿 stop knee	迈步后屈腿跳 Step curl	
		迈步后屈腿 step curl	侧交叉步 grapevine	
		侧交叉步 grapevine		
点地类	点地 touch step	脚尖点地 touch		
		脚跟点地 heel		
抬起类	抬腿 Life step	吸腿 knee lift	吸腿跳 knee lift	
		摆腿 leg lift	摆腿跳 leg lift	
		踢腿 kick	踢腿跳 kick	
			弹踢腿跳 flick	
			后屈腿跳 leg curl	
双腿类			并腿跳 jump	半蹲 squat
			分腿跳 squat jump	弓步 lunge
			开合跳 jumping jack	提踵 calf raise

五、健身性健美操的基本技术

（一）落地技术

健身性健美操的落地技术要求落地时，由脚跟过渡到全脚掌或由前脚掌过渡到全脚掌，然后迅速屈膝、屈髋缓冲。所以，动作在瞬间依次完成，用以分解地面对人体的冲击力，减少地面对关节、肌肉的冲击力，以避免对肌肉、骨骼及小脑造成运动损失。同时，躯干与手臂保持良好的姿态，肌肉用力，以保持动作的稳定性与控制力。

（二）弹动技术

健身性健美操的弹动主要依靠踝关节、膝关节、髋关节的小幅度屈伸缓冲而产生。主要作用是减少运动对关节的冲击力，从而减少运动对人体造成的损伤。同时也使动作更具律动感，与音乐的节奏感完美的配合。在屈伸过程中，腿部的肌肉要协调用力才能有效地防止损失，以产生流畅的弹动动作。

（三）身体控制技术

健身性健美操的身体姿态是根据练习的安全性和现代人体与行为美的标准而建立的。在运动过程中，身体应该保持自然挺拔，头部稍稍抬起的姿态，颈椎、胸椎、腰椎处于正常生理曲线位置，并始终保持腰腹和背部肌肉收缩控制，避免因腰腹部位的摆动和无控制引起的腰部损伤，避免"过伸"的动作。总之，健美操练习过程中的身体姿态取决于肌肉用力的感觉和程度，总的动作感觉应是有控制而不僵硬、放松而不松懈。

六、科学健美操锻炼的注意事项

（一）合理安排运动强度

由于每个人年龄、身体状况及体育基础不同，进行健美操锻炼时所选择的运动强度也因人而异。

（二）控制好锻炼次数

一般情况下，应不少于 3 次/周。根据自身情况确定每次锻炼的时间，每次跳健美操的时间应控制在在 30 ~ 60 分钟。

（三）锻炼前后要适当饮水

长时间的健美操运动，应注意补充适量的水分，在炎热的环境下应该饮含糖量 5% 以下并含钾、钠、钙、镁等无机盐的碱性饮料，一次不要喝太多的水，要做到少量多次。

（四）重视锻炼时的服装

锻炼时的服装要选择透气、有弹性的健美操服装，选择健美操鞋或慢跑鞋，为防止汗水流到眼睛里，最好带上一条头带。

（五）健美操锻炼效果的评价

进行健美操练习，要学会对自己的身体状况进行自我监督与评价。

第三节　啦啦操

啦啦操英语名称"cheerleading"，"cheer"的部分，有振奋精神，提振士气的意思。早在部落社会就有了啦啦操的雏形，部落通常会举行一种仪式去激励外出打仗或打猎的战士们。仪式开始后，有族人欢呼、手舞足蹈的表演，一是为了鼓励战士，二是表达希望他们能凯旋的愿望。

现代啦啦操是指在音乐的衬托下，通过运动员完成高超的拉拉队特殊运动技巧并结合各种舞蹈动作，集中体现青春活力，健康向上的团队精神，并追求最高团队荣誉感的一项体育运动。现代啦啦操已经从最初为美式足球呐喊助威的活动发展到现在成为世界范围内的一项体育运动，深受广大群众喜爱，具有普及性极强，集体操、舞蹈、音乐、健身、娱乐于一体的特点，一般是以多人的集体项目。

一、概述

现代啦啦操运动发源于美国，距今已有一百多年。它的历史可以追溯到19世纪80年代，最初在高校里，是为美式足球加油助威、烘托赛场气氛而自发组织的团队表演形式。1980年，美国举办了首届全美拉拉队锦标赛，并且制定了规范的拉拉队运动竞赛规则，这标志着拉拉队运动进入了竞技比赛的行列。此后，拉拉队运动得到的快速发展，其知名度和影响力与日俱增。

在美国，各州的大、中、小学校都拥有自己的拉拉队，每年全美的啦啦操大赛电视转播都会取得不错的收视率，啦啦操运动已成为美国一个极具代表性的社会体育运动。目前，拉拉队这项运动已经具备了很高的竞技技术和水平，影响力也越来越广泛，全世界有60个发达国家开展了啦啦操运动。

啦啦操运动不仅受到普通群众追捧，而且以其独特魅力吸引了众多名人的参与。美国、日本多任总统、首相等高官都曾是啦啦操推广联盟的发起者和推广者。美国前总统艾森豪威尔、罗斯福、罗纳德·里根、布什以及影星柯克·道格拉斯、卡梅隆·迪亚兹、桑德拉·布洛克等还曾是拉拉队队员。

二、中国的啦啦操运动

在我国，啦啦操运动是一项新兴的现代体育运动项目。中国啦啦操运动的产生、发展与CUBA（中国大学生篮球联赛）的出现有着直接的关系。1998年，中国大学生篮球联赛诞生，于是为其加油呐喊的啦啦操表演应运而生，各高校充满活力和洋溢着青春气息的拉拉队表演给观众留下了深刻的印象，成为大学生篮球赛场上一道亮丽的风景线。

1999 年 8 月，中国大学生健美操艺术体操协会发起并拟写中国拉拉队运动开展及设想草案，得到了教育部中国大体协的肯定与支持。2001 年初，起草、编写了《中国学生拉拉队竞赛评分规则（第一版）》，并与 2001 年 4 月颁布实施；2001 年 4 月在广州体育学院举办首次拉拉队教练员及评判员培训，特聘请来自美国 UCA 拉拉队专家 Jim Lord 先生亲自授课。

2001 年 9 月，由中国大学生健美操艺术体操协会主办在广州暨南大学成功举行了首届中国大学生拉拉队大赛，开创了中国拉拉队运动的里程碑，广州体育学院夺得了首届冠军。首届全国大学生拉拉队大赛的空前成功，吸引了中国亿万青少年，从此点燃了中国校园动感拉拉队之火。

短短的几年时间，啦啦操运动在中国经历了从无到有，从项目学习认识到努力提高与国际接轨的发展过程。2007 年 4 月 20 日—22 日由中国大学生健美操艺术体操协会拉拉队专项委员会组织，中国 9 所院校参加 2007 年在美国奥兰多举行的世界拉拉队锦标赛，

这 9 所院校是广州体育学院、武汉体育学院、中山大学、郑州大学西亚斯国际关系学院、玉林师范学院、西华大学、南宁 26 中学、郑州 14 中学、南宁 3 中学。最终，广州体育学院啦啦操队获得国际公开混合组第 5 名，南宁 26 中学啦啦操队获得国际 14 岁以下全女生组第 5 名，另外中国啦啦操队代表团获得技巧拉拉队团体第 5 名，舞蹈啦啦操队团体第 8 名的好成绩。

三、啦啦操的形式

比赛现场的主要有四种啦啦操形式。

（一）比赛现场表演啦啦操

在音乐的伴奏下，以徒手或持轻器械的舞蹈为表演形式，为比赛助威，声援和加油或调节紧张对抗的比赛气氛，调动观众情绪，烘托赛场气氛，提高比赛的观赏性的团队性体育运动。

（二）观众助威啦啦操

赛场观众通过具有创意性的表现形式（脸谱，发饰，服装，道具，口号，歌曲，动作等），为比赛现场加油助威。

（三）舞蹈啦啦操

舞蹈啦啦操则以其朝气、活力、热情等显著特点，成为体育运动比赛助威中最常见的一种舞蹈形式。它常以团队表演形式出现，融合了健美操以及多种舞蹈元素，动作变化快、音乐动感十足、口号鼓动性强、团队精神突出、富有时代气息。因此经常出现在国际性体育竞技赛场上，目的是通过特有的肢体语言、夸张的表情带动赛场气氛、鼓舞士气。这种表演形式不仅能够带动观众，为队员加油助威，也符合职业赛事为观众表演的传统。主要包括：徒手项目：爵士舞，街舞，高踢腿。轻器械项目：花球舞，道具舞。

（四）技巧啦啦操

以翻腾，托举，抛接，金字塔组合，舞蹈动作，过渡连接及口号等形式为基本内容的团队竞赛项目。技巧拉拉队多以高超的难度技术为主要表现形式，通过队员间的默契配合完美呈现，突出难度技巧中的跳跃、翻腾、叠罗汉、抛接，并融合舞蹈、健美操、口号与道具等等。

四、啦啦操运动特征

（一）团结协作性

啦啦操是以集体形式展开活动的，竞赛规则中规定的参赛人数在6-30人，性别不限。作为一项团队运动最重要特征就是追求"最高团队荣誉感"。在啦啦操运动中，团队凝聚力具有尤为突出的作用，特别强调整体效果，注重团队之间的合作，这就要求队员之间密切配合，动作和眼神有交流，更有一些技术技巧动作需要双人、多人配合才能完成。

（二）口号互动性

"cheer"照字面上的解释有鼓舞、喝彩的意义，用于竞赛中则代表加油打气的意思。啦啦操口号必须是积极向上的，可以配合一定的啦啦操基本手位、站位及手型动作（基本手势可以代表团结、力量、胜利等）。场上的欢呼和场外欢呼时啦啦操运动的一个独特特征。

（三）道具的多样性

别具心裁，富有创意的道具是啦啦操运动的一个独特性。拉拉队的道具有花球、棒、旗、扇、大喇叭等等，其中最常用的道具就是花球（pom）。每支拉拉队可以根据表演主题和本队技术风格特点，选择适合自己的道具，道具可以装饰动作、也可以延伸肢体、具有增加动作福，使动作更加舒展、大方的作用，同时，它还能遮挡动作的缺点，有利于动作的整齐划一。运用道具能增强整体表演效果，同时烘托出热烈的气氛。

五、啦啦操的创编

（一）啦啦操的编排原则

1. 针对性

在舞蹈拉拉队动作编排过程中，针对不同类型的比赛或是表演项目，根据规则或要求等方面进行编排，才能更有针对性地发挥舞蹈拉拉队的特点和优势。可以根据比赛的要求事项，发挥各队所长，进行体现各队优势和实力的具有创造性的编排。

2. 形式多元化

随着啦啦操运动的不断发展，舞蹈形式多元化的趋势逐渐明显，而不再只停留在单纯的一两种形式上。越来越多的舞蹈元素融入啦啦操，被加以运用和创新，通过内容新颖的舞蹈形式，啦啦操独特的艺术魅力得以充分展现。

3. 追求创新，表现艺术性

创编是啦啦操的灵魂，是啦啦操队主要特点的体现，也是成套动作的关键亮点。只有在编排上不断创新，才能让舞蹈动作更具生命力及艺术价值。

（二）编排方法

拉拉队目标明确、规则灵活、富有趣味性，是开展体育活动的重要组成部分，也是体育教学和训练的重要内容和手段之一，故可以有很多元素组成，爵士、花球、街舞等等都可以融入到拉拉队的编排里面。创编首先明确编排对象及编排目的；其次，调查做操人的具体情况和拟定编操方案，调查内容应包括做操人的年龄、性别、身体状况、场地器材条件等。编排方案应包括操的名称、任务、特点、形式、动作的难易程度、时间及顺序、运动量的大小，对身体各部位的影响、动作的数量和重复次数进行适当的调整。

啦啦操的配乐方法一般有三种：一是先编动作，后选乐曲；二是先选乐曲，后编动作；三是先编动作，后创编乐曲。这三种方法须根据具体情况和条件来选择，总的目的都是使动作和音乐配合默契、和谐，显示出独特的风格。

啦啦操编排要合理安排动作顺序，测定整套拉拉队的运动量，编排运动量曲线图，对运动量进行分析和调整。

六、啦啦操技术动作

（一）动作发力要点

1. 发力速度快、过程短
2. 制动早、有控制
3. 手臂始终处于身体额状轴前方，不可过伸
4. 跳步动作落地时一定要缓冲（避免关节损伤）
5. 动作的开始与结束要清晰（干净利索）

（二）基本动作

啦啦操的基本手法，有统一的动作规格，要求一定的动作速度及力度。

1. 拍手（图 14-1）

两手臂胸前击掌，双手位置略低于脸。拍手时应注意稳、准、狠，集体练习时节奏应高度一致。

2. 高 V 字动作（图 14-2）

手臂侧上举（略前倾）举成 V 字，手臂伸直用力，注意手腕平直，是手臂的延长线。

3. 倒 V 字动作（图 14-3）

同高 V 字动作，但方向向下。

4. T 字动作（图 14-4）

两臂侧平举（略前倾），手臂伸直、手腕平直，大拇指向前。

| 图 14-1 | 图 14-2 | 图 14-3 | 图 14-4 |

5. 断 T 字动作（图 14-5）

由 T 字动作屈肘，大小手臂在一个水平面上。

6. 冲举动作（图 14 - 6）

一只手臂上举（小拇指向前），伸直并靠向头，另一只手臂放于腰间。

7. 短剑动作（图 14 - 7）

大臂贴紧身体，小臂竖直屈肘，注意手臂及手腕的平直。

8. 底线得分动作（图 14 - 8）

图 14 - 5　　　　　图 14 - 6　　　　　图 14 - 7　　　　　图 14 - 8

两只手臂上举（小拇指向前），伸直并靠向头，手腕平直。

9. 烛台动作（图 14 - 9）

两手臂前举，保持手腕的平直，拳心向里，拳面向前。注意两手臂应朝正前方不能有夹角。

10. 正 L 动作、反 L 动作（图 14 - 10）

一个冲举动作，半个 T 字动作，开口朝左为正 L 动作，反之则为反 L 动作。

11. 左斜线动作、右斜线动作（图 14 - 11）

一个手臂是高 V 字动作的一部分，另一个手臂是倒 V 字动作的一部分。举起右臂、放下左臂为右斜线动作，反之则为左斜线动作。

12. K 字动作（图 14 - 12）

腿为侧弓步，弓腿一侧手臂高 V 字动作，另一侧手臂朝屈腿方向做斜下冲拳，与身体组成 K 字图形，注意脸朝向前方。

图 14 - 9　　　　　图 14 - 10　　　　　图 14 - 11　　　　　图 14 - 12

七、学习资源

1. 中国啦啦操官方网站立 http：//www. ccachina. org/

2. http：//en. wikipedia. org/wiki/Cheerleading

3. http：//cheerleading. org/

第四节　体育舞蹈

体育舞蹈又称"国际标准交谊舞"，是国际流行的男女双人舞蹈，是属于文艺范畴的舞蹈演变而来的体育项目。它融合了音乐美、服装美、风度美、体态美于一体，具有竞技性、娱乐性、健身性、竞技性、表演观赏性等特点，既可以表演观赏，又可以比赛竞技。体育舞蹈是由"交际舞"或称"交谊舞"演化和规范而来的。由在成为竞技舞蹈前，其主要功能是社会交际。

本课程以实践教学为主，理论讲授为辅。教授规定的舞种套路和身体素质训练；理论课讲授采用多媒体教学，介绍体育舞蹈文化溯源、历史沿革及基本理论知识；结合国内、外优秀选手比赛的视频赏析，提高监赏舞蹈的能力。

一、体育舞蹈概述

（一）体育舞蹈发展概况

1924 年，英国皇家舞蹈教师协会对当时社交舞的一部分进行整理，将 7 种舞的舞姿、舞步和跳法加以系统化、规范化，从此人们将规范化的华尔兹、探戈、维也纳华尔兹、狐步、快步舞、伦巴和布鲁斯称为"国际标准舞"。第二次世界大战后，英国皇家舞蹈教师协会又将一些拉丁舞进行了整理和规范，并将它们纳入了国际标准舞范畴，列入正式比赛项目。至此，国际标准舞包括 10 个舞种、两大系列，即摩登舞和拉丁舞。国际标准舞的诞生，改变了社交舞的自娱性质，引起了社会各阶层的极大兴趣。它的典雅风格和优美舞姿征服了世界舞坛，掀起了半个多世纪的世界国标舞热潮。1964 年，国际标准舞又增加新的表演和比赛项目———团体舞。从此摩登舞、拉丁舞、团体舞，被称为"现代国际标准舞"。

每年在国际上都有不同地区、各种级别、不同规模的多种赛事。其中最有影响的是每年在英国黑池和德国斯图加特举办的体育舞蹈大赛。1995 年 4 月，国际奥委会给予国际标准舞以准承认资格，列为表演项目，称为体育舞蹈。

20 世纪 80 年代，体育舞蹈传入我国并得到迅速发展。1986 年，文化部宣布成立了中国国际标准舞学会，并举办第一届全国国际标准舞大赛，就是后来的"荷花杯"赛。1991年5月3日,"中国体育舞蹈运动协会"的前身"国际体育舞蹈俱乐部"举办了中国体育舞蹈锦标赛、精英赛。2002年,中国业余竞技舞协会和中国体育舞蹈协会合并为中国体育舞蹈联合会,在国际体育舞蹈联合会主席鲁道夫·鲍曼主持下,成为国际体育舞蹈联合会会员国之一,标志着我国体育舞蹈事业已经和国际接轨,进入了一个新的发展阶段。通过不同层次的比赛,促进了我国体育舞蹈事业的发展,从中涌现出了许多国际、国内的优秀选手。

（二）体育舞蹈的分类

体育舞蹈按舞蹈的风格和技术结构,分为摩登舞和拉丁舞两大类。按竞赛项目可分成三类,即摩登舞、拉丁舞和团体舞。摩登舞包括:华尔兹、探戈、狐步、快步和维也纳华尔兹5种舞。拉丁舞包括:桑巴、恰恰恰、伦巴、斗牛舞和牛仔舞5种舞。

1. 摩登舞

（1）华尔兹舞（Waltz）

华尔兹又称"圆舞",起源于德国和奥地利地区的一种农民舞蹈——"土风舞"。华尔兹一词最早来自古德文Walzel,意思是滚动、滑动或旋转。16世纪传入法国,17世纪进入维也纳宫廷,18世纪正式进入英国舞厅,被誉为"欧洲宫廷舞之王"

华尔兹舞舞蹈风格庄重典雅,华丽多彩,动作流畅,起伏跌宕。舞曲节奏清晰,旋律抒情,音乐为3/4拍,每分钟28～30小节。

（2）维也纳华尔兹（Viennese waltz）

维也纳华尔兹是舞厅舞家族中最古老的舞种,最早出现在公元12至13世纪间德国南部的巴伐利亚,是在夜幕降临之后才跳的舞蹈。约瑟夫·兰纳和施特劳斯家族创作的数不胜数的圆舞曲,将维也纳变成名副其实的"华尔兹之都"。

舞曲节奏清晰,旋律欢快、活泼,节奏为3/4拍,每分钟56～60小节。基本动作是左右快速旋转步,完成反身、倾斜、摆荡、升降等技巧。舞步平稳轻快、翩跹回旋,舞姿儒雅庄重、轻快

流畅。

（3）探戈舞（Tango）

关于探戈的源流，至少有三种说法，其一是说它源于 19 世纪的中美洲，由黑奴于 60 年代带到南美洲阿根廷和乌拉圭的贫民窟，吸收了"哈巴涅拉"和"波莱罗"，成为阿根廷的国舞，并在 20 世纪 20 年代在美国纽约和法国巴黎的舞厅登峰造极。

舞曲欢快、开朗、风趣、诙谐，舞曲节奏带有停顿并强调切分音，节奏为 2/4 拍，每分钟 30～34 小节。舞步有快步和慢步，快步（quick）占半拍，用 Q 表示；慢步（slow）占一拍，用 S 表示。基本节奏是慢、慢、快、快、慢（S、S、Q、Q、S）。舞步动静交错、斜行横进，沉稳中见奔放，闪烁中显错顿，身体无起伏、无升降、无旋转。

（4）狐步舞（Slow foxtrot）

关于狐步的起源，专家们一致认为是在 1914 年的纽约，由一位名叫"哈利·福克斯"（Harry Fox）的演员开创的。狐步舞步法轻柔、圆滑流畅，方向多变。就属性和特征而言，狐步是一种"滑顺"之舞，身体的重心移动是续而不断的，动作由快到慢转换是一气呵成的，舞者们的肌肉状态是松而不懈。

舞曲抒情流畅，节奏为 4/4 拍，每分钟 28～30 小节。分快、慢步，第一步为慢步（S）占两拍；第二、三步为快步（Q），各占一拍。基本节奏为慢、快、快（S、Q、Q）。以足踝、足底及脚的掌趾动作，完成升降起伏，注重反身、引导和倾斜技术。舞步流畅平滑、步幅宽大，舞态优雅从容犹如闲庭信步，流动感强犹如行云流水。

（5）快步舞（Quick step）

快步起源于美国，20 世纪流行于欧美和全球。舞曲明亮欢快，节奏为 4/4 拍，每分钟 50～52 小节。舞步分快步和慢步，快步用 Q 表示，时值为一拍；慢步用 S 表示，时值为二拍。基本节奏是慢、慢、快、快、慢（S、S、Q、Q、S）。舞步组合有跳步、荡腿、滑步等动作。舞步轻快灵活，自由洒脱，简洁明快，跳跃感强。

2. 拉丁舞

拉丁舞的特点是舞伴之间可贴身，可分离。各自在固定范围内辐射式地变换方向角度，展现舞姿。步法灵活多变，各舞种通过对胯部及身体摆动不同的技术要求，完成各种舞步，表现各种风格。拉丁舞因为黑奴贸易而与非洲舞蹈具有密切的血脉关系。曲调缠绵浪漫、活泼热烈，舞姿妩媚潇洒、婀娜多姿，着装浪漫洒脱。

（1）伦巴舞（Rumba）

伦巴起源于非洲祭祀仪式上的多种舞蹈，100 年前通过黑奴贸易，相继流传到了西印度群岛和拉丁美洲，19 世纪 90 年代在古巴成熟起来。

舞曲缠绵、浪漫，节奏为 4/4 拍，每分钟 27～29 小节。舞步从第四拍起跳，由一个慢步和两个快步组成。四拍走三步，慢步占二拍（第四拍和第一拍），快步各占一拍（第二拍和第三拍）。动作柔媚，舞步婀娜款摆，若即若离的挑逗，是表现爱情的舞蹈。

（2）恰恰舞（Cha-cha-cha）

恰恰源于非洲，由"曼波舞"演变而来，后传入拉丁美洲，在古巴得到发展。舞曲欢快有趣，节奏为 4/4 拍，每分钟 30～32 小节。四拍走五步，包括两个慢步和三个快步。第一步踏在第二拍，时间值占一拍；第二步占一拍：第三、四两步各占半拍；第五步占一拍，踏在舞曲的第一拍上。舞步花哨利落紧凑，动作活泼、诙谐、俏美。

（3）桑巴舞（Samba）

桑巴包括群舞、对舞和独舞三种形式，起源于巴西首都里约热内卢，是融合早期黑

人舞蹈、巴西民间舞演化而来。

音乐热烈、欢快、奔放，节奏为2/4拍或4/4拍，每分钟52~54小节。舞步由全脚掌踏步和半脚掌着地的"垫步"交替完成，通过膝盖上下屈伸弹动，使全身前后摇摆。舞步流动性大，沿着"舞程线"绕场行进，属游走型舞蹈。步法摇曳多变，风格热情奔放、动律感强。

（4）牛仔舞（Jive）

牛仔源于美国，原是美国西部牛仔跳的踢踏舞，50年代爵士乐的流行，加速和完善了这种舞蹈。音乐节奏欢快，节奏为4/4拍，每分钟42~44小节。要求脚掌踏地，胯部作钟摆式摆动。舞步敏捷、跳跃，舞姿轻松、热情、欢快。

（5）斗牛舞（Paso Doble）

斗牛舞起源于法国，发展于西班牙。斗牛舞音乐雄壮、舞态豪放、步伐强悍振奋。舞蹈中男士象征斗牛士，气宇轩昂，刚劲威武；女士象征牛和红色斗篷，英姿飒爽，柔美多变。

音乐为旋律高昂雄壮、鲜明有力的西班牙进行曲，节奏为2/4拍，每分钟60~62小节。舞步流动性大，沿着舞程线绕场行进，是游走型舞蹈。舞姿挺拔，无胯部动作及过分膝盖屈伸。动静鲜明，力度感强，发力迅速，收步敏捷顿挫。

3. 团体舞

团体舞是集体配合项目，是摩登舞或拉丁舞的混合编排队列舞形式。它由8对或6对选手组成，通过音乐的引导和选手多样化的技术技巧表演，从而展示出丰富多样的图案、巧妙的配合及整齐划一的表演风格。团体舞将音乐、

舞姿、队形、图案和选手们的默契配合融为一体，是体育与舞蹈艺术风格的完美统一。

二、体育舞蹈基本知识

（一）舞程向

在一个舞池中，为避免互相碰撞而严格规定舞者必须按逆时针方向行进，这个行进方向叫舞程向。

（二）舞程线

沿舞程向方向行进的路线叫舞程线。

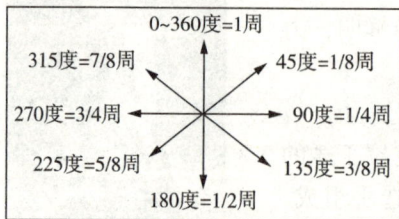

图 14－13

（三）角度、方位、赛场

每个舞步开始、结束时所站立的方向，运步、旋转过程中的方位、角度都有一定的规定。

1. 旋转角度的认定

旋转时以每转 360 度为 1 周；旋转 45 度为 1/8 周；旋转 90 度为 1/4 周；旋转 135 度为 3/8 周；旋转 180 度为 1/2 周；旋转 225 度为 5/8 周；旋转 270 度为 3/4 周；旋转 315 度为 7/8 周。在记录旋转动作时，应先标明旋转的方向，即左转或右转，再标明角度。例如，左转 1/8。

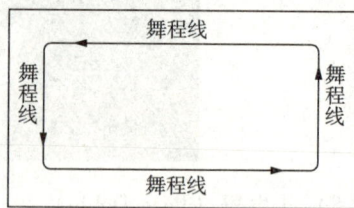

图 14－14

2. 方位的确定

为了便于舞蹈进行中正确地辨

别方位和检查旋转的角度，根据国际上记录各种舞蹈的惯例，在舞场上要规定一定的方位。一般情况下，多以乐队演奏台的一面为规定方位的基点，定为"1点"（也可在场地中任选一个面定为"1点"）。每向顺时针方向转动45度则变动一个方位。依次类推2、3、4……共有8

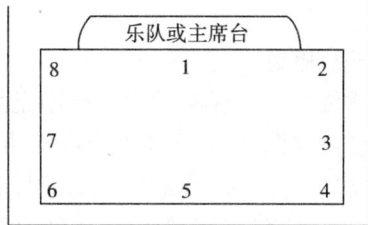

图14-15

个点。因此一个场地中的四个面为1、3、5、7点，四个角为2、4、6、8点。

以上所谈方位，是在一个固定的位置时用的。如果舞蹈者按舞程线不断变换方位，向前移动，则又要和舞程线发生联系。因此，规定了几条线来指示舞蹈者每个舞步的行进方向。在国际体育舞蹈中规定了八个方向：1面对舞程线；2面对斜墙壁；3面对墙壁；4背对斜中央；5背对舞程线；6背对斜墙壁；7背对墙壁；8面对斜中央。只要是沿着舞程线的圆周在行进，则无论行进到哪一点，上述的规律都是适用的。

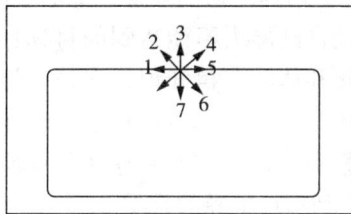

图14-16

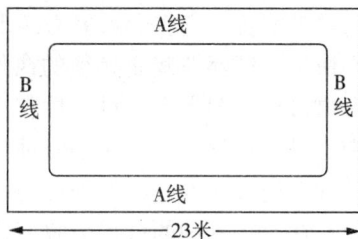

图14-17

3. 赛场

体育舞蹈比赛的场地是有一定规格的，一般赛场场面应平整光滑，场地面积为15米×23米。赛场长的两边叫A线，短的两条边线叫B线。比赛选手所编的套路，应按两条线的长短不同，安排适当的动作，不断沿两条线按舞程线方向循序渐进。

第五节　健身瑜伽

"瑜伽"（Yoga）这个词是从印度梵语"yug"或"yuj"而来，其含意为"一致""结合"或"和谐"。现代人所称的"瑜伽"则主要是一系列的修身养性方法，是一个通过提升意识，帮助人类充分发挥潜能的体系。瑜伽姿势运用古老且易于掌握的技巧，改善人们生理、心理、情感和精神方面的能力，是一种达到身体、心灵与精神和谐统一的运动方式，包括调身的体位法、调息的呼吸法、调心的冥想法等，以达至身心的合一。

一、概述

瑜伽是一门现实哲学，而不是宗教信仰。瑜伽起源于五千多年前的东方印度，是梵文"yug"或"yuj"一词的译音，原意是把牛马套在车辕上，引申的意思有"结合""统一"。一是"小我"与"大我"即人与自然结合；二是身、心、灵的结合。练习瑜伽时，身体、动作、思想意识和呼吸相互联系，能产生一种平衡、放松、和谐的感觉。练习者利用自己的身体来净化思想。通过这种彻底的身心训练，肉体和灵魂的每一个细胞都会被唤醒。

瑜伽是一种非常古老，但绝不陈旧的能量知识修炼方法，集哲学、科学和艺术于一身。艺术性体现在瑜伽提升了人的思想，使人能泰然、快乐地面对生活中的艰难困苦，它教会人努力实现人生目标；培养一切的友好、专心、虔诚、满足和快乐，抛弃那些非必须的执著，特别是自己能力不能达到的目标；养成好的习惯过正直的生活。科学性在于通过观察和体验获得知识，它是一门有关身体和心灵的科学，通过控制身体驾驭心灵的节奏，是实践性科学。瑜伽的哲学性体现在使人沉着、泰然地面对生活的沧桑和喜悦，它探究存在的本质，是一门使人在寻找真理的过程中脱离物质世界达到精神世界的哲学。

二、瑜伽练习的功能

瑜伽被世界公认为具有预防疾病和治疗效果的体育活动，属于最自然和有效的物理治疗方法之一。其功效主要有以下几点：

（一）活化脊柱，防治身体病痛

脊柱对身体起着支撑和保护脊髓的作用，并且人体80%左右的颈、肩、腰、腿疼痛疾病都与脊椎有关。因此，脊柱被称为人体的第二生命线。

神经系统通过脊椎通向大脑，脊椎和大脑构成了中枢神经系统，控制着全身的血液循环、呼吸系统、消化系统等。如果脊柱僵硬，可能引起后背神经痛，腰椎无力。瑜伽体位法就是主要锻炼这根脊柱，通筋活脉，使脊柱灵活畅通，有病医病，无病延年益寿。

（二）塑体养颜，培养良好气质

正确的瑜伽体位练习起到良好的塑身效果，使线条优美，姿态平衡，体态优雅。其中的弯、伸、扭、推、挤、叠、折、俯、抑、屈、提、压使得五脏六腑得到全面的调整和促进，使体内的腐气不断排出来；加速身体内循环，并排除体内毒素及废物（气、血、便），从而达到吐故纳新的作用；加速细胞生长，使面色红活滋润，防止面部下垂、皮肤老化、肌肤干燥、须发早白、脱发等。

（三）步骤分明，培育条理思维

瑜伽练习要求缓慢且步骤分明，不使身体出现失控的惯性动作。这种有条有理思维方式衍射到人生的学习和生活的方方面面，将提高学习效率和生活质量。

（四）释放压力，提高思想专注力

现代社会，生活节奏加快，竞争压力增大，各种心理疾病随之滋生。人的行为、情绪以及心理状态都与内分泌腺体的活动有直接的关系。内分泌腺体释放太多或太少某些激素到血液中去时，人的身心健康就会受到不良影响。瑜伽练习可帮助调整这些腺体的活动，从而防止内分泌系统工作失常。

（五）修身养性，提高幸福指数

瑜伽的道路是不易的，每前进一步都必须面对巨大的阻力。追求者必须有持久力并坚定地面对困难，以镇定和宁静的态度对待征途上的种种障碍。持久的瑜伽实践能铲除占有欲、利己、嫉妒、骄傲和仇恨等精神顽疾，净化心灵，培养高尚情操，端正人生态度，培养积极的人生观、价值观和世界观。

三、瑜伽练习的要求

（一）练习前

保持乐观、平和的心态；穿着舒适而宽松的衣服，以棉麻质地为佳；选择室内外均可，但环境应安宁、洁净、温暖、平坦，并在地面上铺上瑜伽垫或地毯、毛巾、软垫等；瑜伽练习前宜先如厕，排空大小便；饭后3~4小时，饮用流体后半个小时左右，保持空腹状态练习瑜伽；正规练习前一定要进行热身运动。

（二）练习中

选择抒情、自然、空宁、柔和的伴奏音乐；练习时先易后难、循序渐进，不可急于求成，要在自己所能承受的极限范围内，使被伸展的部位稍有些拉伸感即可，保证每个动作舒适地完成；练习时保持身体准确性和协调性，当身体处在正位上时，身体能量流动才会畅通无阻；练习时要将意识专注到被伸展和被刺激的部位上，不可存有杂念，不可说笑；除非另有说明，在练习当中，自始至终要用鼻子呼吸；练习中如果肌肉颤抖或抽筋后，应立即停止，加以按摩，放松后方可再练；练习时不要跟他人横向比较，只跟自己的过去纵向比较，即使每天只进步一点点，也是进步，日积月累就会有效；每做完

一个瑜伽姿势后，应马上放松身心，并深呼吸5~6次；女性在生理期可以根据自己的体能做适当的练习，但是要避免倒立、伸展腹部的动作和翻转性的动作。

（三）练习后

练习结束后，需约半小时的舒缓调节时间，最好1小时后进食；至少30分钟后进行沐浴；任何运动都有可能出现迟发性的肌肉酸痛。在瑜伽练习后，若出现肌肉绷紧、酸病，应给予适当的按摩和冰敷；吃健康自然的碱性食品，并要适量；心存感恩，不仅仅要感谢有益于自己的事物，也要感谢对自己不好的事物，必须明白的是，常常是不好的事物给我们提供了修炼的机会，给了我们提升自己的机会。

四、健身瑜伽简介

（一）美化身体主要部位的瑜伽体位

瑜伽体位法涵盖了拉、伸、弯、扭、叠、折、倒立等动作，它借以一些伸展扭转挤压等动态动作及极限动作的控制，刺激体内腺体、按摩内脏，有伸展肌肉、强化身体、松弛神经、净化心灵的功效。

1. 颈部瑜伽体位

图14-18　坐姿扭转

图14-19　鱼式

2. 手臂部瑜伽体位

图14-20　牛面式

3. 肩胸部瑜伽体位

图 14 - 21　鸽子式

图 14 - 22　蜥蜴式

4. 腰腹部瑜伽体位

图 14 - 23　三角伸展式

图 14 - 24　猫伸展式

（二）安神减压瑜伽体位

1. 肩肘倒立式
2. 婴儿放松式

图 14 - 25　肩肘倒立式

图 14 - 26　婴儿放松式

（三）瑜伽呼吸法

瑜伽呼吸练习又称为调息法，指有意识地控制一呼一吸，使练习者达到某种状态，唤醒并净化身体的生命能量。呼吸意识的增强使姿势练习变得更认真、更庄重。

1. 腹式呼吸

仰卧或舒适的坐姿或站姿，放松全身。吸气，气流通过鼻腔、气管、肺部，最大程度地向外扩张腹部，使腹部鼓起，胸部保持不动。呼气，腹部自然凹进，向内朝向脊柱方向收缩，气流经由相反的方向排出体外。循环往复，保持一次呼吸节奏一致。

2. 胸式呼吸

仰卧或舒适的坐姿或站姿，放松全身。吸气，慢慢地、最大程度地向外、向上扩张胸部，腹部尽量不动。呼气时，慢慢放松胸腔，向下、向内收缩，排出气体。

3. 喉式呼吸法

仰卧或舒适的坐姿或站姿，放松全身。通过有意识地收紧会厌，使气流通过喉头后端时发出声音。吸气时会发出"沙"的音，呼气时发出"哈"的音，有节律地呼吸，这种声音就像海浪一样。该呼吸法有助于镇定神经系统，使情绪平静下来。

（四）瑜伽冥想法

冥想指精神或注意力集中时自然产生的一种状态，此时对外的一切意识活动停止，但潜意识的活动更加敏锐与活跃，从而获得深度宁静。瑜伽冥想是一种调心方法，是一种特殊的思维训练，是指沉思或反省自我。

1. 语音冥想

通过不断大声、低声、心里默念或静静地凝听重复某些音节、词汇或短语等，使大脑更加镇静，心情更加平和；有助于缓解压力，消除紧张和焦虑；提高身体意识，提高思想专注力。这是所有瑜伽冥想中最完全、最流行、最久经时间考验的一种。

2. 呼吸冥想

选择某一舒适姿势，通过鼻子来呼

吸，把注意力集中到鼻子、胸和腹部的感觉上，不要勉强呼吸的节奏，顺从它的频率和停顿。呼吸冥想对安定情绪和保持大脑清醒非常有效，能有效释放各种不良情绪引起的精神压力。这是最简单的冥想技巧。

3. 注目凝视冥想法

观察某一物体后，把印象刻在眉心的一种冥想法。也就是说，持续地盯着一个视觉刺激物，把思想引导到集中的一点上。冥想使用的物体可以是烛光、图画、特殊物件等，越简单越有益于集中注意力。

（五）瑜伽休息术

瑜伽休息术是古老瑜伽中的一种颇具效果的放松艺术。在整个练习过程中，需要完全集中意识且放松身体而让其休息。但这种休息与一般意义上的睡眠有着根本的不同。因为在正确的练习中，练习者可用意识去控制它，并且从意识中醒来。在瑜伽课程中，瑜伽体位动作间以及课程结束部分都会加入休息术，这有助于练习者肌体和精神的超量恢复。

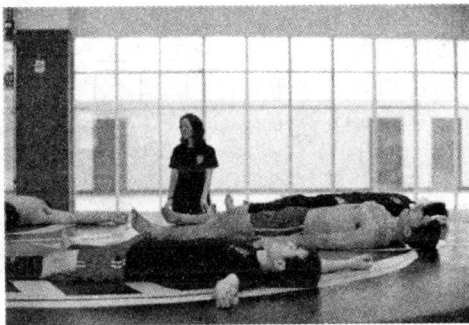

瑜伽休息术主要有摊尸式、排气式、俯卧式、鳄鱼式、鱼戏式、婴儿式、大拜式等。而仰卧放松功是进行瑜伽放松术的最好体位，是使精神和身体完全放松的最有效姿势。下面具体介绍一下摊尸式技法。

仰卧垫上，两手放在身体两侧与身体平行，掌心向上，双腿稍微分开至舒适位置，闭上双眼放松全身，尽量不要移动身体。让呼吸变得有节律、自然。从两脚开始，两个大脚趾正在放松，其余脚趾全都放得很松。两脚背、脚底、脚踝、脚后跟、小腿胫骨、小腿肚、膝盖、膝盖窝、大腿前侧肌肉、大腿后侧肌肉、臀部；整个后背部、每一节胸椎、腰椎、尾骨、骶骨、腹部、胃部、肋骨、心脏、胸部；肩部、大臂、手肘、前臂、手腕、手掌心、手背、手指。放松，完全地放松。将意识转移到头部，放松头顶、头的两侧、头皮、前额、眼眉、眉心处、眼皮、眼球、脸颊、鼻梁、嘴唇、下额、牙齿。完成后，深呼吸一次，慢慢张开眼睛。屈膝，将身体转向一方，停留一会，然后用手撑着慢慢坐起来。

第六节　美体形体

　　美体形体训练是以人体科学理论为基础，通过徒手或利用各种器械，通过专门的动作方式和方法，以改变人体形体的原始状态、提高灵活性、增强可塑性为目的的形体素质基本练习，同时也是提高人的形体表现力的形体技巧训练。它有别于技巧、舞蹈、竞技体操等项目，也不是单纯的健美运动。它一方面能全面锻炼身体，另一方面又可以有重点地雕塑人体的形态，提高形体的美感，培养良好的气质，陶冶美的情操，提高审美品位。

　　美体形体课程结合高校体育教育的发展趋势，根据形体训练的规律和特点，针对多数学生基础薄弱，在课程设计和实施过程中，注重提高学生的体质健康和形体素质、规范形体动作、纠正不良体态、培养优雅的气质和风度，引导学生树立正确的健身和美体意识，建立现代健康和审美观念，使学生掌握形体训练的基本理论、方法和技能，为终身体育打下基础。

一、形体训练的动作特点

　　形体训练的动作方式和内容多种多样，但其基本内容离不开基本功训练和基本形态训练。目前较流行和实用的形体训练是芭蕾形体训练，其动作特点保持了芭蕾原有的挺胸、拔背、顶头、抬下颚的上体姿态，开、

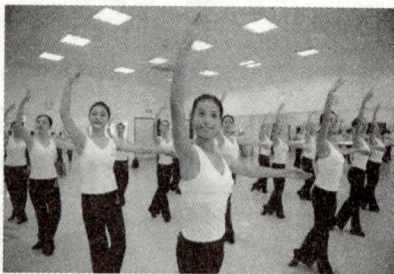

绷、直、立的下肢特征，舒展、优雅、高贵、自信的动作神韵。它以芭蕾的基本动作为主，在借鉴时特别注意剔除超人体正常负荷的芭蕾专业特点，将动作幅度、力度、角度、节奏控制在正常人体的接受范围之内，在通过调整骨骼、肌肉群的几何位置的同时，以增强体质、掌握平衡、控制姿态、改善气质、提高审美情趣、调整运动后的疲乏为目的。其难度和强度适中，适合各层次、各年龄段的女性参与，也常作为诸多艺术体育项目的基本功训练。

二、形体训练的基本素质

　　人体的形体素质是保持形体动作造型美的先决条件，从解剖学的角度主要概括为力量、柔韧、控制能力、协调性、灵活性和耐力，其中最主要的是力量和柔韧，它的好坏涉及形体动作的控制力和表现力。其训练方法多是静力性运

动和控制能力的练习，肌肉运动特点偏重于等长收缩，即通过肌肉的紧张和收缩，使身体固定于某种姿势不动，动作结构特点多为周期性练习和非周期性练习相结合。

三、形体训练的肌群

形体训练作为一门科学，要想通过形体训练增强体质、增进健康，从而获得一个健美的体型和强壮的体格，就必须首先了解人体肌肉的生理解剖知识。懂得人体肌肉的合理结构、功能和特性，才能更好地掌握形体训练的方法，为更好地安排针对性练习打下基础。形体训练的肌群主要包括以下几个部位。

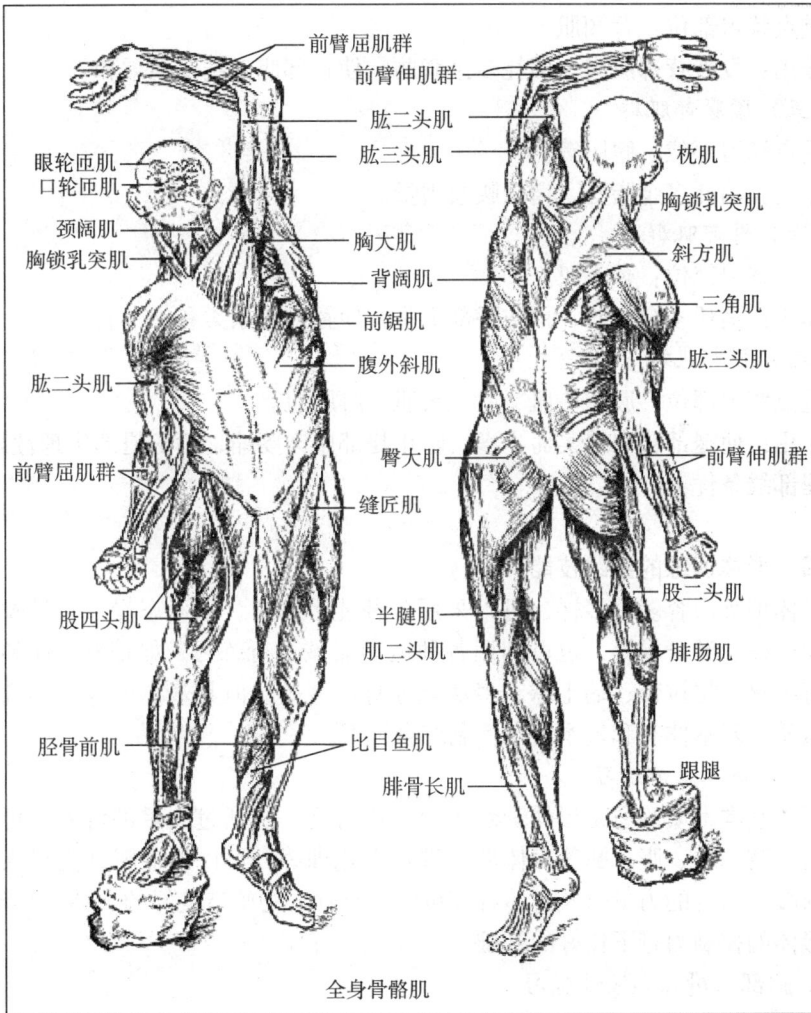

前臂屈肌群
前臂伸肌群
肱二头肌
肱三头肌
眼轮匝肌
口轮匝肌
枕肌
颈阔肌
胸锁乳突肌
胸锁乳突肌
胸大肌
斜方肌
背阔肌
三角肌
前锯肌
腹外斜肌
肱三头肌
肱二头肌
臀大肌
前臂伸肌群
前臂屈肌群
缝匠肌
股二头肌
股四头肌
半腱肌
腓肠肌
肌二头肌
胫骨前肌
比目鱼肌
腓骨长肌
跟腱

全身骨骼肌

（一）脖颈肌群

重点练习部位：胸锁乳突肌。

作用：可克服脖颈过短、软弱无力的缺陷，纠正头部不正确的姿势。

（二）肩臂部肌群

重点练习部位：三角肌、肱二头肌、肱三头肌。

作用：克服肩和臂部无力，防止窄肩，使肩臂部匀称协调发展。

（三）胸部肌群

重点练习部位：胸大肌。

作用：纠正扁平胸、凹肩驼背，使胸部丰满，双肩匀称。

（四）背部肌群

重点练习部位：背阔肌。

作用：发展背部肌肉，消耗多余脂肪，使背部肌肉结实而柔和。

（五）腰腹部肌群

重点练习部位：腹肌等。

作用：消耗多余脂肪，增强腰腹力量。

（六）臀部肌群

重点练习部位：臀大肌。

作用：消耗多余脂肪，预防臀部下垂，使臀部线条柔和、丰满。

（七）腿部肌群

重点练习部位：股四头肌、股二头肌、腓肠肌。

作用：使腿部肌肉结实而丰满，防止腿部肌肉萎缩，矫正腿部生理性缺陷，保持腿部线条优美。

四、形体训练的实践技能

形体训练内容多种多样，可以采用各种徒手练习，如姿态操、各种舞蹈组合、韵律操、健身操等，也可利用各种运动器械进行练习，如把杆、哑铃、杠铃、海绵垫、拉拉带、瑞士球、多功能健身器械等，但其基本训练内容离不开基本素质、基本体态和基本姿态控制综合练习。

（一）基本素质练习

形体基本素质练习是形体训练主要的内容之一，通过大量的练习，可对人体的肩、胸、腰、腹、腿等身体部位进行强化训练，可以加强腿部支撑人体站立、立腰、立背的力量以及身体各部位的柔韧性，为塑造良好的人体外形形态，改善形体的控制力打下良好的基础。

1. 腿部力量和柔韧性练习

腿部练习是基本功训练的主要部分，重点是加强髋关节、膝关节、踝关节的坚固性和灵活性，以提高站立姿态的腿部支撑能力和体型的优美程度；同时

脚背柔韧性练习也是形体训练不可忽视的环节，它对各部位练习以及组合练习都有重要作用，是体现形体美、姿态美的一个重要标志，一般采用单人和双人配合两种形式进行练习。

2. 髋部柔韧性练习

髋部柔韧性练习是形体美的基本练习之一，是增强整体柔韧性和全身协调性的重要环节。髋部柔韧性的优劣直接影响动作的舒展与优美程度，同时通过髋部的柔韧性练习也可以雕塑臀部的线条曲线。其练习形式多种多样，可分为单人和双人两种。

3. 腰背部力量和柔韧性练习

腰背部力量的强弱和柔韧性的好坏直接关系到站立姿势的形成和优美程度，良好的腰背部力量和柔韧性能体现肌肉结实而具有弹性，曲线优美而富有动感，展现的是一种充满活力的青春美，一般采用单人和双人两种形式进行练习。

4. 腰腹部力量练习

腰腹部力量练习是形体训练的重要内容之一，腰腹部力量的强弱决定人体控制能力的好坏和体型的优美程度。其练习方法多种多样，一般采用单人和双人配合两种形式进行练习。

5. 手臂、肩部力量和柔韧性练习

肩和手臂是人上体的主要组成部分，肩部宽窄适度与身高的比例匀称协调，可显得开阔、稳健而富有朝气，突出体形的曲线美。如果肩部太窄，则给人纤细软弱，无力支撑头颈的感觉，同时也会缩小胸腔体积，除影响外形美观外，更有害的是限制了心肺等内脏器官的功能。而手臂、肩部的力量和柔韧性练习能够促使上肢骨骼、肌肉、韧带和肩带的正常发育，增强力量和灵活性，提高肩部的控制能力，使站立姿势更加挺拔、优美。同时由于练习动作灵敏有力、变化多样，可以有效促进上体的血液循环，增进胸部各内脏器官的营养与机能，一般采用单人练习和双人配合练习两种形式。

（二）基本体态训练

形体美是一个由多种要素有机组合而成的整体性的动态系统。它体现在肢体比例适度；肌肉均衡，身体丰满；皮肤健康，色泽柔润；体态和身姿优雅等几个方面。体态训练首先要从最基本的姿态开始，它包括站姿、坐姿、走姿和蹲姿，不良姿势的纠正，常见的身体不平衡或畸形矫正法，如高低肩、驼背、鸡胸、脊柱侧弯、X 形腿、O 形腿、八字脚、扁平足、粗细臂和腿等部位的矫正练习。

（三）基本姿态控制训练

基本姿态控制训练是为了造就良好体态，形成正确的动力定型而有选择地进行的专门训练。由于人体姿态具有较强的可塑性，在训练时，如能严格按照动作规范完成每一个细节，用心体会动作过程的韵味和美感，控制肌肉协调用力，保持身体的稳定、舒展，将对体态端庄、举止优雅的形成起到重要作用。同时，姿态还具有稳定性的一面，良好的姿态只要不人为地加以改变将会伴随终身。因此，在以基本动作为主要内容的基础上，选用综合的组合练习，可以发展练习者的柔韧性、力量、灵活性、协调性和稳定性等形体素质，提高节奏感、音乐的表现能力和形体的表达能力，培养风度和美的感受，促进优美体态的形成。具体内容包括手位、脚位、蹲、移重心、擦地划圈、波浪、手臂摆动绕环、柔软步、足尖步、变换步、滚动步、华尔兹、跳步、转体等。其练习形式常采用把杆练习、脱把的组合练习和套路综合练习等。

第十五章　休闲运动

第一节　台球运动

台球是一项在国际上广泛流行的高雅室内体育运动，是一种用球杆在台上击球、依靠计算得分确定比赛胜负的室内娱乐体育项目。台球也叫桌球（港澳的叫法）、撞球（台湾的叫法）。

一、台球简介

台球运动至今已有五六百年历史。至今，人们对于台球起源的看法仍然未取得一致意见，可谓众说纷纭，有的说起源于古希腊，有的说起源于法国，有的说起源于英国，还有的说是起源于中国、意大利和西班牙等。这些认识都是根据传说，所以很难肯定，但是多数人倾向于台球起源于西欧。

现在的台球已发展为多种多样形式：有中式八球、俄式落袋台球、英式落袋台球、开伦台球、美式落袋台球和斯诺克台球，其中斯诺克最为普遍，而且被官方认可，已成为一项比赛项目。

二、基本打法

台球基本打法打法是先打白色主球，再由主球把目标球撞进球袋或连续碰撞两个目标球方可得分。不但要求把球打进球袋得分，还必须考虑打进一个球后，主球能停留在理想的位置，以便接着打下一个球。

如此反复才能连连取得高分，也就是人们常说的"走位"。所以，学打台球首先必须了解用球杆怎么打；打主球各个不同部位，球将会产生什么样的旋转变化；当主球主动撞击被动的目标球后，两个球将要产生什么样的旋转变化和行进去向等。

三、主要分类

台球流行于世界各国，从不同的角度有不同的分类方法，可以从国度、台球的数量以及台球的击球技巧进行分类。以下是从国度角度对台球进行分类，介绍几种目前世界上流行的台球打法。

（一）英式台球

英式台球又包括英式比例台球和斯诺克台球两大类，主要流行于英国和欧洲大陆。英式比例台球又称为三球落袋式台球，属基础类型的台球，是世界上正式台球比赛项目之一。英式比例台球出现较早，要求具有较全面的技术打法。目前，世界许多著名斯诺克台球运动员，比例式台球的基本功都相当扎实。而英式台球的另一个种类斯诺克台球更是为世界流行的主流台球项目之一。英文"斯诺克"的含义为障碍之意，是从英文"snooker"音译而得名。斯诺克台球不仅自己可以击球入袋得分，也可以有意识地打出让对方无法施展技术的障碍球，从而使对方受阻挨罚。因此，斯诺克台球竞争激烈，趣味无穷，也是世界台球大赛的项目。

（二）美式台球

美式台球又称美式普尔（POOL），是台式台球的一个重要流派，是在法式台球和英式台球之后又形成的一种新风格。它与英式台球和法式台球并驾齐驱，广泛地流行于西半球和亚洲东部。不过美式台球与法式台球和英式台球相比，仍不如它们家喻户晓。有人认为，美式台球仅仅是属于酒吧、街头巷尾的"下里巴人"式的游戏而已。然而这正是美式台球大众化、普及化的可取之处。美式台球中诸如 8 球制台球在中国也有广泛的群众基础。美式台球包括 8 球制台球、9 球制台球、芝加哥台球、普尔台球和保龄台球等种类。

（三）法式台球

法式台球起源于法国，也称为开伦台球（又称卡罗姆台球，carom），其含义是连续撞击两个球，即用主球连续触及两个球，这是法式台球最基本的要求。其与英式台球、美式台球球台的最主要区别是没有网袋。卡罗姆台球有多种比赛方式，其中主要的是三边卡罗姆式台球。

（四）开伦式台球

开伦式台球起源于法国，后来在日本却非常盛行，有"日本撞击式台球"之称，是国际大赛项目之一。开伦式台球所用的球台没有球袋，它是以球杆击球得分的一种台球打法。在中国的一些台球厅里很少能见到这种台球打法。开伦台球打法分为颗星开伦、三星开伦、四球开伦、直线开伦、台线开伦等，但最流行的要算四球开伦打法了。

四、台球基本技术

（一）基本姿势

1. 右手持杆的选手，以右脚为重心脚，膝盖锁住，右脚掌自然向前，左脚向前迈大致一到半个脚掌的距离。俯身瞄球时，左膝盖自然弯曲。

2. 肘关节自然抬高，大臂稍用力控制整个手臂弯曲，与球杆、小臂三条线位于同一竖直平面内。小臂自然下垂，持杆手的手指自然握住球杆，杆与虎口间无缝隙。持杆手不要握杆过紧或过松。

3. 俯身下去后，台球杆应位于下巴正下方，距离控制在5~10cm。

4. 手桥的形成先将整个手掌紧实地贴在球台上，五指尽量分开。食指与拇指的第二关节贴紧，手指紧绷，使得手桥足够牢固，从而令球杆在手桥上运杆时不会晃动。圈架的手势为食指弯曲，指股与拇指贴紧，使球杆从两指间穿过，架在中指的第三关节上。手桥一般与母球的距离控制在15~20cm。

5. 握杆姿势，无论是右手握杆还是左手握杆，握杆的位置很重要，握的合适能轻松自如、平稳击球。这是打台球开始的第一个重要因素，不可轻视。

首先要找到球杆的重心，方法是用手的拇指和食指捏在一起，做成一个圆圈或一个钩，把球杆套在圈里面，然后左右推动球杆调整直至平衡为止，套在球杆上的手指位置就是这支球杆的重心。再从这个重心向杆尾移动20到30厘米，这个部位便是一般握杆的合适位置，遇有特殊打法需要，还可以前后移动调整握杆位置。

握杆时，不能握得太紧，不然手和手腕肌肉紧张，手臂僵硬，不能平顺滑动出杆击球。右手握杆时，拇指和食指在虎口处轻轻夹住球杆，好像一个吊环，握住球杆的是手的前部，即：拇指和前两个手指，另外两个手指虚握，小指包绕在球杆底部，主要配合控制球杆的平衡稳定，使球杆保持直线运动。

6. 杆架手势

用手为球有做成的各种支架称手杆架、架杆或台架等。要保证击球的准确性，必须有自然且稳定的杆架来支承，它可以准确地引导球杆进行击球动作的导向。

（1）平背式杆架手势。先把左手掌伸直，手心向下按在球台台面上，五指尽量岔开、指尖紧抓台布，形成一个宽而有力的稳定杆架基部，然后掌心稍微拱起，拇指紧贴食指翘起，食指与拇指之间便出现一个凹槽，球杆便可以放在凹槽上活动自如。如需要调整高低时，可以使手指伸平，手掌降低、拱起而升高以适应击球需要。这种杆架高度低，适用于球径较小的落袋式台球。

（2）凤眼式杆架手势。为了容易理解，方便练习，现把这种手势分解成单项动作说明如下。

1）将左手平放在球台台面上，手心向下，由手腕到指尖，向内侧稍微转个小弯。

2）小指、无名指和中指，一齐向内侧转动拱起，手掌左边压在台面上，三个手指形成支撑的手势。

3）当左手与球杆方向接近直角时，左手拇指和食指尖向一起捏。

4）拇指和食指形成一个圆圈后，便可以把球杆插入圈内来支撑球杆击球。如果需要调整高低时，伸展或拱起中指来调整。因这种杆架高，多用于球径大的开仑台球。

（3）V形杆架手势。如果遇到在主球后面有一个球造成击球障碍，为了不碰这个阻挡球，必须将球杆抬高。把四个手指头竖起来，支在阻挡球后面，尽量把大拇指翘起，把球杆架在拇指和食指间形成的V形槽里，击球时，球杆顺着槽滑动，如果击球需要，球杆把还可以抬高。

（二）台球瞄准

1. 先看被击打球的进球点，然后在母球对准被击打球的进球点的位置站好。

2. 趴下瞄准，如果觉得趴下后感觉不好或觉得瞄准的不是进球点，那么一定要站起来重新趴下。如果姿势别扭还非要击打，那么进球几乎是不可能的。

3. 站好位置后先前后抽动几下，感觉一下运杆是否顺畅，将杆头无限接近母球上所需击打的点停顿，然后沿杆看过去是否确定可以击打到被击打球的进球点。

4. 上述过程确认无误后，拉杆回来用准备用的力度确定拉杆的距离，然后停顿，再次沿杆看过去（杆-杆头-母球击打点-被击打球的进球点）在一条直线上。

5. 然后眼睛盯住被击打球的进球点，出杆。

（三）台球杆法

台球的基本技巧有高杆、缩杆、偏杆、跳球等，还有很多技巧是通过这些基本技巧演变而来的，比如刹车球、跳球、偏缩、加旋转的高杆以及弧线球（香蕉球）。

五、主要赛事

（一）职业排名赛

1. 世界职业锦标赛（WORLD PROFESSIONAL CHAMPIONSHIP）

2. F. U. T. 国际赛（FIDELITY UNIT TRUSTS INTERNATIONAL）

3. ROTHMANS 大奖赛（ROTHMANS GRAND PRIX）

4. MERCANTILECREDIT 经典赛（MERCANTILE CREDIT CLASSIC）

5. UK 公开赛（UNITED KINGDOM OPEN）

6. 英国公开赛（BRITISH OPEN）

7. BCE 加拿大大师赛（BCE CANADIAN MASTERS）

8. ICI 欧洲公开赛（ICI EUROPEAN OPEN）

（二）职业非排名赛

1. BENSONANDHEDGES 大师赛（BENSONANDHEDGES MASTERS）

2. 世界杯赛（WORLD CUP）

六、台球规则

斯诺克台球球台内沿长 350 厘米，宽 175 厘米，高 85 厘米。斯诺克共用球 22 颗，其中 15 颗红球、6 颗彩球、1 颗白球（主球）。红球分值 1 分，排成三角形，放在 6 分和 7 分之间；彩球的颜色及分值如下：2 分球黄，3 分球绿，4 分球咖啡，5 分球蓝，6 分球粉红，7 分球黑球。

台上半圆形区域为开球区，以彩球 2-4-3 为直径。开球前，双方可以通过抛硬币来决定谁先开球。开球一方，可将白球摆在开球区的任何位置，每次击球后，白球停在什么位置，就必须接着由什么位置打起。打球方必须先打入一颗红球后，才能任选一颗有利的彩球打。彩球打进后，需取出重新摆回其自己的定位点。接着，再打红球，红球打进后再打彩球。如此反复，红球全部入袋后，必须按照从低分值球到高分值的顺序打彩球，依次是黄球、绿球、棕球、蓝球、粉球和黑球。此时打进的彩球，不用再拿出来，直至所有彩球入袋，台面上剩下白球，比赛宣告结束。

从开球到所有球被击入袋这一个过程称为一局。打球过程中，如果一方未能一杆全收，或者打了一个违规球，则击球权让于另一方。一场比赛可约定打一局、三局、五局、七局决定胜负。世界职业锦标赛决赛则是打三十五局。如果结束时，双方平分，传统决定胜负的方法是：将黑球摆在黑球位上，白球摆在开球区，双方通过抛硬币，决定谁先打，先将黑球打入者为胜方。每局的胜负由双方积分多少决定，分值高者为胜方。得分有两种途径：一是靠进球得分；二是通过对方失误罚分而得分。

打红球时，如果白球未能撞到任何红球-空杆，则要罚 4 分；如果误撞了彩球，则按照该彩球的分数罚分，但是最少罚 4 分。打彩球时，如果未能打到要打的彩球，则按照此彩球的分数罚分；如果误撞了更高分的彩球，按照高分罚分，最少罚 4 分。因此进红球后，打彩球前，如果要打的彩球不能明显看得出来，则必须要声明击打的是哪个球，否则自动罚 7 分；如果误将白球击入袋，最少罚 4 分，或者按照白球进袋前最先碰到的最高分数球罚分。白球入袋后，接着打的一方可将白球摆在开球区的任何位置击球；罚分不从受罚方的分中扣减，而是加入对方的得分中。

下列行为也属违规：（1）将球打落台桌面；（2）双脚同时离地击球；（3）白球跳过中间球击打目标球；（4）台面上的球被球杆击球端以外任何物品或身体任何部位碰到；（5）在出杆时，球杆连续击白球两次以上；（6）球杆、白球和目标球同时接触。

第二节　击剑运动

击剑是穿戴击剑服装和护具，在剑道上以一手持剑互相刺击，被先击中身体有效部位的一方，为被击中一剑。它有多种进攻技术和防守技术，并在规则许可的范围内运用各种战术取胜。

击剑运动作为体育课程一直深受广大同学的喜爱。与竞技击剑运动不同，大学击剑课程关注的是通过对击剑基本知识、基本技术和基本技能的学习，培养同学们的体育兴趣，并能够逐步养成自觉锻炼的习惯。

一、概述

古希腊著名诗人荷马在其史诗《伊利亚特》和《奥德赛》中就有古代击剑的诗词。根据史料记载，在公元前 11 世纪（相当于我国的商代末期到西周的开始——大约公元前 1600—公元前 1046 年）的古希腊就出现了击剑课。西班牙被认为是现代击剑运动的摇篮，因为第一本击剑技术书籍由两位西班牙教练所写，并且西班牙人多莱德改进制造了一种轻巧细长，高质量，类似现代重剑的三菱形的剑，取代了原来那种笨重长大的传统剑。但击剑运动真正得到全面发展还是在法国亨利三世和亨利四世时期。1896 年，在雅典举行的第一届现代奥林匹克运动会上，击剑便被列为正式的竞赛项目。1913 年 11 月 29 日在法国巴黎第一次举行了 9 个国家代表参加的国际会议，并在会上成立了"国际击剑联合会"。1914 年 6 月在巴黎通过了《击剑竞赛规则》，并于同年编辑成册，1919 年正式出版，从而使击剑运动竞赛趋向公平合理。

二、击剑的基本技术

（一）准备姿势

1. 握剑

目前各国运动员主要使用的剑柄为枪柄，但也有少数重剑运动员使用直柄剑。手柄有左右之分，枪柄也有形状变化，但持剑的方法大体相同。持剑主要依靠大拇指和食指控制剑尖。大拇指和食指稍屈相对握，中指、无名指、小指压紧手柄，使剑柄压柄在手掌根的中线。佩剑则压在小拇指根处，掌心要与剑柄间有一定的间隙，手腕要保持一定的紧张度，有利于控制剑的动作。使用直柄剑对正确体会手腕动作较有利，初学者用直柄剑较好。

2. 击剑运动员立正姿势

与一般立正姿势相同，只是手自然下垂，右手持剑在护手盘前的剑根处。击剑比赛讲究礼貌，赛前要相互敬礼，课前教练和学生要相互致敬。

（二）实战姿势

实战姿势是一切击剑行为的准备姿势。运动员侧立，面向持剑前方，前脚尖向前，后脚垂直于前脚跟的延长线，两脚间距离同肩宽，两膝微成半蹲，躯干自然，稍含胸收腹，持剑臂微屈，不持剑臂的大臂与地面平行，小臂向上垂直，手腕、手指自然放松。

（三）击剑步法

1. 一般步法

（1）向前一步

翘起前脚尖，摆小腿向前移动一脚掌，脚跟先着地，过渡到全脚掌，后脚跟上相同距离。

（2）向后一步

提起后脚向后挪动一脚掌，前脚紧接向后移动同样距离。

（3）向前交叉步

后脚经过前脚内侧交叉向前跨一大步，在前脚尖处着地，前脚接着向前同样距离。

（4）向后交叉步

前脚向后脚经后脚跟交叉向后跨一大步，在后脚跟后约 10 厘米处着地，后脚接着向后跨同样距离。

2. 进攻步法

（1）弓步

翘起前脚尖，摆前小腿向前，躯干同时向前，后脚掌稍蹬地，使后腿蹬直，前脚跟着地，过渡到全脚掌，大腿几乎和地面平行，小腿垂直地面，后腿伸直，身体稍前倾或弓步姿势。

（2）冲刺

先伸持剑臂，带动躯干前移，当身体重心超过前脚时后脚蹬地提膝经前腿内侧交叉向前摆动，前腿同时蹬地伸直，充分展体，后腿交叉着地在前脚前，前脚也交叉向前冲跑。

（四）击剑的进攻技术

运动员伸出持剑臂，用剑尖连续向前威胁对方的有效部位。进攻分简单进攻和复杂进攻。

简单进攻分直接进攻和间接进攻，下面以花剑为例来介绍击剑的进攻技术。

1. 基本进攻技术（花剑）

（1）直刺进攻

先伸手臂紧接出弓步，手指控制剑尖向目标刺出，直刺进攻，手臂不要一开始就过于伸直，应基本伸直，肩关节保持放松状态直到击中一瞬间才充分伸展手臂。

（2）转移进攻

转移进攻属于间接进攻。发动在一条线上，结束在对手暴露部位的另一条线上。用剑尖在对手的剑下方做一个半圆形转移动作，同时伸臂刺向对手暴露的目标转移进攻，用手指和弓腕相结合的动作来控制剑尖路线，前臂不旋转，并要求手腕动作不要太大。

2. 接触的简单进攻

（1）击打转移进攻

击打是迅猛的手腕动作，用自己的剑身敲击对手剑身。在击打前，要使自己的剑身与对手有一段距离，便于击打。用击打来引起对手在这条线上的反应动作，利用对手反应动作所耽搁的时机，迅速作转移动作，击中对手。

（2）压剑转移进攻

它和击打进攻同理，区别在于不用击打，而用压剑动作。压剑时，使对手在被压的线上产生一个反抗力，利用这个反抗力作出转移进攻。

3. 复杂进攻

复杂进攻是由几个简单进攻组合起来的进攻，是在一条线上做假动作，而在另一余线上发动进攻。这里主要介绍一些比较简单、常用的复杂进攻。

（1）内、外二次转移进攻

从第6姿势开始，伸臂做一个转移假动作，引诱对手在第4姿势这条线上做防守工作，接着出弓步做第二个真实意图的转移动作，转回第6姿势的线上来击中对手。

（2）交叉转移进攻

与二次转移进攻有同样目的，但不是用转移动作而是用交叉刺的假动作引起对手的反应，在对手被渗出防守动作后，及时做一个转移进攻击中对手。

（3）圆周转移进攻

它是针对圆周防守的转移进攻，先伸手臂引起对手圆周防守，然后跟随对手动作作转移攻击，剑尖要尽量靠近对手剑的护手盘处，圆周转移是靠手指控制动作。

（五）击剑的防守技术

防守是用武器和距离保护自己，避免被对手攻击击中的动作。正确的防守是在对手剑到达前，关闭对手进攻的路线。

1. 身体刺中面积的划分

为了便于技术教学，将人体躯干的正面用两根相互垂直的轴线划分成四个部位，持剑手侧上部为第 3 部位（或称第 6 部位），持剑手侧下部为第 2 部位（或称第 8 部位），领侧的上部为第 4 部位（或称第 5 部位），领侧的下部为第 1 部位（或称第 7 部位）。

2. 防守方法

防守的目的是避免被对手击中。由于击剑运动的特点，除主要为武器防守外，还有距离防守和躲闪防守两种方法。

（1）武器防守

武器防守是以剑来搁开对手攻击的防守方法。武器防守要注意用自己剑护手盘外的剑枢部即剑的强部去防对手剑的弱部，良好的武器防守必须有合适的距离。

（2）距离防守

距离防守是依靠步法来退开对方攻击的距离以达到防守的目的，距离防守是最可靠的防守方法。

（3）躲闪防守

躲闪防守是依靠身体位置的变化来避开对手攻击。在花剑和佩剑中使用较多，躲闪防守经常与反攻相配合。

三、击剑运动最基本的比赛规则和要求

（一）比赛前

运动员和裁判员根据裁判长点名被邀请到指定的剑道去进行比赛和裁判工作。主裁判先到裁判长处领取记录单，根据记录表核对运动员姓名、单位、号码。裁判台准备工作完成后，根据比赛顺序通知运动员上场，第一个被叫到名字的运动员应站在主裁判右侧。若遇到左手持剑和右手持剑的运动员比赛，应让左手持剑的运动员站在左面。

（二）检查运动员的服装

剑的性能和护手盘内的绝缘情况，用砝码检查剑头的压力性能，用插片检查重剑剑头的间隙和器材等的检查。

（三）检查完备后

运动员前脚站在准备线后面向对方、裁判员、观众行礼致意。当主裁判询问："准备好没有？"运动员应予回答或点头示意，并做好实战姿势，主裁判发出"开始"口令，方可交锋。

（四）开始和中断比赛

主裁判发出"开始"口令后，才能采取实战行动。"开始"前的一切击中都不算。运动员在主裁判发出"停"口令后，不能再继续做新的动作。"停"后的一切击中都不算。

（五）移动

躲闪与超越身体：比赛中允许移动、躲闪，而且在移动和躲闪时，允许不持剑手接触地面，但禁止有意逃跑或转身背向对方。

（六）比赛中

运动员超越对方后，主裁判应立刻叫"停"。超越前击中有效；超越后击中无效，但被超越者在"停"之前做出转身还击动作是有效的。

（七）越出边线和端线

1. 运动员一脚越出边线，主裁判应叫"停"，不予处罚，双方在原地准备。

2. 运动员双脚越出边线，主裁判应叫"停"，让未出边线者向前1米，双方伸直手臂以双方剑不交叉为准，然后双方保持实战姿势重新开始。

3. 若越出边线者向后一米后，双脚越出端线，则要判罚击中一剑。

4. 运动员为了避免被击中而有意越出边线要被处罚。双脚越出端线者将判罚击中一剑。由于偶尔事故而越出边线一次者不受处罚。

5. 双脚越出边线的运动员在场外击中场内运动员应判无效。而场内的运动员连续动作击中场外运动员，则应判有效。

（八）对击中的判断

判断击中的情况，只能以裁判器的显示信号灯为准。任何情况下，如果裁判器没有显示击中，裁判员就不能宣布某一名运动员被击中（规则规定的情况和罚分除外）。

四、从事击剑运动的益处

学习击剑运动的基本技术并能够经常从事击剑运动能给人带来以下显著的益处。

第一，从内在气质上改变，它会使你姿态更优雅。我们在学习击剑的同时，不仅是在学习击剑的外在形态，更重要的是学习击剑的内涵。因为击剑是西方的"武术"文化，用博大精深来形容一点也不过分。西方的击剑是用西方的文化来支撑的。一边在学习击剑，另一边在学习西方的文学，这样丰富了我们的文化知识、提高修养。在这里推荐几本西方小说，同学们抽空看看：荷马《伊利亚特》、《奥德赛》。练习击剑要穿击剑服装，击剑服是紧身和修身的，它是有氧运动，练习是在不停的弹跳、突击中进行。通过长时间练习可以使下肢修长、弹跳力增强，同时击剑服是紧身、密不透风的，起到修身、出汗、减肥的效果。全世界练习击剑的人没有一个是肥胖的，都是身材高挑、四肢修长。

第二，经常练习击剑可以锻炼你的反应能力，提高你的观察和思考能力。在实战的过程中进攻、防守和防守反击是在瞬间进行的，稍一犹豫所有的机会尽失，相反很有可能遭到对方的攻击。因此，需要你的大脑必须时刻保持清醒、紧张、兴奋，寻找机会和创造机会，一旦机会出现立刻做出反应和相应的对策。从而形成全新的思维模式：耐心和对方博弈等待时机，一旦机会出现，果断、刚毅、敏捷出手，绝不手软，也就是该出手时就出手。杜绝你的瞻前顾后、患得患失想法。

第三，提高你的协调能力。击剑动作的完成是全身大部分肌肉共同参与的结果，人的神经控制着肌肉，练习动作其实就是在练习神经，把参加这个动作的神经结合在一起使之协同工作完成动作，动作不熟练是因为神经通道不流畅，要不断地练习使神经通道更流畅。因此，练习击剑能提高人的协调能力，尤其是上、下肢的协调能力更为突出。

第三节　毽球运动

毽球是以踢、触为主要技术特征的全身性运动，属同场隔网对抗类项目，具有较强的观赏性、娱乐性、竞技性、健身性，踢法多样，技战术体系丰富。毽球运动不仅是锻炼身体的良好手段，也是一种优美的艺术表演，对提高身心健康水平极为有益，能够给参与者带来新奇的运动体验，是满足参与者休闲、娱乐、健身要求的时尚运动。

毽球教学采用理论与实践相结合，以实践为主的教学原则与方法，要求全面掌握毽球运动的基本理论、基本技术和基本战术，切实提高毽球技术、战术的实际运用能力。

一、毽球运动概述

毽球运动是一项新兴的体育项目，20世纪80年代中后期才亮相国内赛场。它的比赛场地类似排球场，中间挂网（男子网高1.60米，女子网高1.50米），两项团体赛每方各3人，每局15分，决胜局为每球得分制。

毽球是从古老的民间踢毽子游戏演变而来，是中国民族传统体育宝库中的

一颗灿烂的明珠。1984 年，原国家体委将毽球列为正式比赛项目，并组织了全国毽球邀请赛。随后，毽球运动逐渐在北京、湖北、山东、广东、上海、陕西、河南、山西及东北各省广泛开展，各地相继组织了各种类型的毽球比赛，越来越多的人民群众参加到这项活动中。

二、毽球的基本技术

（一）发球

1. 发球作用

发球的最高理想是直接得分，其次是破坏对方的一传，使对方不能组织有质量的进攻，从而达到间接得分的目的。低质量的发球，会给对方创造得分机会，使自己陷入被动。

2. 发球方式

毽球的发球方式很多，有正脚背正面发球、正脚背侧发球、脚内侧（脚弓）发球、踩发球、倒勾发球等。

（1）正脚背正面发球

它的特点是平、快、准。正脚背侧发球时要注意稍侧身站位，绷脚尖，用正脚背发力扫踢，其发球的特点是既快又狠，攻击力强。

（2）脚内侧发球

其特点是既稳又准，破坏性强。发球是比赛的开始，又是一项进攻技术，发球的时候可以采用盯人、找空、压后、吊前等手段发出各种战术球，以达到破坏对方组织进攻或直接得分的目的。

（二）接球

1. 击球部位与名称

（1）脚击球称为"踢"，分为脚内侧踢、正脚背踢、脚外侧踢。

（2）大腿击球、腹部击球、胸部击球、头击球统称为"触"。

2. 技术要点

（1）正脚背踢球

单腿支撑，踢球腿膝部尽量伸直，绷脚面，正脚背击球。此踢法是相对难度较大的一种技术，动作要求快，有一定的准确度。正脚背发力击球的节奏过快或过慢都会影响踢球的质量。

（2）脚外侧踢球

单腿支撑，上体向支撑腿倾斜，踢球腿大小腿折叠，脚外翻，用脚外侧踢球。注意击球点低，支撑腿适当弯曲。身体重心在支撑腿上。

（3）触球

大腿触踢球时，用膝关节以上大腿正面部位击球。注意小腿放松，大腿迎球。腹部、胸部、头部触踢球时，注意腹部、胸部或头部要向前主动积极迎球，并控制好球的落点。

（三）传球

1. 分类

（1）根据击球部位，可分为：脚内侧传球、正脚背传球、脚外侧传球。最常用的是脚内侧传球。

（2）根据球的飞行路线，可分为传高球、传拉开球、背传球等。

2. 技术要点

传球的动作要领，可参照"接球"技术要点。

三、进攻技术

（一）进攻类型

毽球进攻的基本类型有踏球、倒勾和头球。踏球和倒勾是毽球比赛中最常用的进攻形式。

（二）技术要点

1. 踏球进攻

踏球队员可踏自传球，也可踏二传球。以右脚踏球为例，球传起后，将进攻脚向上摆起，至头的前上方；球下落至相应的位置，脚向前发力、下摆，用前脚掌将球击入对方场区。

2. 倒勾进攻

倒勾队员背对球网，球传起后，要正确判断球的下落速度。先将非进攻脚屈膝抬起，然后将进攻脚跳起，向上摆至头上方，用正脚背击球，同时非进攻脚下摆缓冲，完成空中的交换动作。

四、拦网技术

（一）作用

拦网是毽球比赛中防守的第一道防线，也是最有效的一道防线。好的拦网，往往能直接得分，化解对方的凌厉进攻，或通过有效拦网将球传起，进行防守反击。因此，拦网在毽球比赛中具有很重要的地位。

（二）技术要点

拦网分为准备姿势、移动、起跳、拦网、落地五个环节。起跳腾空后，当球将触及胸部的瞬间，迅速收腹含胸，向前抖肩，用收腹含胸和抖肩的力量，把球拦在对方近网处。

五、防守技术

当对方的进攻避开了本方的拦网，那么后排的防守就显得尤为重要。它是防守反击的重要环节，也是得分取胜的基础。

（一）堵球

当对方的进攻点高、力大时，后排的防守最好采用前堵的方式，防守队员站在本方拦网队员的侧后方，站位尽量靠前，正确判断对方的进攻路线，卡准位置，用胸部或腹部将球防起。堵球时，双膝微屈，重心微降，上身应微向后仰，以便于球触身后能向上弹起。

（二）脚防

当对方的进攻击球点并不高，或习惯性打后场时，防守队员应以脚防为主，防守队员站在本方拦网队员的侧后方，适当偏后。要正确判断对方的进攻路线，迅速移动，将球用脚防起。

六、保护

保护是指本方的进攻球被对方拦回，后排队员所应进行的保护，又叫防拦。技术要点：

1. 保护的关键是首先要有防拦的意识，其次是站位。

2. 保护队员应站在本方进攻队员的两侧近网位置，以不影响进攻动作为准。

七、毽球的基本战术

团体赛中，毽球的基本战术取决于阵型，阵型取决于队员的技术特点。下面就介绍毽球比赛中两种最基本的阵型。

（一）一勾二防型

如果有一位比较理想的倒勾队员，那就另外配备两位传球较好、脚防较好的后排队员。此阵型可称为一勾二防型。

1. 进攻

倒勾队员站在前排，一般不参与接球，后排一队员担任一传兼副攻，另一队员担任二传。

（1）强攻型

对方来球后，一传将球一脚传起，二传两次将球传到位，倒勾队员跳起进攻，然后后排两队员上前防拦。此阵型优点是套路简单，易于掌握；缺点是缺少隐蔽性。

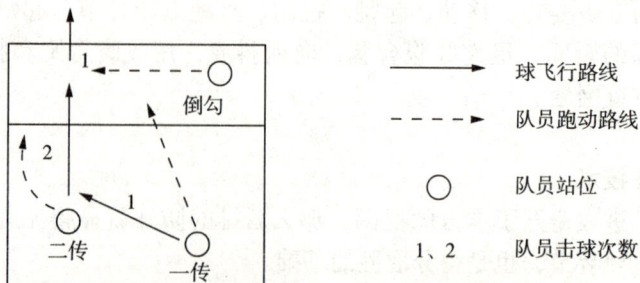

（2）空中飞人

一传将球接至二号位附近，二传将球传至三号位上方，倒勾队员同时跑动起跳至三号位击球。其优点是由于倒勾队员在前排有位置移动以及在空中有移动，易于避开对方拦网；缺点是对配合的要求较高。

（3）拉开转移

倒勾队员站在前排中间，一传一次将球传至三号位，二传两次将球传至二号位，一传兼副攻队员跑至二号位踏球，同时倒勾队员在三号位佯攻掩护。其优点是有倒勾掩护，突袭性强，往往会使对方措手不及；缺点是传球和配合的难度系数都很大。

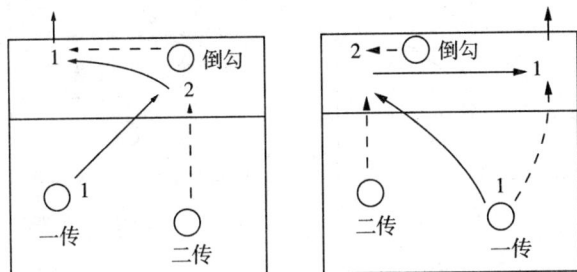

2. 防守

（1）一拦二防

倒勾队员站在网前负责拦网，后排队员站在拦网队员的侧后方，负责防守，其站位类型如下图。

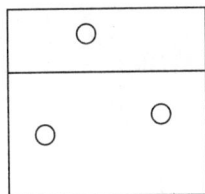

一拦二防

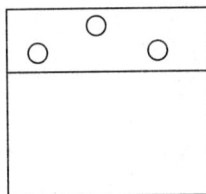

一拦二堵

（2）双拦一防

一后排队员上前和拦网队员并肩拦网，另一后排队员在后场防守，重点是防双人拦网的中间空隙。

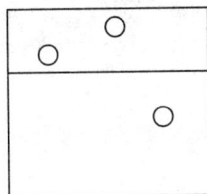

一拦一堵一防

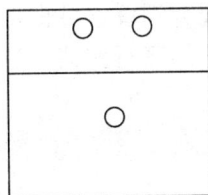

双拦一防

（二）双踩一拦型

如果没有合适的倒勾队员，进攻的形式以踩球为主，那么就以两个踩球队员担任主攻，配备一个前排拦网兼二传，使队伍的整体水平攻防平衡。

1. 进攻

两名后排队员配合进攻，前排的拦网队员负责传球和防拦。

（1）二、二，自调进攻。一传两次踢球传给进攻队员，进攻队员自调进攻。

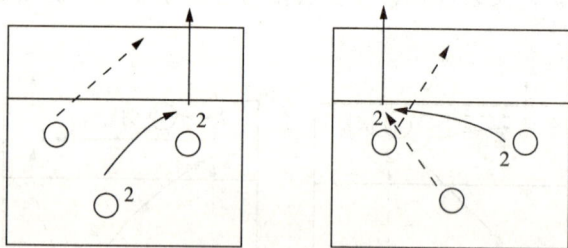

（2）一、一、二，自调进攻。一传一次踢，二传一次踢，进攻队员自调进攻。

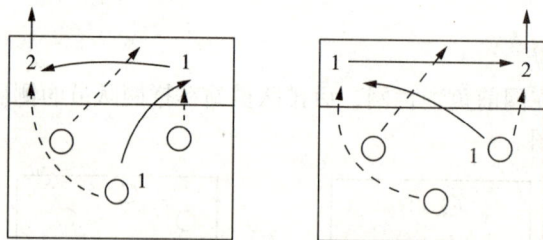

2. 防守

双踩一拦型的防守与一勾二防型的防守相同。

毽球比赛中，其基本战术的贯彻运用，最关键的是队员的传球水平。当队员的传球水平提高到一定程度，才能进行战术上的配合训练。传球训练，前面已经讲过。战术配合训练，可根据战术类型要求，按照球的飞行路线，进行反复的传球练习。

第十六章　户外运动

第一节　拓展运动

拓展训练是利用人造障碍或自然困境，使参训者不断开动脑筋，克服心理障碍、发挥自身潜能，通过团队协作完成培训内容的体验式培训方法。广义上，拓展是让人们在不同环境下迎接各种各样的挑战，从中学会一系列应对困难的能力，尤其是运用身体的各种技能应对生存危机和心理压力的考验，从而获得全新体验、改变内心的认知；狭义上，拓展是将管理与心理游戏融入户外运动元素，按照体验式学习模式进行的一种团队教育活动，大学校园里开展的拓展课主要是狭义概念下的拓展。

一、拓展概述

（一）拓展起源发展

拓展培训的概念起源于 1941 年的英国，现在的英文名为"Outward Bound"，意为投向外界未知旅程，迎接挑战。有些中文使用国也翻译为"外展训练"。拓展的来源有一个故事：在二战时，大西洋上很多船只受到攻击而沉没，绝大多数船员不幸牺牲了，但也有极少数的人在经历了长时间的磨难后得以生还。人们发现了一个令人惊奇的事实：生还的大多数是些年老体弱的人，而不是身体强壮的小伙子。人们通过调查研究找到了这种现象的原因：年老体弱的人之所以能活下来，关键在于有良好的心理素质。于是，有人就想到：能否通过让年轻的海员做一些具有心理挑战的活动和项目，以训练和提高他们的心理素质。1942 年，德国人劳伦斯在开设了一所"阿德伯威"海上训练学校，以年轻海员为训练对象，这是拓展训练最早的一个雏形。1994—1995 年，中国内地开始酝酿引进拓展培训，广东和北京是中国最早开展拓展培训的地方，从中国广东和北京两个方向开始辐射全国，开展拓展训练，拓展训练逐渐被社会的院校和企业所接受。

目前，全世界有 28 个国家和地区共成立了 48 所 OUTWARD-BOUND 统一命名的拓展训练学校。这些拓展训练学校已经成为一个国际训练组织，总部设在加拿大的渥太华。国际拓展组织的使命宣言：激发自尊、帮助他人、服务社会、放眼未来。

（二）拓展分类

拓展主要包括水上拓展、野外拓展、场地拓展和室内拓展。

1. 水上拓展

水上拓展活动主要在江、河、湖、海上开展。

2. 野外拓展

主要在山地、沙漠和湿地里开展。

3. 场地拓展

在接近自然的人造情境场地上开展。

4. 室内拓展

室内拓展既有室外移入室内的活动，也增加了更多沙盘模拟游戏和理论教学内容。

（三）拓展训练目标

现在的拓展训练目标不仅是单纯体能、生存技能训练，同时扩展到心理训练、人格训练、管理训练等。

二、拓展训练的环节与特点

（一）拓展训练的环节

一般情况下，拓展训练主要包括团队热身、个人项目、团队项目与回顾总结四个环节。

1. 团队热身

在培训开始时，团队热身活动将有助于加深学员之间的相互了解，消除紧张，轻松愉悦的投入到各项培训活动中去。

2. 个人项目

个人项目要本着心理挑战最大、体能冒险最小的设计原则，每项活动对受训者的心理承受力都是一次极大的考验。

3. 团队项目

团队项目以改善受训者的合作意识和受训集体的团队精神为目标。通过复杂而艰巨的活动项目，促进学员之间的相互信任、理解、默契和配合。

4. 回顾总结

回顾将帮助学员消化、整理、提升训练中的体验，以便达到活动的具体目的。总结使参与者将培训的收获迁移到工作中去，以实现整体培训目标。

（二）拓展训练特点

与其他一些内容形式的训练相比较，拓展训练本身具有综合活动性、挑战极限、集体中的个性、高峰体验、自我教育五个方面的显著特点。

1. 综合活动性

拓展训练的所有项目都以体能活动为引导，引发出认知活动、情感活动、意志活动和交往活动，有明确的操作过程，要求学员全身心的投入。

2. 挑战极限

拓展训练的项目都具有一定的难度，表现在心理考验上，需要参与者向自己的能力极限挑战，超越"极限"。

3. 集体中的个性

拓展训练实行分组活动，强调集体合作。力图使每一名参与者竭尽全力为集体争取荣誉，同时从集体中吸取巨大的力量和信心，在集体中显示个性。

4. 高峰体验

在克服困难，顺利完成课程要求以后，参与者能够体会到发自内心的胜利感和自豪感，获得人生难得的高峰体验。

5. 自我教育

培训师只是在课前把课程的内容、目的、要求以及必要的安全注意事项向学员讲清楚，活动中一般不进行讲述，也不参与讨论，充分尊重参与者的主体地位和主观能动性。即使在课后的总结中，培训师也只是点到为止，主要让参与者自己来讲，达到了自我教育的目的。

三、拓展主要项目介绍

（一）高空项目（空中断桥）

项目性质：个人挑战项目。

项目任务：每位队员轮流爬到高空桥面，从自己的起点位置跃到另一端点，再跃回来安全回到地面即为完成。

项目时间：3～5分钟/队员。

1. 安全装备

（1）头盔

首先，分清头盔的正反面，带有商标标志 LOGO 的一侧为正面，应处于额前；然后，调整头围大小和颈带的长短。头围以"戴上头盔晃头时，头盔不晃动"为适宜，颈带以"扣上后，食指、中指两指能较轻松穿插"为适宜。

（2）半身式安全带

寻找安全环，在结合部位有一定硬度的提环（一般颜色比较特殊醒目）。提起安全环，整理安全带，分清腰带和腿带。穿戴动作类似穿短裤：左腿伸进左腿带，右腿伸进右腿带，穿上后，先将腰带提至髋部以上并系紧，再收紧腿带。

（3）主锁

主锁有"开""闭"两种状态，在使用时，必须处在闭合状态。在挂好相应物品后，应拧紧回半圈，再小心复查一下，确保操作正确。

（4）上升器

上升器常分为左右手两种，是非常便利的升降工具。其原理是在上升过程中，"倒刺"是顺向，很容易上推；下降时，"倒刺"是逆向，能紧紧地挂住绳子。

2. 所有队员进行项目前都要将身上的尖锐物品取出。培训师应指导队长排好队员参加的先后顺序并选出两名队员作为安全员，协助队员穿戴和检查安全装备。

3. 让所有队员一字排开，并依次奋力向前跨一大步，以便培训师大概了解每个队员的跨越能力以调整断桥板间的距离，穿好保护装备后可以要求队员在地面进行试跳，适应保护装备的松紧程度，并记住自己习惯的起跳腿。

4. 每个队员在做项目前，要由队长组织所有队员给他充电加油，具体方法为：将做项目队员穿戴好安全装备后，双手扶住立柱，其他队员围住该队员，并用手扶住其头部、腿部、背部、腰部，做项目队员首先喊出自己的名字，接着所有队员喊出本队队训，并大喊三声"加油、加油、加油"。

5. 跨越前要将前脚掌探出板沿1/3，将保护绳向前甩，置于断桥中间，双眼平视正前方，用余光看着对面桥面，放松身心，深呼吸后大声喊出"1、2、3"，同时屈膝利用前脚掌的蹬踏及腰部的力量用力跨越。

6. 最后宣布讲解完成之后，询问队员是否还有不明白的地方，待所有队员均无疑问后，即可开始项目。

（二）中低空项目（信任背摔）

目的：培养员工敞开大门团队法则，通过活动可以体现团队成员之间的信任程度，对公司各部门来说是一个增加彼此之间的信任感和凝聚力的团队游戏。

项目要求：团队成员除去眼镜、手表等物品。一位成员登上背摔台，背面朝下两手伸直并用绳捆住；团队其余成员中选出八位，四人一排，膝盖顶住，两手交叉紧握，身体略下蹲，头部稍往后仰。执行的成员身体尽量保持平直，并顺势倒下。

（三）地面与心智项目

1. 雷阵

性质：团队合作项目。

要求/任务：所有队员在40分钟内，从雷区入口进入，依次通过雷区，到达对岸。

规则：

左右两侧粗黄线无限延长，不可绕过；

可从 1~12 任意格进入；

每次只允许一人在雷区里活动；

只允许在相邻的格子间移动一步，不许跳格，不许踩线；

队员依次进入雷区。

共有两种口令：

（1）听到"请继续"，雷区内队员可继续行动；

（2）听到"对不起，有雷，请原路退回"，则雷区内队员必须按原路返回到雷区外面，否则扣分。

项目时间：40分钟，宣布项目计时开始后，培训师不再回答任何问题。

2. 盲人方阵

项目类型：团队协作型。

道具要求：长绳一根。

场地要求：空旷的大场地。

详细游戏规则：让所有队员被蒙上眼睛，在四十分钟内，将一根绳子拉成一个最大的正方形，并且所有队员都要均分在四条边上。这个项目教会所有学员如何在信息不充分的条件下寻找出路，大家耗用时间最长、最混乱、所有人最焦虑的时候是在领导人选出、方案确定之前，当领导人选出、有序的组织开始运转的时候，大家虽然未有胜算，但心底已坦然了许多。而行动方案得到大家的认同并推进，使学员们在同心协力中初尝着胜利的喜悦。

活动目的：这个任务体现的是团队队员之间的

配合和信任，一个有领导、有配合、有能动性的队伍才能称之为团队，本游戏主要为锻炼大家的团队合作能力。

（四）户外项目（攀岩）

1. 分类

按地点分类：自然岩壁攀登，人工岩壁攀登。

按攀登形式分类：自由攀登，器械攀登。

按保护方式分类：顶绳攀登，先锋攀登，传统攀登。

2. 攀岩所需要器械

攀岩所需要器械有两种，一是用来保证此项运动的安全（主绳，安全带，铁锁，保护器，扁带，快挂，岩石塞，岩钉，膨胀钉，挂片，冲击钻，抱石垫，头盔），二是为了让攀登者的表现更出色（攀岩鞋，镁粉袋等）。

（五）组合项目（挑战150）

活动流程：

1. 比赛前热身；

2. 各队进行团队建设；

3. 宣布比赛内容及规则。150秒钟内完成规定任务即挑战成功，用时最少的队伍获胜。

项目组合可以根据需要任意安排，例如，安排动感颠球、能量传输、激情鼓掌、弹力接球、集体调大绳和不倒的森林六个项目，要求每队成员在150秒的时间内相继完成，这个挑战重在体现团队统一的重要性。

（六）破冰课与考核课

破冰是拓展训练项目开始前的一个必需课程，意为打破人与人之间生疏的坚冰，让团队成员之间很快熟悉起来，融入团队。

破冰游戏（进化论）

活动目的：改善课堂气氛，增强团队队员间的友谊关系。

操作程序：人员先蹲下作为鸡蛋，而后相互找同伴进行猜拳，赢者进化为鸡仔；而后找鸡仔同伴再猜拳，赢者进化为凤凰，猜输者退化为前一个阶段。

一直进行几分钟，直到大部分的人都进化为凤凰为止。

（七）热身游戏

1. 游戏作用

（1）活跃气氛，提高参与者的参与程度。

（2）用于项目之间的连接，使项目连接更加顺畅。

（3）借助游戏本身的内容，加强对项目内容的补充。

（4）安全度和参与度是进行游戏的前提。

2. 游戏原则

适量、适当、适度。

3. 热身游戏示例（萝卜蹲）

将参与者分成四堆以上，每堆人手牵着手围成一圈，给每堆人以颜色或数字命名，任意指定一堆萝卜开始统一下蹲，同时还要念词，再指定别的萝卜堆做同样动作，目标要一致，依此类推但不能马上回指。以一实例加以说明。有红、白、黄、紫四堆萝卜，白萝卜先蹲，蹲的时候念"白萝卜蹲，白萝卜蹲，白萝卜蹲完红萝卜蹲。"念完后所有白萝卜手指一致指向红萝卜堆。红萝卜们马上要开始蹲且口中一样要念念有词，之后他们可以再指定下一个但不能是白萝卜。

第二节　定向运动

定向运动是一项体力、智力并重，简单易行、极具锻炼价值的新兴体育项目。它具有融知识性、趣味性、竞赛性于一体的特点，特别适合作为群众性体育活动的内容，尤其适合青少年的参加。

一、定向运动概述

（一）什么是定向运动

定向运动是参与者利用一张详细精确的地图和一个指南针，凭借对地图的识别和使用能力，按照预先设计在图上的点标，在野外徒步赛跑，依次准确到访地图上所指示的各个点标的前提下，以最短时间到达终点者为胜的一项运动。定向运动通常在森林中举行，也可以在公园、校园，甚至城市街头举行。定向运动容易设计出满足不同年龄、性别、体能和定向技能水平参赛者需要的比赛路线，因此参与定向运动很少受到条件限制。

一条标准的定向路线（Course）包括一个起点（Start）（用三角表示）、一个终点（Finish）（用双圆圈表示）和一系列点标（Controls）（用单圆圈表示）。在实际地形中，一个橘黄色和白色相间的点标旗标志着运动员应该找到的点位置。为了证实你到访了这些地点，运动员必须在到达每一个点标处使用打卡器打卡，且不同的打卡器打出不同的针孔。今天，电子打卡系统已被广泛使用。它不仅能证实是否按顺序正确到访，还能记录到访时间。

点标与点标之间的路线并不指定或固定。相反，运动员应该自己做出选择。这种路线选择（Route Choice）能力以及借助于地图和指北针在森林和公园辨明方向并以最快速度按顺序到达目的地的能力便是定向运动的精髓所在。

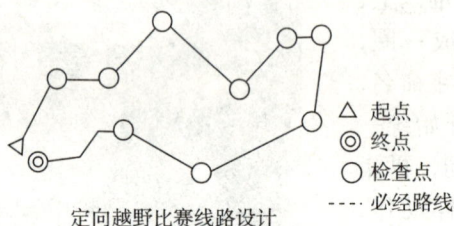

定向越野比赛线路设计

（二）定向运动历史

特殊的地理环境下生存的需要是定向运动产生的根本原因。19 世纪末、20 世纪初，在欧洲北部斯堪的纳维亚半岛（广阔而崎岖不平的土地上覆盖着一望无际的森林，散布着无数的湖泊）生活的人们主要是依靠那些隐现在林中湖畔的弯弯曲曲的小路出行。在这样的环境下生活，地图和指北针往往是不可缺少的，否则，无法穿越那茫茫林海。这也要求经常在斯堪的纳维亚半岛山林中负责保卫国家重任的军队必须具备在山林地辨别方向、选择道路和越野行进的能力，于是他们便成了开展定向运动的先驱。1918 年，瑞典一位名叫吉兰特（MaijOr Ernst Killander）的童子军领袖组织了一次叫做"寻宝游戏"的活动，引起参加者的极大兴趣，这便是定向运动的雏形。

1961 年 5 月，十几个国家的定向运动积极分子在丹麦首都哥本哈根成立了国际定向运动联合会（International Orienteering Federation，缩写为 IOF），确定了正式的比赛项目并制定了一系列的比赛规则与技术规范，这有力地促进了定向运动在全世界普及和发展。国际定联成立时有成员国 10 个，截至 2002 年底，其会员协会已发展到包括中国在内的 62 个国家与地区，其中 43 个正式会员，19 个准会员。1983 年 3 月 10 日，中国人民解放军体育学院首次在广州白云山上组织了一次"定向越野试验比赛"，标志着定向运动正式传入中国。1992 年，中国以中国定向运动委员会的名义加入国际定联。

（三）定向运动分类

现代定向运动可分为徒步定向和工具定向两种。

1. 徒步定向

徒步定向包括定向越野、接力定向、积分定向、五日定向、公园定向等，强调人对于自然的感知与和谐。

2. 工具定向

工具定向是借助于一定的助力工具，如滑雪定向、山地自行车定向、摩托车定向等。

无论是哪一类的定向运动，都要求参与者必须在野外能够迅速地辨别方向，能熟练地使用地图和指北针，具备充沛的体力、毅力，能够既果断又细心地迅速选择最佳的行进路线（建议女性不要单独参与）。

二、定向运动技术方法

（一）标定地图的方法

标定地图就是为了使越野图的方位与现在的方向相一致，这是使用越野图的最重要的前提。标定地图主要包括 4 种方法。

1. 概略标定

定向地图上的方位是：上北、下南、左西、右东。当正确地辨别了现地方向之后，只要将定向图的上方对向现在的北方，地图即已标定。这种方法简便迅速，是定向越野比赛中最常用的方法。

2. 利用磁北线（MN 线）标定

先使透明式指北针圆盒内的定向箭头"↑"朝向地图上方，并使箭头两侧的平行线与越野图上的磁北线重合（或平行），然后转动地图，使磁针北端对正磁北方向，地图即已标定。

3. 利用直长地物标定

利用直长地物（如道路、土垣、沟渠、高压线等）标定地图。首先应在定向地图上找到这段直长地物，对照两侧地形，使图与现地各地形点的关系位置概略相符，然后转动地图，使图上的直长地物与现在的直长地物方向一致，地图即已标定。

4. 利用明显地形点标定地图

当你位于明显地形点上，并已从图上找到该地形点的位置（即自己所在的站立点）时，可以利用明显地形点标定地图。先选择一个图上与现在都有的远方明显地形点（目标），然后转动地图，使图上的站立点至目标的连线与现在的站立点至目标的连线相重合，此时地图即已标定。

（二）确立站立点

若想正确的使用定向地图，就必须熟练地掌握在图上确定站立点的各种方法。要学会根据不同情况，选择单独使用或结合使用这些方法。

1. 直接确定

当自己所处位置是在明显地形点上时，只要从图上找出该地形点，站立点即可确定。直接确定是在行进中，特别是奔跑中最常用的方法。

2. 利用位置关系法确定

站立点位于明显地形点附近时，可以采用位置关系法。利用位置关系法确定站立点主要是依据两个要素：一是站立点至明显点的方向；二是站立点至明显点的距离。

3. 利用"交会法"确定

站立点附近无明显地形点时，可以利用"交会法"确定站立点。按不同情况，"交会法"又可以具体分为90°法、截线法、后方交会法和磁方位角交会法。

（三）确定前进方向

定向运动每次出发时，必须判明出发点的图上位置，明确前进方向和目标点，标定地图后选准前进方向，向目标点进发。

（四）定向运动跑的技术

定向运动跑是一种长距离的间歇式赛跑，在整个运动过程中要求尽可能地减少人体能量的消耗，同时要保持人体在特定情况的加速能力。跑动的过程中，应保持上体微向前倾或正直的姿势，采用鼻子和半张嘴共同呼吸的方式；跑动速度不宜过快，根据路线状况、比赛阶段和自身体能状况等情况合理分配体力。

三、器材装备

（一）定向地图

地图是定向运动的最重要器材之一。定向地图包括比例尺（一般为1 : 15 000或1 : 20 000）、等高距（通常为5米精度，至少要使以正常速度奔跑的运动员没有不准确的感觉）和内容。

（二）指北针

指北针一般由赛事方提供，如果要求自备，则要对它的性能、类型等方面做出原则上的规定。指北针的主要类型有简单式、液池式、透明式、照准式和电子式。

（三）点标旗

运动员根据定向地图所提供的信息，利用指北针定向，在实地中寻找一个桔黄色和白色相间的点标旗，该点标

旗的位置放置在地图所标示的地点圆圈中心。

（四）打卡器

运动员必须在到达每一个检查点时使用打卡器在卡片上打卡。

（五）检查卡片

检查卡片主要用于判定运动员的成绩，用厚纸片制成，分为主卡和副卡两部分。检查卡面的尺寸，一般为 21 厘米×10 厘米。

（六）运动员服装

运动员应该选择轻便、舒适、易于活动的服装。

（七）号码布

号码布一般不超过 24 厘米×20 厘米，号码数字高不小于 12 厘米。正规比赛要求号码布佩带于前胸和后背两处。

四、定向运动图例说明

五、定向运动竞赛规则

（一）竞赛距离与爬高量

1. 确定竞赛距离时，除要考虑组别的因素外，还应考虑到竞赛地区的复杂程度、季节、竞赛开始时间和其他对竞赛可能产生影响的因素。

2. 竞赛距离以运动员能选取的最短路线为准，不顾及高差的影响。

3. 在确定竞赛距离时，预计完成全赛程的时间作为主要考虑因素，而赛程的距离作为辅助考虑因素。

4. 各年龄组的竞赛距离和预计完成全赛程的时间：

组别	最大距离（公里）		完成时间（分钟）	
	男	女	男	女
儿童组	3	3	35	30
少年组	6	4	55	45
青年组	12	8	75	65
成年组	14	10	85	75
中年组	10	7	70	60
老年组	7	5	60	50

（二）犯规与处罚

1. 下列情况给予警告处罚

1）代表队成员擅自出入预备区，但未造成后果的；

2）在出发区提前取图和抢先出发者；

3）接受别人帮助，如指路、寻找检查点等；

4）为别人提供帮助，如指路、寻找检查点等；

5）为从对手的技术获利，故意在竞赛中与对手同跑或跟进者。

2. 下列情况，判运动员成绩无效

1）冒名顶替参加竞赛者；

2）定向越野竞赛中使用交通工具者；

3）有证据表明在竞赛前勘察过路线者；

4）超时规定的完成竞赛时间者；

5）竞赛未结束，运动员到达终点后，再进入赛区；

6）未通过全部检查点，即检查卡片上打印器图案不全者（基层竞赛执行）；

7）打印器图案模糊不清，确实无法辨认者（基层竞赛执行）；

8）竞赛结束前（指终点关闭），不交回检查卡片者（基层竞赛执行）。

3. 下列情况，取消竞赛资格

1）竞赛前如有运动员或运动队擅自进入竞赛场地；

2）不符合分组年龄标准或谎报年龄，弄虚作假者；

3）蓄意破坏点标、打卡器或其他竞赛设备者；

4）有意妨碍他人竞赛者；

5）丢失竞赛检查卡片者；

6）没有佩戴大会颁发的号码布。

第三节　自行车运动

自行车运动是近年我国新兴的群众性体育项目，是大学生们喜闻乐见、踊

跃参与的，集自行车运动技巧、旅游健身骑行、体育旅游摄影、野外生存等为一体的特色体育教学课程之一。

一、自行车运动起源发展以及重要赛事

（一）自行车运动起源发展

世界上第一辆自行车出现于 1790 年，由法国人希布拉克用木材制成，没有脚蹬，由双脚交替蹬地靠惯性滑行前进，称为木马。德国男爵卡尔杜莱斯是公认的自行车发明人，他于 1817 年制造出有方向把手的木马自行车，并在 1818年正式取得德国及法国的专利，成为自行车的正式发明人。

国际自行车联盟（法语：Union cycliste Internationale，英语：International Cycling Union UCI），简称国际自联，是世界自行车运动的领导组织。其现有160 个协会及会员国，是国际单项体育联合会总会的成员。国际自联总部现设在瑞士洛桑“世界自行车中心”（World Cycling Centre）。

（二）自行车运动的重要赛事

1. 奥运会自行车比赛

奥运会自行车项目分为场地、公路、山地车、小轮车 4 个分项，男、女共18 个小项的比赛。

2. 世界自行车锦标赛

世界自行车锦标赛分为场地、公路、山地车、小轮车 4 个项目，由于主办国的场地的不同，各项目中的小项有不同的设置。

3. 环法自行车比赛

环法自行车赛是世界上为数不多的有百年历史的单项顶级体育赛事之一。

它创办于 1903 年，为多日赛，一般是每年 7 月初开始，7 月底结束，每天进行一个赛段，共进行 21 个赛段，中间有一天或两天的休息，总赛程为 3 200 至 3 800 公里。

二、自行车运动器材简介

适合制造运动型自行车的材质一般是由结构金属—钢、铝合金、钛合金或者非金属碳纤维、克拉夫纤维等组成的，用这些材料制造的运动型自行车符合重量轻、强度好、刚性高三个条件，在结构强度上符合激烈运动的要求。

（一）公路车

公路自行车（图 16 - 1）是专门设计用来在公路上运动竞速的车种。有减低风阻的下弯把手设计，分粗、细低阻力外胎；为适应地形、地貌变化，装配了 14 ~ 21 速不等的变速装置，符合空气动力学设计的轮圈和低风阻流线车架的设计加轻量化的车架材料，构成了完美的公路自行车这一高速运动工具。

图 16 - 1

（二）山地车

图 16 - 2

山地自行车（图 16 - 2）是专门设计在崎岖不平的山地小路上骑行和运动竞赛的车种。它有强度较高的车架，直径粗大且与地面附着力良好的轮胎，有进一步适应地形、地貌变化的 18 ~ 27 速的变速装置，有与公路自行车明显区别的直把手和前（后）减震器，所有这些组成了完美的越野运动工具。

（三）BMX 小轮车

小轮车（图 16 - 3）其实与我们熟悉的自行车大同小异，只不过是专门设计将车辆各部位适当缩小，能适应泥地竞速赛、泥地 U 形槽跳跃比赛和各种花式技巧比赛的小形自行车。它有特殊材质的车身，更结实、更轻巧，抗震、耐摔。BMX 小轮车一般是 20 英寸轮箍，它的各个比例与人肢体的比例相近，能满足高速跳跃和花样玩法时对轻与巧的要求。另外，它的车胎粗且耐磨，刹车性能更高（突停、缓停、耐用），其独特的车把旋转设计，可以做 360 度旋转。花式运动用小轮车的手把一般都是直把且较宽大，以便于操控车辆。它的前后轴上还安装有供运动员站立的桶形支点，供其完成各种各样的

图 16 - 3

技巧动作。

三、自行车运动的基本技术

(一) 正确的骑行姿势

从事自行车运动，首先要掌握正确的骑行姿势。正确的骑行姿势（图16-4）是：上体前倾以降低迎面风阻，头部微抬；双手可靠地轻握车把，双臂放松自然弯曲，以作为上体的可靠支点，便于腰背部弯曲；降低身体重心，同时防止由于车身颠簸而产生的冲击力传到全身；臀部坐稳车座位，前脚掌踩踏在脚蹬上，使人车一体并成流线型。

图16-4

(二) 慢骑平衡和原地平衡

在缓慢的骑行中还能够保持良好的平衡，更能够促进高速度骑行时车辆的稳定性，提高自行车运动技术，所以慢骑平衡是自行车运动技术的基本功。在慢骑平衡的基础上，进一步减慢车速直到实现原地的平衡，为学习"跃上障碍技术"和更高的自行车技巧打好基础。

(三) 途中骑行技术

途中骑行阶段包括：公路的直道骑行、个人跟随、团队跟随配合和超越技术；直道和弯道的制动技术；正向压车过弯道技术、反向压车过弯道技术；弯道的骑行、跟随和超越技术。除了以上的技术外，山地车还包括绕过障碍的技术；越过或跃上单级和多级障碍的技术；上、下陡坡的技术；利用制动快速飘移转弯和90度及180度漂移的紧急避险技术等。

1. 直道途中骑行技术

在直道骑行阶段，如遇顶风，上体姿势要低，尽量减小风阻。如遇顺风，上体姿势可适当抬高，以增加风的推背力，提高速度、减小体力消耗。另外，骑行时，臀部要坐在车座上，上身不要左右摇晃，要适当放松。蹬踏时，发力是从腰、臀部开始，带动大腿，再带动小腿和脚踝，最后作用到脚前掌。同时，另一只脚在骑行鞋和脚踏锁具的锁定下，由大、小腿和脚踝主动发力，从下向上提拉，整个蹬踏和提拉动作是一个完整的、顺畅的圆周。

2. 跟随骑行技术

图16-5

跟随骑行（图16-5）是公路多人骑行的基本技术。美国佛罗里达大学的詹穆斯·哈格伯格教授（Dr. james Hagberg）的研究表明：纵队骑行的时候，后面的骑行者可以比领骑者省力 30% 到 40%。为了保持整个车队的高速度骑行，领骑运动员必须时常交换。交换领骑时，运动员只要驶到车队的侧方，并将上身稍挺直减速，让身后随行的运动员超越领骑，然后交换下来的运动员尾随骑行、养精蓄锐，准备下一次领骑。在骑行中，如果是正面风，跟随运动员跟骑在前车的正后方；如果是侧风，则跟随在前车的下风侧后方处，且跟车位置适当提前。

3. 正、反向压车过弯道技术

骑行者在进入弯道后，要根据弯道的形状、车速、正负坡道等选择不同的通过技术。如果弯道半径大于 5 米，可选择正向压车技术快速通过弯道；弯道半径小于 5 米，则可选择反向压车技术快速通过弯道；如果是不同半径的组合弯道，就要采用组合弯道技术快速通过弯道。

（1）正向压车过弯道技术（图 16－6）

正向压车过弯道技术是当运动员骑车进入弯道（以左转弯为例）转弯时，其身体重心和车子的重心尽量保持一致，迅速移向左方，上体和车子基本保持一条直线。弯道半径越小，车速越快，人、车与弯道内侧地平面的内倾角也越小；反之内倾角则大，以保持向心力与离心力的平衡。但一般倾角不得超过 28 度，否则就会有倾倒的危险。

图 16－6

正向压车弯道技术又分为有动力和无动力正向压车两种弯道技术。在进入弯道后即蹬踏加速为前者，靠车辆的惯性驶出弯道为后者。有动力正向压车技术使车的稳定性增加，因此转弯半径较小，有利于驶出弯道后的提速。若车辆的倾斜角度小于 33 度，则不便于蹬踏，否则脚踏就会接触地面，有摔车的危险。

（2）反向压车过弯道技术（图 16－7）

图 16－7

当运动员骑车进入弯道（以左转弯为例）转弯时，其身体重心的移动轨迹和车辆重心的移动轨迹相反，即车辆重心左倾，而运动员身体重心右倾。车辆和人体所形成的合力与弯道内侧地平面保持一定的内倾角。弯道半径越小，车速越快，此内倾角就越小；反之则越大，以保持向心力与离心力的平衡。

反向压车过弯道技术也分为有动力和无动力压车两种技术。其特点是：能够快速地通过小半径弯道，出弯时正车转换时间短，动作技术较简单，但稳定性稍差。在骑行中也可以用此技术快速地绕过被追上的骑行者或前方的障碍物。

（四）制动技术

制动技术是自行车运动的关键技术，在直道减速时，应根据不同车速来分配前后轮的制动力。假设施加在全车的制动力是100，车速在50公里以上，前、后轮的制动力分配应是80/20；车速在40公里左右，前、后轮的制动力分配是70/30；车速在30公里以下，前、后轮的制动力分配是60/40。因为在制动时，人体的重心在向车前部转移，车速越快，前轮负重的增加越明显。所以，要获得前后轮相同的减速度，直道制动时前轮才是主制动轮，后轮是辅制动轮。如果后轮制动力过大，就会产生后轮左右飘移的不稳定现象。弯道制动时，前后轮的制动力分配依次降低一个等级，即车速在50公里以上，前、后轮的制动力分配应是70/30；车速在40公里左右，前、后轮的制动力分配是60/40；车速在30公里以下，前、后轮的制动力分配是50/50。

（五）上、下坡骑行技术

上坡骑行时，人体重心要适当靠前，有双手抓住车把用力向后拉的感觉，保持正常的踏蹬动作；不可突然用力，只有企图摆脱对手或处于某种骑行战术需要时，才可突然加速。一般情况下，遇到漫长的上坡，不宜采用站立式骑行或提拉式骑行方法，否则会过多地消耗体力。骑行者要根据自己的体力状况及时调整变速器的传动比，不要等到骑不动和速度完全降下来时才改变传动比，要绝对避免在坡道中重新启动的现象出现。遇到短距离陡坡，应充分利用自行车的运动惯性，轻松地踏蹬加速冲坡，快到坡顶时可采用站立式骑行（图16-8），把速度尽可能提高，给下坡加速创造有利条件。坡路较长或有陡坡时，可交替使用站立式或坐姿骑行方法，调剂用力部位，让部分肌肉得到休息。

下坡骑行（图16-9）时人体重心要适当靠后。充分利用车的运动惯性滑行；安全路面要敢于主动踏蹬，快速通过坡道中的障碍。

图16-8

图16-9

（六）跃上和跃过障碍技术

山地车骑行者在必须跃上障碍（图16-10）时，车辆的前轮在将要接近障碍的瞬间，身体重心突然后移，踏在前曲柄上的脚用力蹬踏一下脚蹬，同时双手用力向后上方提拉车把，使前轮离地跃上障碍；当后轮接近障碍时，双脚平行分立于前、后脚踏上，身体重心突然向前转移，同时双腿用力蹬踏自行车两脚踏，并向前上方踏跳，把人体的质量向前轮转移。当地面给自行车一个反作用力时，后轮将跳起随自行车的惯性跃上障碍后继续骑行。

在骑行中如遇到可以跃过的障碍（图16-11）时，必须加速接近障碍，当自行车的前轮接近障碍的瞬间，人体重心和自行车的重心在同一垂线上，双脚分立在前、后脚踏上，同时双腿用力蹬踏自行车两脚踏向正上方跳起；当地面给自行车一个反作用力时，前、后轮将同时跳起并随自行车的惯性快速跃过障碍继续骑行。

图16-10

图16-11

第十七章　田径运动与体育保健

第一节　田径运动

由竞走、跑、跳跃、投掷以及跑、跳跃、投掷的部分项目组成的全能运动统称为"田径运动"。以时间计算成绩的项目叫"径赛"；以高度或远度计算成绩的项目叫"田赛"；由部分径赛项目和田赛项目组成的运动项目称为"全能"。"全能"是以各单项成绩按《田径运动评分表》换算分数计算成绩的。

田径运动被称为"体育运动之母"，是各项运动的基础。它能全面、有效地发展人的身体素质和运动技能，对其他各项运动技术的发展和成绩的提高都有很好的作用。同时，田径运动又具有很高的锻炼价值，经常从事田径运动，能促进机体的新陈代谢，改善与提高内脏器官的机能，提高参与者的健康水平。

田径比赛可以分成四个大项，田赛、径赛、公路赛和混合赛。

一、田赛

田赛包括：跳远，三级跳远；跳高，撑竿跳高；铅球、铁饼、标枪和链球。

（一）跳远

现代跳远运动始于英国，1827 年 9 月 26 日在英国圣罗兰·博德尔俱乐部举行的第一次职业田径比赛中，威尔逊越过 5.41 米的远度，这是第一个有记载的世界跳远成绩。现时男子跳远的世界纪录为 8.95 米，女子为 7.52 米。跳远的腾空动作有蹲距式、挺身式和走步式。最初运动员是在地面起跳，1886 年开始采用起跳板。起跳板前有起跳线，起跳线前有用于判断运动员起跳是否犯规的橡皮泥显示板或沙台。运动员必须在起跳线后起跳。

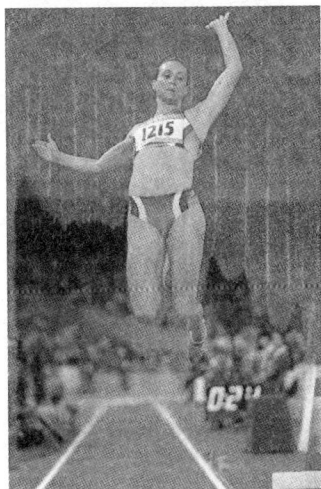

（二）三级跳远

三级跳远起源于 18 世纪中叶的苏格兰和爱尔兰。1826 年 3 月 17 日，苏格兰地区运动会上首次出现了三级跳远比赛，比蒂创造了 12.95 米的纪录。三级跳远要求运动员助跑后应连续作 3 次不同形式的跳跃，第一跳为单足跳，用起跳腿落地；第二跳为跨步跳，用摆动腿落地；第三跳为跳跃。1896 年，男子三级跳远被列为首届奥运会比赛项目，女子三级跳远于 1992 年被列为奥运会比赛项目。现时男、女三级跳远的世界纪录分别为 18 米 29、15 米 50。

（三）推铅球

现代推铅球始于 14 世纪 40 年代欧洲炮兵闲暇期间推掷炮弹的游戏和比赛，后逐渐形成体育运动项目。铅球的制作经历了用铁、铅以及外铁内铅的过程。正式比赛男子铅球的重量为 7.26 公斤，直径 11 ~ 13 厘米；女子铅球的重量为 4 公斤，直径为 9.5 ~ 11 厘米。比赛时，运动员应在直径 2.135 米的圈内，用单手将球从肩上推出，铅球必须落在落地区角度线以内方为有效。男、女铅球分别于 1896 年和 1948 年被列为奥运会比赛项目。现时男、女推铅球的世界纪录分别为 22 米 63、22 米 47。

（四）掷铁饼

它起源于公元前 12 ~ 前 8 世纪 3 个希腊人投掷石片的活动。掷铁饼技术经历过原地投、侧向原地投、侧向旋转投、背向旋转投几个发展过程。男子铁饼重 2 公斤，直径 22 厘米；女子铁饼重 1.5 公斤，直径 18.1 厘米。比赛时，运动员应该在直径 2.50 米的圈内将饼掷出，铁饼必须落在 40 度的角度线内方为有效。男、女铁饼分别于 1896 年和 1928 年被列为奥运会比赛项目。现时男、女掷铁饼的世界纪录分别为 76.80 米、74.08 米。

（五）链球

链球起源于中世纪苏格兰矿工在劳动之余用带木柄的生产工具铁锤进行的掷远比赛，后逐渐在英国流行。掷链球最初采用原地投，后逐渐改进为侧向投，旋转一圈投、两圈投、三圈投，现运动员多采用四圈投。男子链球重 7.26 公斤，总长 117.5～121.5 厘米，女子链球重 4 公斤，总长 116.0～119.5 厘米。比赛时，运动员必须在直径 2.135 米的圈内用双手将球掷出，链球必须落在 40 度的角度线内方为有效。圈外有 U 形护笼，确保投掷安全。男、女链球分别于 1900年和 2000 年被列为奥运会比赛项目。男、女链球现世界纪录分别为 86.74 米、77.96 米。

（六）标枪

标枪起源于古代人类用长矛猎取野兽的活动，后长矛又发展成为作战的兵器。公元前 708 年被列为第 18 届古代奥运会五项全能之一。现代标枪运动始于 19 世纪的瑞典、希腊、匈牙利和芬兰等欧洲国家。男子标枪重 800 克，长 260～270 厘米；女子标枪重600 克，长 220～230 厘米。比赛时，运动员必须单手将标枪从肩上方掷出，枪尖必须落在投掷区角度线内方为有效。男、女标枪分别于 1908 年和 1932 年被列为奥运会比赛项目。男、女标枪现世界纪录分别为 98.48 米、71.70 米。

（七）跳高

现代跳高始于欧洲。18 世纪末苏格兰已有跳高比赛，19 世纪60 年代开始流行于欧美国家。跳高有跨越式、剪式、俯卧式、背越式等过杆技术，现绝大多数运动员都采用背越式。比赛时，运动员必须用单脚起跳，可以在规

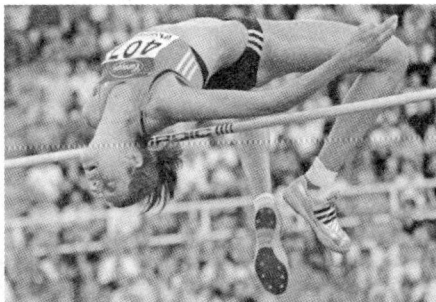

定的任一起跳高度上试跳，但第一高度只有 3 次试跳机会。男、女跳高分别于1896 年、1928 年被列为奥运会比赛项目。男、女跳高现世界纪录分别为 2.45

米、2.09 米。

（八）撑竿跳高

撑竿跳高起源于古代人类利用木棍、长矛等撑越障碍的活动。撑竿跳高原为体操项目，流行于德国学校。作为田径运动项目首先在英国开展，19 世纪末开始流行于欧洲国家。撑竿跳高的横杆可用玻璃纤维、金属或其他适宜材料制成，长 4.48 ~ 4.52

米，最大重量 2.25 公斤。撑竿的长度和直径不限，但表面必须光滑。运动员一般都自带撑竿参加比赛。比赛时，运动员必须将撑竿插在插斗内起跳；起跳离地后，握竿的手不得向上移动；可以在规定的任一起跳高度上试跳，但每一高度只有 3 次试跳机会。男、女撑竿跳高分别于 1896 年和 2000 年被列为奥运会比赛项目。男、女撑竿跳高现世界纪录分别为 6.14 米、5.05 米。

二、径赛

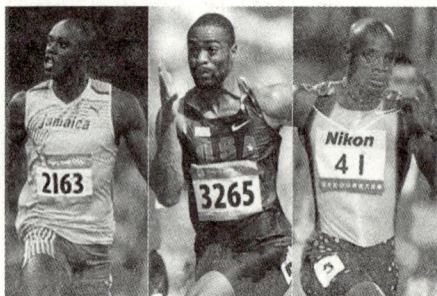

径赛包括：短距离跑（100 米、200 米、400 米）；中距离跑（800 米、1 500 米）；长距离跑（5 000 米，10 000 米）；跨栏（女子为 100 米和 400 米，男子为 110 米和 400 米）；接力（4×100 米和 4×400 米）以及男子 3 000 米障碍赛跑。

（一）短距离跑

跑是人类与生俱来的基本能力，自古以来就是一种比赛形式，几乎每个国家的文献中都有描述。奥林匹克亚阿而菲斯河岸的岩壁上留有这样的格言："如果你想聪明，跑步吧！如果你想强壮，跑步吧！如果你想健康，跑步吧！"据史料记载，短跑是公元前 776 年古希腊奥运会唯一的竞技项目，距离为 192.27 米。现代短跑起源于欧洲，最早被列入正式比赛是

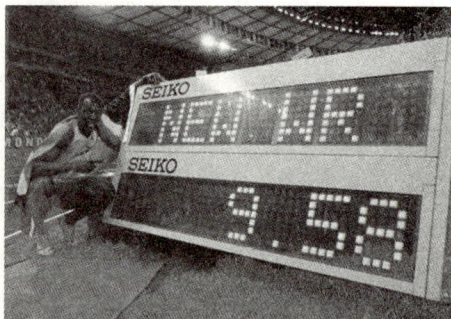

在 1850 年的牛津大学运动会上，当时设有 100 码、330 码、440 码跑项目。19 世纪末，为规范项目设置，将赛跑距离由码制改为米制。运动员比赛时必须使用起跑器，听信号统一起跑，必须自始至终在自己的跑道内跑动。奥运会比赛项目男、女均为 100 米跑、200 米跑和 400 米跑，其中男子项目于 1896 年被列入；女子 100 米跑和 200 米跑于 1928 年被列入，400 米跑于 1964 年被列入。男、女 100 米跑现世界纪录分别为 9 秒 58、10 秒 49；男、女 200 米跑现世界纪录分别为 19 秒 19、21 秒 34；男、女 400 米跑现世界纪录分别为 43 秒 18、47 秒 60。

（二）中距离跑

简称中跑。最初项目是 880 码跑和 1 英里跑，从 19 世纪中叶开始，880 码跑和 1 英里跑项目逐渐被 800 米跑和 1 500 米跑项目替代。有的学者认为，中跑项目最早的正式比赛是 1847 年 11 月 1 日在英国伦敦举行的比赛，英国的利兰（John Leyland）以 2 分 01 秒的成绩获得 800 码跑冠军。运动员比赛时不使用起跑器，听信号统一起跑。奥运会比赛项目男、女均为 800 米跑和 1 500 米跑，其中男子项目于 1896 年被列入；女子 800 米跑于 1938 年被列入，1 500 米跑于 1972 年被列入。男、女 800 米现世界纪录分别为 1 分 41 秒 09、1 分 53 秒 28；男、女 1 500 米现世界纪录分别为 3 分 26 秒 00、3 分 50 秒 46。

（三）长距离跑

简称长跑。最初项目为 3 英里、6 英里跑，从 19 世纪中叶开始，其逐渐被 5 000 米跑和 10 000 米跑替代。现代最早的正式长跑比赛是 1847 年 4 月 5 日在英国伦敦举行的职业比赛，英国的杰克逊以 32 分 35 秒 0 的成绩夺得 6 英里跑冠军。奥运会比赛项目男、女均为 5 000 米跑和 10 000 米跑，其中男子项目于 1912 年被列入；女子 5 000 米于 1996 年被列入，10 000 米跑于 1988 年被列入。男、女 5 000 米跑现世界纪录分别为 12 分 37 秒 35、14 分 24 秒 53；男、女 10 000 米跑现世界纪录分别为 26 分 49 秒 38、29 分 31 秒 78。

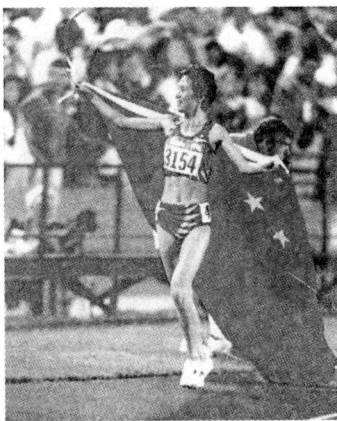

（四）跨栏跑

跨栏跑起源于英国。奥运会比赛项目分男子 110 米跨栏跑、400 米跨栏跑（1896 年列入）；女子 100 米跨栏跑（1932 年列入，当时为 80 米跨栏跑，1972 年改为 100 米跨栏跑）、400 米跨栏跑（1984 年列入）。男子 110 米跨栏跑的栏高为 106 厘米，400 米跨栏跑的栏高为 91.4 厘米；女子 100 米跨栏跑的栏高为 84 厘米，400 米跨栏跑的栏高为 76.2 厘米。男子 110 米栏、400 米栏现世界纪录分别为 12 秒 80、46 秒 78；女子 100 米栏、400 米栏现世界纪录分别为 12 秒 21、52 秒 34。

（五）接力跑

接力跑是田径运动中唯一的集体项目。以队为单位，每队 4 人，每人跑相同距离。奥运会比赛项目分男、女 4×100 米接力跑和 4×400 米接力跑。1908 年第 4 届奥运会首次设立接力项目，但 4 名运动员所跑距离不等。1912 年第 5 届奥运会改设 4×100 米接力跑和 4×400 米接力跑。女子 4×100 米接力跑和 4×400 米接力跑分别于 1928 年、1972 年被列入奥运会比赛项目。接力跑运动员必须持棒跑完各自规定的距离，并且必须在 20 米的接力区内完成传接棒。男子 4×100 米和 4×400 米接力跑现世界纪录分别为 36 秒 84、2 分 54 秒 29；女子 4×100 米和 4×400 米接力跑现世界纪录分别为 40 秒 82、3 分 23 秒 37。

（六）障碍跑

障碍跑 19 世纪在英国兴起。最初在野外进行，跨越的障碍是树枝、河沟，各障碍间的距离也长短不一。从 1904 年第 3 届奥运会起将障碍跑的距离确定为 3 000 米，并沿用至今。全程必须跨越 35 次障碍，其中包括 7 次水池。障碍架高 91.1 ~ 91.7 厘米，宽 3.96 米，重 80 ~ 100 公斤。400 米的跑道可摆放 5 个障碍架，各障碍架的间距为 80 米。运动员可跨越障碍架，也可踏上障碍架再跳下，或用手撑越。

（七）马拉松

马拉松原为希腊的一个地名。公元前 490 年，希腊军队在马拉松平原击退波斯军队的入侵。传令兵菲迪皮德斯（Pheidippides）从马拉松跑到雅典城，在报告胜利的消息后，他因体力衰竭倒地而亡。1896 年举行首届奥运会时，顾拜旦采纳了历史学家布莱尔（Michel Breal）以这一史事设立一个比赛项目的建议，并定名为"马拉松"。1896 年首届奥运会后，马拉松赛在世界各地广泛举行。美国从 1897 年起举行波士顿马拉松赛，至 2000 年已举办了 104 届，成为世界上历史最悠久的马拉松赛。马拉松在公路上举行，可采用起、终点在同一地点的往返路线或起、终点不在同一地点的单程路线。比赛时，沿途必须摆放标有已跑距离的公里牌，并要每隔 5 公里设一个饮料站提供饮料，两个饮料站之间设一个用水站，提供饮水或用水。因比赛路线、条件差异较大，故国际田联不设世界纪录，只公布世界最好成绩。

（八）竞走

竞走起源于英国。19 世纪初，英国出现步行比赛的活动。19 世纪末，部分欧洲国家盛行从一个城市到另一个城市的竞走旅行。1866 年英国业余体育俱乐部举行首次冠军赛，距离为 7 英里。竞走分场地竞走和公路竞走两种。场地竞走设世界纪录；公路竞走因路面起伏等不可控因素较多，成绩可比性差，故仅设世界最好成绩。运动员行进时，两脚必须与地面保持不间断接触，不准同时腾空，着地的支撑腿膝关节应有一瞬间的伸直，不得弯曲。比赛时，运动员出现腾空或膝关节弯曲，均给予严重警告，受 3 次严重警告即取消比赛资格。

三、全能

起源于希腊，早在公元前 708 年第 18 届古代奥运会上便设有五项全能，由赛跑、跳远、铁饼、标枪和摔跤项目组成。现代全能运动始于欧洲。1904 年第 3 届奥运会即设十项全能，项目包括 100 码跑、800 码竞走、120 码栏等。1912 年第 5 届奥运会改为在瑞典流行的十项全能，延续至今。1964 年奥运会将五项全能列为比赛项目，1984 年奥运会改为七项全能。比赛按规定的项目顺序分两天进行。男子十项全能第一天为 100 米跑、跳远、铅球、跳高、400 米跑，第二天为 110 米跨栏跑、铁饼、撑竿跳高、标枪和 1 500 米跑。女子七项全能第一天为 100 米跨栏跑、跳高、铅球、200 米跑，第二天为跳远、标枪和 800 米跑。根据各单项成绩查国际田联制定的全能评分表，以累加总分计算名次，总分高者列前。运动员必须参加所有项目的比赛，如某个项目弃权，则不能参加后续项目的比赛，也不计算总分，但如果某个项目因成绩太低或失败，没有得分，仍可计算总分。

第二节　体育保健康复

　　大学体育保健康复课是针对部分身体异常和病、残、弱及个别高龄等特殊群体的学生，开设的以康复、保健为主的体育课程，是大学体育课程体系的重要组成部分。通过体育保健康复课的学习，使学生对自身的身体状况有一个正确的认识，全面了解自身的身体状况以及与自身相关的康复手段，缩短身体康复的时间，树立战胜疾病的信心。

一、体育保健康复的相关理论知识

（一）体育卫生

　　熟悉和了解体质与健康的概念、体质与健康的评价指标以及各种先天因素和后天因素对于体质与健康的影响。这些知识在教材的第三章和第六章进行了详细的阐述，通过这两章内容的学习，同学们应该能够判定自己目前的身体状况。

（二）保健按摩

　　按摩是以中西医基础为指导，利用专门的手法及器械所产生的作用力直接作用于人体体表的特定部位，以达到调节人体生理机能和防治疾病的一种自然疗法。

　　1. 按摩机理

　　（1）调节血液循环，增强心脏功能；

　　（2）调节神经功能，减轻或消除疼痛；

　　（3）增强机体抗病能力，提高自身免疫功能；

　　（4）矫正骨与关节的位置异常，改善关节功能；

　　（5）修复创伤组织，增强皮肤弹性；

　　（6）消除肌肉疲劳，增进肌肉动力功能。

　　2. 按摩手法的操作要求

　　按摩时应沉肩坠肘，掌虚指实，腕部放松。功力要求是持久、有力、均匀、柔和、深透。

　　3. 注意事项

　　按摩时应注意操作方向，一般要顺着血液和淋巴液回流的方向。按摩时，要注意有一定的顺序，如用力由轻到重，再逐渐减轻而结束。对于一些禁忌征，例如，急性软组织损伤早期应禁止进行按摩。

二、体育保健康复的实践手段

(一) 健身走

健身走是一种有氧运动。经常从事有氧运动可以促进和保证心血管的健康。有氧运动是在肌肉不存在氧债的情况下，进行的长时间身体活动。这种活动可以提高氧的利用率，降低安静心率，降低血压和改变血液成分，还可发展侧支循环和增大冠状动脉面积，防止冠心病发生。但作为有氧运动的健身走，必须要有一定运动强度、运动时间和运动速度。对于普通的体育健身者，一般应使心率保持

在最大心率的65%~75%之间（最大心率是220减年龄数，每长一岁减1次），特殊群体大学生应根据自己的实际情况选择低于这个心率的强度进行锻炼。

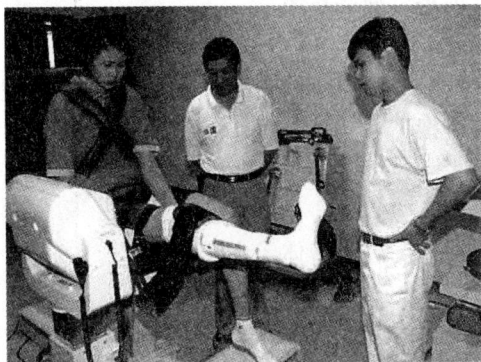

(二) 轻器械力量练习

根据自身实际情况，选择一定的适合自己的力量练习，将有利于肌体的康复。例如，左腿暂时不能运动，应选择合适的力量练习方式对右腿进行锻炼。

(三) 24式简化太极拳

1. 太极拳的功效及特点

太极拳对治疗高血压病、动脉硬化、溃疡病、神经衰弱、慢性腰腿痛、肺结核等病症都有较好的疗效。太极拳是我国流传较广的传统健身手段，在治疗上有以下特点：（1）动作柔和、稳定、圆滑、缓慢进行，适用于体弱和慢性病患者练习。（2）动作复杂、前后连贯，有助于训练协调性和平衡性。（3）太极拳的动作涉及全身主要关节和肌群，长期练习可增进关节活动性，增强韧带的

机能。(4)练太极拳时，用意不用力，所有动作都以意识和想象作引导。练习时全神贯注，使大脑皮层兴奋和抑制过程能够很好集中。(5)练太极拳时，呼吸要调整得深沉稳定、匀细柔长，呼吸和动作配合一致。用腹式呼吸能活跃腹腔血液循环，促进胃肠蠕动，改善消化功能。

2. 动作名称

第一组 (1) 起势 (2) 左右野马分鬃 (3) 白鹤亮翅

第二组 (4) 左右搂膝拗步 (5) 手挥琵琶 (6) 左右倒卷肱

第三组 (7) 左揽雀尾 (8) 右揽雀尾

第四组 (9) 单鞭 (10) 云手 (11) 单鞭

第五组 (12) 高探马 (13) 右蹬脚 (14) 双峰贯耳

(15) 转身左蹬脚

第六组 (16) 左下势独立 (17) 右下势独立

第七组 (18) 左右穿梭 (19) 海底针 (20) 闪通臂

第八组 (21) 转身搬拦捶 (22) 如封似闭 (23) 十字手

3. 动作口令

(1) 起势

左脚开立 两臂前举 屈膝按掌

(2) 左右野马分鬃

1) 左野马分鬃 稍右转体 收脚抱球 转体上步 弓步分手 2) 右野马分鬃 后坐撇脚 收脚抱球 转体上步 弓步分手 3) 左野马分鬃 后坐撇脚 收脚抱球 转体上步 弓步分手

(3) 白鹤亮翅

稍右转体 跟步抱球 后坐转体 虚步分手

(4) 左右搂膝拗步

1) 左搂膝拗步 转体摆臂 摆臂收脚 上步屈肘 弓步搂推 2) 右搂膝拗步 后坐撇脚 摆臂收脚 上步屈肘 弓步搂推 3) 左搂膝拗步 后坐撇脚 摆臂收脚 上步屈肘 弓步搂推

(5) 手挥琵琶

跟步展臂 后坐引手 虚步合手

(6) 左右倒卷肱

1) 右倒卷肱 稍右转体 撤手托球 退步卷肱 虚步推掌 2) 左倒卷肱 稍左转体 撤手托球 退步卷肱 虚步推掌 3) 右倒卷肱 稍右转体 撤手托球 退步卷肱 虚步推掌 4) 左倒卷肱 稍左转体 撤手托球 退步卷肱 虚步推掌

(7) 左揽雀尾

转体撤手 收脚抱球 转体上步 弓步掤臂 摆臂后捋 转体搭手 弓下

前挤　转腕分手　后坐引手　弓步前按

（8）右揽雀尾

后坐扣脚　收脚抱球　转体上步　弓步掤臂　摆臂后捋　转体搭手　弓步前挤　转腕分手　后坐引手　弓步前按

（9）单鞭

转体运臂　右脚内扣　上体右转　勾手收脚　转体上步　弓步推掌

（10）云手

后坐扣脚　转体松勾　并步云手　开步云手　并步云手　开步云手　开步云手　扣脚云手

（11）单鞭

转体勾手　转体上步　弓步推掌

（12）高探马

跟步托球　后坐卷肱　虚步推掌

（13）右蹬脚

穿手上步　分手弓腿　收脚合抱　蹬脚分手

（14）双峰贯耳

屈膝并手　上步落手　弓步贯拳

（15）转身左蹬脚

后坐扣脚　转体分手　收脚合抱　蹬脚分手

（16）左下势独立

收脚勾手　屈蹲撤步　仆步穿掌　弓腿起身　独立挑掌

（17）右下势独立

落脚勾手　碾脚转体　屈蹲撤步　仆步穿掌　弓腿起身　独立挑掌

（18）左右穿梭

1）右穿梭　落脚抱球　转体上步　弓步架推　2）左穿梭　后坐撇脚　收脚抱球　转体上步　弓步架推

（19）海底针

跟步提手　虚步插掌

（20）闪通臂

提手提脚　弓步推掌

（21）转身搬拦捶

后坐扣脚　坐腿握拳　摆步搬拳　转体收拳　上步拦掌　弓步打拳

（22）如封似闭

穿手翻掌　后坐引手　弓步前按

（23）十字手

后坐扣脚　弓步分手　交叉搭手　收脚合抱

（24）收势

翻掌分手　垂臂落手　并步还原

4. 完整动作演示

（1）http：//www. tudou. com/programs/view/6MzNmEKw_ SQ/

（2）http：//v. youku. com/v_ show/id_ XNTcONDYwNzM2. html

（3）http：//video. baomihua. com/baidu/25919541？ ab01

参 考 文 献

[1] 季浏. 体育与健康. 上海: 华东师范大学出版, 2005 年.

[2] 杨国庆, 殷恒婵. 大学体育文化与运动教程. 北京: 北京体育大学出版社, 2008 年.

[3] 常超. 大学体育. 北京: 经济科学出版社, 2010 年.

[4] 徐国富. 大学体育与健康教程. 西安: 西安电子科技大学出版社, 2012 年.

[5] 姚大为, 季景盛, 王诚民. 大学体育与健康理论教程. 哈尔滨: 黑龙江大学出版社, 2012 年.

[6] 倪文治, 张瑞林. 大学体育教程. 济南: 山东大学出版社, 1999 年.

[7] 王景连. 大学体育基础理论. 合肥: 合肥工业大学出版社, 2003 年.

[8] 闵捷, 高涵. 大学体育与健康知识. 北京: 华文出版社, 2006 年.

[9] 李跃年. 体育行为学. 哈尔滨: 哈尔滨工业大学出版社, 2004 年.

[10] 史绍蓉, 余玲. 大学运动健康 (理论). 北京: 高等教育出版社, 2006 年.

[11] 刘兆杰. 中国体育养生学. 北京: 中医古籍出版, 2004 年.

[12] 季汝元. 体育理论与实践. 合肥: 合肥工业大学出版社, 2004 年.

[13] 王晓松. 中医药院校公共体育教程. 沈阳: 沈阳出版社, 2006 年.

[14] 邓树勋. 运动生理学. 北京: 高等教育出版社, 2009.

[15] 杨文轩. 体育概论. 北京: 高等教育出版社, 2005.

[16] 杨忠伟. 体育运动与健康促进. 北京: 高等教育出版社, 2006.

[17] 姚颂平. 体育运动概论. 北京: 高等教育出版社, 2011.

[18] 胡鸿杰. 大学体育与健康. 北京: 北京师范大学出版社, 2012.

[19] 孙庆祝. 体育测量与评价. 北京: 高等教育出版社, 2010.

[20] 潘绍伟. 学校体育学. 北京: 高等教育出版社, 2008.

[21] 张蕴琨. 运动营养学. 南宁: 广西师范大学出版社, 2005.

[22] 中国营养学会. 中国居民膳食指南. 北京: 人民出版社, 2011.

[23] 钱永健. 拓展. 北京: 高等教育出版社, 2009.

[24] 王翔. 定向运动. 北京: 高等教育出版社, 2009.

[25] 中国跆拳道协会. 中国大众跆拳道教程. 北京: 人民体育出版社, 2009.

[26] 孙民治. 篮球运动教程. 北京: 人民体育出版社, 2012.

[27] 侯仲约. 最新女子防身术. 北京: 人民体育出版社, 1998.

［28］张先松．健身健美运动．北京：高等教育出版社，2005.

［29］向智星．形体训练．北京：高等教育出版社，2009.

［30］虞重干．排球运动教程．北京：人民体育出版社，2009.

［31］任晋军．足球运动．北京：高等教育出版社，2005.

［32］李镜绣．青少年手球教学与训练．北京：北京体育大学出版社，2012.

［33］肖杰．羽毛球运动理论与实践．北京：人民体育出版社，2011.

［34］柯克·安德森．网球技术与战术的执教技巧．北京：人民体育出版社，2012.

［35］刘建和．乒乓球教学与训练．北京：人民体育出版社，2008.

［36］张秋．空手道运动入门．北京：人民体育出版社，2009.

［37］中国武术协会．八极拳．北京：高等教育出版社，2011.

［38］李德印．4 式太极拳教与学．北京：北京体育大学出版社，2008.

［39］宗维洁．32 式太极拳．北京：北京体育大学出版社，2004.

［40］周争蔚．散打教学与训练．北京：人民体育出版社，2010.

［41］黄宽柔．健美操体育舞蹈．北京：高等教育出版社，2009.

［42］马鸿韬．健美操运动教程．北京：北京体育大学出版社，2007.

［43］姜桂萍．体育舞蹈．北京：高等教育出版社，2008.

［44］王洪．啦啦操教程．北京：人民体育出版社，2013.

［45］李德昌．大学台球教程．北京：北京大学出版社，2011.

［46］刘云发．击剑．吉林出版集团有限责任公司，2008.

［47］张军．毽球运动．北京：高等教育出版社，2008.

［48］郑亚平．大众自行车运动知识与实践攻略．北京：化学工业出版社，2013.

［49］孙南．现代田径训练高级教程．北京：北京体育大学出版社，2011.

［50］教育部体育卫生与艺术教育司组织．国家学生体质健康标准锻炼手册．北京：人民教育出版社，2008.